重建挫折復原力的
132個強效練習大全

Powerful Practices for Bouncing Back
from Disappointment,Difficulty, and Even Disaster

琳達・格拉翰 Linda Graham

賴孟怡——譯

專家推薦

《心理韌性》是真正全面性的實用工具書，它幫助我們發現自己原本就俱足面對人生各種挑戰的能力，讓我們能夠以明智且善良的心，成熟而有技巧地應對處理。作者琳達的寫作風格清晰、深入簡出，書中包括各式容易上手的練習，她教會我們藉由訓練自己的身心與大腦，獲得直觀的智慧，不僅幫助我們度過困難時期，還能自我成長、變得更加強大。這是人生真正的至寶！

——詹姆士·巴瑞茲（James Baraz），《覺醒的喜悅：幸福的十個步驟》（*Awakening Joy: 10 Steps to Happiness*）共同作者，靈磐禪修中心老師

這是一本非常全面、資料量很大的好書。作者琳達知識淵博，文筆充滿自信且鼓舞人心，本書就像是一部讓人停不下來的小說。

——希薇亞·布爾斯坦（Sylvia Boorstein），《快樂是內心的工作》（*Happiness Is an Inside Job*）作者

很喜歡琳達總是親切地鼓勵讀者「你做得到」。她集結了大量研究，告訴我們每個人的內心都蘊藏了能量強大的挫折復原力，書中的練習能讓我們輕鬆地發揮自身的心理韌性。琳達巧妙地結合正念與神經科學，打造了我們一直想要踏上通往理智、寧靜生活的道路。

——大衛．理查博士（David Richo），《以愛之名，我願意》（*How to Be an Adult in Relationships*）作者

作者在培養心理韌性的領域擁有開創性的專業知識，她改變了無數人。在這本書中，她集結了一套順序清楚的最佳練習法，引導我們在生命遇到最大挑戰時，找到自由。我強烈推薦！

——臨床心理學家塔拉．布萊克（Tara Brach），《全然接受這樣的我》（*Radical Acceptance*）與《與自己停戰的26個練習》（*True Refuge*）作者

讓自己以實用的技巧提升心理韌性，進而能應付任何情況，建議各位一定要好好詳讀此書！沉浸在琳達的實用策略與智慧之中，讓它成為你生活的一部分！

——艾莉莎．葛史坦（Elisha Goldstei），正念生活課程創始人

從無法掌控的事情中，我們學會用更健康、更接納的心情回應人生。本書擁有我看過最實用的工具，幫助我們有效率地應對生活中的挑戰，強化重要的心理韌性技能。這是一套實用的鍛鍊寶庫，一步步地引導我們從生活的困境恢復過來、創造永久的改變。琳達的專業知識與豐富的同情心充分展現在字裡行間，這是給讀者最佳的禮物。

——臨床心理師強納．派克特（Jonah Paquette），《真實的快樂》（*Real Happiness*）與《幸福工具箱》（*The Happiness Toolbox*）作者

這是一本效力強大的書，作者琳達分享了卓越的見解、實用的工具與不可或缺的心理學知識，讓我們學會如何駕馭生活中的各種挑戰。身為一位心理治療師，她結合了大量的研究與個人智慧結晶，以誠摯的愛，為我們展示如何培養人生急需的挫折復原力。我想不出比本書更好的指導著作。

——馬克．柯曼（Mark Coleman），《與你的心和解》（*Make Peace with Your Mind*）與《荒野覺醒》（*Awake in the Wild*）作者

即使我們人人都衷心希望人生舒適平順，卻仍然經常遇到挫折、失望與痛苦。（真是討厭！）當事情不如預期，我們需要特別的技巧與策略重新找回平衡，不讓自己直墜谷底。本書是人生不可缺少的工具書，它指引我們方向，不只應該為自己閱讀，也是父母該為孩子讀的一本書，身為

治療師的你也須為客戶詳加閱讀。

——克莉絲汀．卡特博士（Christine Carter），《培養快樂而強韌的孩子》（*Raising Happiness*）與《微調5個地方，每天開心醒來》（*The Sweet Spot*）作者

當再也無法撐起生活中的沉重挑戰時，該怎麼辦？本書包含非常全面的實用答案，以及豐富的心靈、心理治療與科學傳統練習，人人都能用來幫助自己應付現代生活的挑戰。琳達多年的經驗與深刻的體會，讓她在心理治療與任教的領域大放光彩，她讓讀者能以實用有效的工具在困難中生存，而且變得更加強大。

——臨床心理師，哈佛醫學院心理學助理教授羅納德．西格爾（Ronald D. Siegel），《正念的解方》（*The Mindfulness Solution*）作者

本書集結的實踐與鍛鍊方法超過百項，一旦遇到困難，這就是一本可隨時翻閱的便利工具書，無須再另求他法了，翻開本書吧！

——德克薩斯大學奧斯汀分校教育心理學副教授克里絲汀．奈夫（Kristin Neff），《寬容，讓自己更好》（*Self-Compassion*）作者與《正念自我同情手冊》（*The Mindful Self-Compassion Workbook*）共同作者

心理韌性是極具力量的理念，它表示遇到困難的我們，其實有能力優雅成熟地應變。「別擔心，沒什麼壞事會發生」的安慰話只是掩耳盜鈴，我們需要的是從困難恢復的力量，而本書正是

你我所需的一大助力。人際關係的焦慮與混亂日益增加，許多人因此正努力尋求情緒平衡。在大家最需要的時刻，本書帶著廣泛得驚人的力量問世。這是作者琳達送給我們培養心理韌性的理想指南，本書冷靜、睿智，同時又富含科學新知與貼近你我的心，千萬別錯過如此寶貴的工具！

——安．維瑟．柯奈爾博士（Ann Weiser Cornell），《聚焦的力量》
（*The Power of Focusing*）作者，Focusing Resources 公司創辦人

一本豐盛的著作。作者琳達端出了精彩多元的練習工具，我認真地數了數，總共竟有一百三十三項練習！不僅能幫助讀者不被人生的艱難擊垮，更能透過困頓提高情商。琳達清楚知道顛簸與衝擊的區別，她將各種情況之下需要的各式工具一一排開。強烈推薦正在經歷困難的人讀讀本書，也別忘了推薦給身邊有這樣需求的親朋好友。

——哈佛醫學院講師克里斯托弗．格默博士（Christopher Germer），
《自我同情的正念之路》（*The Mindful Path to Self-Compassion*）作者，
「正念自我同情」課程的共同開發者

我必須向本書致上深深感謝，它提供了一系列簡單而強大的工具，這是作者琳達多年經驗集聚而成的結晶，幫助我們成長並強化內在的心理韌性，這是我們用來看清挑戰、動手解決，並從中獲得成長的天賦。體驗快樂、愛與幸福的能力，其實取決於我們在遇到壓力時的應變能力與堅毅度。琳達給了我們這樣一本生活指南，實在應該人手一本，我很期待此書上市，趕緊贈送給我

所有朋友、學生與客戶。

——理查德・米勒博士（Richard Miller），
《創傷壓力症候群的 iRest 休息恢復法》
（*The iRest Program for Healing PTSD*）作者

本書是幫助我們茁壯成長的實用寶庫！作者琳達提供聰明且實用的練習，引導我們提高心理韌性，並重建人生。《心理韌性》組織良好、簡單易學，是非常強力的工具，能以其培養且提升面對人生壓力的能耐，不論是小麻煩或嚴重的意外，今後都能順利度過。

——心理治療師艾許利・戴維斯・布希（Ashley Davis Bush），
《治療師的簡易自我照顧手冊》（*Simple Self-Care for Therapists*）與
《內在平靜小書》（*The Little Book of Inner Peace*）作者

書中文字一再能感受到作者滿滿的溫暖與愛，這是一本資訊豐富並能提高堅毅力的好書。她巧妙地將神經科學轉化成簡單易行又有創意的練習工具，提高我們的情商、神經可塑性、社會互動、感恩與自我同情的覺知。不論是臨床醫師或接受治療的客戶，都能從書中的工具獲得極大效益，這些工具包括引導圖像、身心學、正念靜觀、書寫日記與連結大自然等等。對自我幫助與心理健康領域都有美好的貢獻。我強烈推薦各位閱讀這本振奮人心的好書！

——創傷治療師麗莎・芙倫茲（Lisa Ferentz），
《尋找你的紅鞋》（*Finding Your Ruby Slippers*）作者

多數人會認為堅毅或軟弱的性格是天生的，但在《心理韌性》這本書中，作者依據最新研究設計了一套大腦訓練計畫，任何人都可以經由練習建立自己的幸福，一輩子都不用擔心被擊倒。在這本充滿力量的書中，琳達逐步引導我們完成練習，重新調整大腦，改變我們對幸福的感受。實用又充滿希望，這是一本可以改變我們人生的好書。

——蘿拉．馬克漢博士（Laura Markham），《平靜的父母，快樂的孩子》（*Peaceful Parent, Happy Kids*）作者

琳達在這本引人入勝的書中，教我們如何以冷靜的態度，優雅且充滿力量地回應不可避免的挑戰，我強烈推薦大家閱讀本書。

——提姆．戴斯蒙（Tim Desmond），《心理治療的自我同情》（*Self-Compassion in Psychotherapy*）和《自我同情技巧練習手冊》（*The Self-Compassion Skills Workbook*）作者

這本《心理韌性》的問世讓琳達再次超越自己，她的第一本著作《強勢回歸：重建大腦恢復力，抵達幸福彼岸》（*Bouncing Back*）相當傑出，現在這本更加優秀！藉由此書，我們可以幫助自己、提升自己。想要了解大腦運作的你，一定能輕鬆地一頁又翻過一頁，本書整合了當代心理學與神經科學的最新發現，並且結合東方古老智慧，這是最實用的指南，點亮各位的方向並激發靈感。本書有許多優點，我想我最喜歡的部分就是它讓人完全相信人類有能力面對苦難，並且能

在過程讓自己越變越好。

——大衛・瓦林（David Wallin），
《心理治療中的依戀》（*Attachment in Psychotherapy*）作者

一本強大而實用的著作。幫助身、心、靈面對任何時刻的挑戰，不管是過去、現在還是未來，我們都能不畏挑戰，變得更加堅毅。

——克里斯・威羅德（Chris Willard），
《給焦慮青少年的正念》（*Mindfulness for Teen Anxiety*）作者，
《給抑鬱症青少年的正念》（*Mindfulness for Teen Depression*）共同作者

大多數人在面臨人生帶來的挑戰時就是盡力而為，但是，我們在艱困時刻不只能求生存，還能從中茁壯成長，你能想像我們將會因此創造什麼樣的生活？琳達老師透過最新科學、實用智慧並充滿愛心，試著藉由這本書告訴我們那將會是甚麼樣的生活。跟著老師踏上這條全面的個人轉型之旅，調整大腦，儲存滿滿的幸福，提振自己的生活，你一定會越來越棒！

——羅那德・弗雷德里克博士（Ronald J. Frederick），
《用你喜歡的方式生活》（*Living Like You Mean It*）作者

琳達結合了古老的智慧、神經科學新知與多年的臨床經驗，寫了這本卓越的指南書，幫助大家建立應變的靈活度與穩定度，這是培養心理韌性的必要條件。《心理韌性》提供我們一系列豐富的練習，引領我們通過人生中各種大小挑戰。身懷大智慧的琳達透過每篇書頁，建立了一條通往堅毅的道路，我鼓勵大家抬起腳步，跟著她邁向這段旅程。

——戴普・達那（Deb Dana），
《治療的多元迷走理論》（*The Polyvagal Theory in Therapy*）作者

琳達創作了一本精心編排的好書，其中包括超過一百三十種改變大腦運作方式的練習。閱讀此書一定有所幫助，但真正讓本書與眾不同的是，書中的一項項練習。

——澳洲雪梨大學心理健康系教授詹姆士・班列特・雷伊（James Bennett-Levy）

琳達寫了一本非常實用又有根據的好書，不僅是心理領域從業者，或非專業人士都能得到很大的幫助，《心理韌性》讓我們了解提升堅毅性格的原理，也提供我們豐富的練習。我強烈推薦本書。

——丹尼爾・伊藍柏格博士（Daniel Ellenberg），
任職於 Rewire Leadership Institute

琳達巧妙地引領我們走過困難的邊緣，一步步跟著本書完成，就能變得更加堅毅、有韌性。本書告訴了我們一條強化心理韌性的道路，其中包括實用的技巧與創意，重新塑造我們的大腦，讓內心能平靜且富智慧地處事。為了我的生活與工作，我會一再翻閱。

——米雪兒・蓋爾（Michelle Gale），
《混亂世界中的靜觀教養》（*Mindful Parenting in a Messy World*）作者

我們都希望自己能夠更加堅強勇敢，這是面對人生不可或缺的要素。然而，問題是該怎麼做？琳達以她的智慧、善良與溫柔，在《心理韌性》一書仔細地引導我們，不僅能夠提高我們的堅毅度，還能點燃活力和幸福感，答應我一定要好好利用這本充滿卓越理論與實踐資源的好書！

——安奈特・芭妮兒（Anat Baniel），
Anat Baniel Method® NeuroMovement® 公司創始人，
《進入生活：保持終身活力的腦神經運動》（*Move into Life: NeuroMovement for Lifelong Vitality*）與《超越極限的小孩》（*Kids beyond Limits*）作者

以幽默和智慧，琳達巧妙地將神經科學、心理學與禪修教育融為一體，建立一套充滿智慧和非常實用的工具，讓我們可以帶著智慧與仁愛之心面對日常生活的逆境。

——蘇珊・葛凌蘭（Susan Kaiser Greenland），《孩子的簡單正念：60個靜心練習，陪孩子專注應對高壓世界》（*Mindful Games*）與《這樣玩，讓孩子更專注、更靈性》（*The Mindful Child*）作者

本書著重實踐，

唯有致力於實踐，

才能恢復和強化面對挑戰的心理韌性

導讀

只剩二分鐘，就得衝出門趕搭清晨六點十五分的公車上班，這時的你卻慌亂地到處都找不到鑰匙和錢包。可是，沒有鑰匙和錢包就不能出門，你只能強迫自己慢慢深呼吸，保持冷靜，回想鑰匙到底是放在哪件衣服的口袋。人生難免會遇到這樣令人懊惱的情境，這種不舒服的感覺就像突然開始「打嗝」。我曾經請了六位客人來家裡用餐，卻在出菜時打翻了整盤義大利千層麵；或是不小心把客戶的重要文件放進碎紙機；下了飛機才發現筆記型電腦還在座位上；看到浴室的牆壁長霉；發現汽車的傳動軸或洗衣機已經磨損到需要換新……，這些「嗝」都會對我們的神經系統造成很大的驚嚇。經常受到驚嚇，心理就會產生很大的壓力。當我們因此責罵自己真是笨手笨腳什麼都做不好時，應變能力又會再次受到考驗。

我們通常可以修正自己，恢復成熟的心態，好好面對並處理困難。

但是有時，我們面臨的難題不只是像打嗝，而是更大的挑戰與逆境，它們如同摧毀我們根基的地震，破壞我們累積起來的處事能力，也許不一定會因此永遠委靡不振，但至少會讓人感到頹喪消沉好一陣子。像是不孕症、另一半出軌有小三、檢查出罹患肺癌、再幾年就要退休卻突然失業、女兒販毒被捕，或兒子在海外戰場受傷等等，這些都是讓人很難接受的人生考驗。發生這些強大的波動時，我們需要進入更深層的自心，挖掘潛藏的復原能量，回想以前如何成功地解決問題，並且尋求外在能量，如親友的幫助。在解決問題的過程中，經常必須面對內外一起出現的壓力，除了內心覺得自己沒什麼能耐與手腕，還要一面聽著旁人說些我們根本不值得幫助的風涼話，要在此時靈活應變、保持心裡平靜不受動搖，這該有多困難啊！

更甭提屋漏偏逢連夜雨，問題總是接二連三地發生：孩子在車禍喪生，剛好年邁的父母此時突然中風，房子又遭到暴風雨破壞……。我們很可能在面臨這樣天翻地覆的時刻，覺得自己快要扛不住，甚至可能就此被擊垮而一蹶不振。人的心理在這種時刻會有創傷的反應，覺得人生不再有任何意義，幾乎崩潰瓦解，而慌亂地在過程中試著找到任何教訓或意義。如果曾經遭逢許多無法解決的創傷，我們就可能特別容易被打倒，深陷泥沼再也無法走出。一旦我們復原能量消耗殆盡，便可能覺得自己僅僅只是飄著，快要墜落了。

要如何從巨大的創傷中恢復？我們要做的就是強化自身的「心理韌性」（resilience），或稱為挫折恢復力。

心理韌性能夠隨風彎曲、順應流動，卻又能從逆境中反彈的柔韌力，在遇到危機或壓力時，能發展出健康的因應策略。這樣的韌性或挫折復原力從父執輩代代流傳下來、我們可以從哲學宗教、傳統文化、文學與學術看到人們不斷地思考、研究與教導心理韌性。它對於人類社會的生存與繁榮至關重要。科學家已經研究出「心理韌性」是大腦前額葉皮質在功能成熟、運作正常時的行為。[1]「不論面對的是一連串小煩惱，或是顛覆人生的災難，我們人類都可以學習並再度恢復心理韌性。

在本書，我們一開頭就著手提升內在的堅毅度，教你建立與恢復心理韌性的工具與技巧，讓你有能力面對可能發生的任何挑戰及困境。不管接到的是什麼樣的變化球，或挫折復原力有多麼薄弱，我們都能柔韌堅毅地回彈。

我不求無災無難，
但求無所畏懼的面對。
我不求無痛無苦，
但求一顆能征服痛苦的心。

——印度哲學家泰戈爾，《採果集》（*Fruit-Gathering*）

本書會一步一步教導大家，如何高明地處理可能破壞幸福的意外或困境。你會看到自己更有能耐面對並解決人生種種躲不開的失望與難題。想為人生培養更多幸福，便應強化自身的心理韌性，如此一來，才能帶著更強大的自信心從困難中復原，甚至有智慧地不讓問題再次發生。

你也會更清楚大腦的運作方式，知道如何利用大腦建立更新、更靈活的應變習慣（靈活就是挫折復原的核心基礎）。我們會探討安全、有效率的好工具和技巧，甚至改造已經不再適用的應變模式。最重要的是，你不只學會從挫折中復原的能力，還能因此發現原來自己也能夠持續學習、懂得應變，而且提高適應人生的能力，為自己創造幸福。本書希望帶給大家的不僅僅是提高心理韌性，更希望讓各位在人生各方面都倍感稱心與充實。

❖本書討論的重點

首先，「心理韌性」是可以修復的，因此我設計了這份心理韌性指南，透過訓練大腦來提升從逆境反彈振作的能力。本書有超過一百三十種練習，用來鍛鍊心智與大腦。無論周遭發生什麼事，你都將穩定內心，妥當成熟地面對人生中最常見與最具挑戰的壓力；同時能堅定信念，不被內心的負面訊息所影響。

這些練習將開啟大腦驚人的適應能力。這些能力是建立挫折復原的基礎，可以分成五項，分別是身體智能（somatics，譯註：探究身心關係和體悟身體智慧的經驗科學，重視內在經驗的體會和反省，探索人體覺察、生物功能和外在環境的互動關係。）、情緒智能、內在智能、人際智能與省思智能。透過三項改變大腦的關鍵步驟：「**建立新制約、重新制約與解除舊制約**」，就可以強化五項智能，也因此能穩定地提高面對壓力和創傷的應變能力。這三項步驟就可以處理破壞心理韌性的情況，不論是小困擾或沉重的悲傷情緒，甚至是造成心靈創傷的大事件。書中的練習會幫助你挖掘出潛藏於內心的卓越能力，經常練習就能培養韌性、強度與智慧，從長遠來看更能讓你更加幸福。

❖如何使用本書

書中的練習和大腦建立這些技能的方式非常相像，都是依序排列，層層架構。建議大家從頭開始閱讀，不要跳過太多章節，至少將本書完整看過一次後，再選擇所需的部分練習。閱讀《心理韌性》也許就像是參加一場自我引導的研討會。

第一章會解釋大腦如何建立心理韌性（或為何大腦沒有建立）；如何選擇強化所需應變能力的練習，以及五種提升大腦學習與調整的制約。

第二到第七章包涵本書大部分的練習，這些練習會慢慢由簡單到複雜、難度漸增地幫助你解決破壞心理韌性的難題。另外，每章都會解釋這些練習的運作原理、練習後可以期待什麼結果，以及為什麼要用這些練習加強該篇探討的智能。你也可以從我的網站（www.lindagraham-mft.net）下載書裡的練習，隨時隨地播放想要練習的部分。

請抱著好奇心與實驗精神進行這些練習。如果某項練習對你產生作用，那麼就繼續練習，當然，沒有什麼效益的就不要執著，放下它去嘗試其他練習。

大量研究皆顯示大腦在「重複」的過程能有最佳的學習成果，關鍵就是「少量而頻繁」[2]；大腦需要的是「反覆多次而小量的漸進改變」。每天只要花十到二十分鐘來練習，就能馬上感受到抗壓力逐漸加強。在經過數週到數個月的持續練習，就會創造大腦永久性的變化，進而改變行為模式。當下次遇到新的壓力時，不論事態大小，你都會發現自己的思維與應變能力已經隨著練習提升了許多。

最後，我們將在第八章討論什麼樣的生活方式，可以讓大腦以最棒的效能持續運作，讓它一輩子保護我們的心理韌性。

❖本書的靈感來源

我在私立診所從事心理治療超過二十五年，我是領有執照的心理治療師，每天的工作就是幫助客戶培養更強大的能耐與心理韌性來面對人生的挑戰與困難。至少有二十年的時間，我一直專注於整合，整合西方行為科學的尖端研究、現代神經科學、依戀理論（attachment theory，譯註：人類為了得到安全感而尋求親近某人的心理傾向，當此人在場時會感到安全，不在場時會感到焦慮）、人際神經生物學（interpersonal neurobiology，譯註：又譯為「人我神經科學」，為觀察人際關係的能力，以正念方式增進溝通技巧，感覺自己被對方注意到、感覺自己是整體的一部分）、正向心理學（positive psychology）、心理韌性訓練、創傷治療與創傷後成長。除了西方的心理研究，我同時也研讀並教授傳統東方靜思禪修練習，我著重的方向是正念靜觀、自我同情，科學已經證實這兩項要素是改變大腦最有效益的關鍵。我的第一本書《強勢回歸：重建大腦恢復力，抵達幸福彼岸》（*Bouncing Back: Rewiring Your Brain for Maximum Resilience and Well-Being*，此為簡體版中文書名）於二〇一三年出版，以上述領域的研究數據與觀點，我設計了一套工具。《強勢回歸》對心理韌性的教學有突破性的貢獻，榮獲數項大獎。此後，我持續在美國、歐洲、澳洲與中東的臨床培訓與研討會，教導心理韌性神經科學課程，學生超過數千人，學員除了心理衛生專業人士，還有追求自我成長與改造的人。除了教學，我也和這些領域的老師與同事建立互相分享網絡，我們密切分享與合作最有效的練習，期許自己不斷提升與進步。

現在，我將這段教學經驗所收集到的新理論放入第二本書，也就是你手中的這本《心理韌性》，我投入了數十項新工具與資源，幫助大家重新獲得挫折復原力、活力與幸福，這些我們與生俱來的權利。透過書中的練習，你可以在面對各種人事物時，改善自己的應變能力，做出更有智慧的選擇。

> 我再也不害怕暴風雨，
> 因為我正在學習航海。
>
> ——露易莎．阿卡特（Louisa May Alcott），《小婦人》（*Little Women*）

那麼，我們開始吧！

心理韌性的根基：如何身在谷底，重新起身

CHAPTER 1

心理韌性的根基：如何身在谷底，重新起身

這世界充滿苦難，也充滿了征服苦難的故事。

——白衣天使海倫·凱勒（Helen Keller）

人的一生總是充滿挑戰，不論我們多麼努力嘗試、多麼真誠地追尋、多麼努力成為善良的人，生活總是會不時丟來一記變化球，偶爾還會猛力抽掉腳底的毯子，讓人不小心跌個四腳朝天，沒有人能從這種情況脫身。身為人類，我們不免遇到碰撞和瘀傷、災難與危機，好人也會有壞運勢，每個人的人生都是如此高低起伏。

我們無法改變已經發生的壞事，但是，我們能改變回應的方式，這就是本書的宗旨。

災難就像一把刀，握住刀柄可以為你所用，抓住刀刃會割破手。

——詹姆士·路威爾（James Russell Lowell），《文學論文集》（*Literary Essays*）

最重要的就是在困難甚至是嚴重意外發生時，我們有力量與應變能力選擇回應的方式。這樣

的能力需要練習，也需要覺察力，而且，其實我們天生就擁有這種能力。本章將會為你畫出清楚的地圖，教你如何訓練大腦，以越臻成熟的有效方式應付人生挑戰。不僅如此，還能了解大腦裡的這些改變如何發生，進一步讓大腦更知變通。

❖ 壞事會發生

我們在遇到車禍、重病、離婚、失去孩子等來自外界的問題與壓力，或是當幫助他人面對突如其來的人生巨變時，幾乎都會先著手改變「外在」情況來化解危機，這樣做很正常，我們甚至在面對內心的負面情緒（像是覺得自己有夠笨或想得不夠全面性等等），我們通常還是會把焦點放在修改「外在」的問題，來讓內心好受一點。

當然，培養生活技能、創造資源與提高智慧來處理問題很重要，但是，當外在狀態無法改變時，就要學習讓內心好受，這是心理韌性或挫折復原力的重點。但是，看待事情的角度與回應的方式、對於壓力的想法、看待處理方式，以及對於事件的記憶，卻是由內心的感受下決定。解讀與回應困難的能力會決定我們在過程中能否堅毅地面對，以及在解決困難之後是否還能重新向前進。

抗壓能力的程度，可以清楚地從以下三種資源判斷。第一，外界可用資源的多寡，特別是社群的支持。第二，抗壓堡壘有多厚實，包括個人的心理資源，像是智商、教育程度和人格特質等。第三，面對壓力的應變策略。其中又以第三種最為重要，它可以決定壓力會對自己產生什麼影響，而且這是我們可以自己控制的資源。[1]

——米哈里．契克森米哈賴（Mihaly Csikszentmihalyi），
《心流：高手都在研究的最優體驗心理學》（*Flow: The Psychology of Optimal Experience*）

《心流》的座右銘因此可以稱為「如何回應問題，就是問題的所在。」在此向我在德州重點啟發中心（Momentous Institute）的同事波瑞茲（Frankie Perez）深深鞠躬致敬，謝謝他講出這麼發人深省的一句話。

❖轉變也會發生

問題發生時，能否夠靈活應變的關鍵就在於如何改變自己的看法（態度）和回應（行為）。也許外在的壓力看不到盡頭，也許內心的負面想法永無止境地不斷湧現。面對壓力時，唯有改變看法（態度），改變回應壓力與內心思緒的方式（行為），才能強化挫折復原力，變得更加堅強有韌性。

試試看把焦點從「剛剛到底發生什麼事了」轉移到「我現在該如何處理這件事」，就可以感受到改變態度與行為的強大力量。

該死！我怎麼會打破這麼重要的盤子！還碎了滿地。慘了，這是姑姑送我的畢業禮物。唉，我得打電話跟姑姑道歉，雖然很難過，但也許下週我可以再買一個特別的盤子，剛好可以藉這個

機會探望姑姑。

換車子的變速器要花三千美元！好貴呀。不過……幸好可以修好，車子也至少還可以再跑個五年，今年就少一次假期吧，算是不幸中的大幸了。

醫生說必須做進一步的檢查。這個壞消息真讓我難熬，但是，知道問題總比什麼都不知情好，至少我可以知道接下來要如何治療。

練習的重點在於當我們改變態度與行為時，不管發生什麼事，我們都能改變事情的走向，這是很大的認知轉變。

> 刺激與反應之間其實是有空間的，這是我們選擇如何回應的轉圜空間，我們的反應就是我們的成長與自由權。人類最終的自由，就是選擇以什麼態度面對眼前的情況。
>
> ——奧地利心理醫師維克多．弗蘭克（Viktor Frankl）

這樣的轉變就是如何從「可憐的我」跳脫，成為「很有力量的我」。這是從僵固的心態轉為成長的心態，這讓心靈活化、願意學習。我們可以針對現在正處理或曾經處理過的事情，改變內在想法。提升心理韌性包括開始認為自己是個堅強、有能力學習如何應變且有能力解決問題的人。

培養與強化心理韌性，讓身處暴風雨中的自己保持平靜的內心；看清自己所做的選擇；能夠改變觀點，隨機應變，選擇明智的行動；在疑惑和沮喪的情緒中堅持下去，以上種種能力都是我們本來就已經俱足的天性。

❖ 神經可塑性

大腦是可以塑造的，大腦之所以能在我們的一生中不斷地創造新的應變方式，正是因為神經可塑性（neuroplasticity）。以物理學的角度來看，成年人的大腦是穩定不變的，但它的功能其實是流動且可塑的，並非遲滯不變。[2]我們的大腦會長出新的神經元，用新的迴路連結神經元，將新學到的東西放入記憶和習慣的神經網絡中，也會視大腦的需求重新連接神經網絡。

大腦持續發展和改變的能力是一輩子的，這無疑是現代神經科學最激勵人心的發現之一。成人大腦的神經可塑性在近三十年才被接受，隨著成像技術的發展，科學家可以實際看到大腦各部位的變化，包括大腦執行功能的中心，前額葉皮質（prefrontal cortex）。在人類成長的各個階段中，神經可塑性是啟動學習的引擎。

神經可塑性表示我們有能力學習心理韌性的各個層面。[3]有的人在幼兒期少了充分發展心理韌性的機會，也許是因為沒有健全的榜樣、早期依戀關係沒能提供足夠的安全感、遭遇過多的逆境，或是大腦迴路發展出完整的應變能力之前便遇到創傷；但是，這一切都不會妨礙我們從現在開始學習。大腦可以持續學習新的應變模式，再將這些能力裝在新的神經迴路上，它甚至可以調整不再適用的舊迴路，讓舊迴路發揮更有建設性的效用。神經元能夠自我引導，應變策略和行為背後的神經網絡都可以重新塑造和修改，這是你自己可以做出的選擇。你可以學習、改變和成長，因為你的大腦能不斷學習、改變和成長。

❖ 大腦裡的靈活應變

自我導向的神經可塑性需要前額葉皮質的參與。[4] 前額葉皮質是大腦功能執行的中心，這是人類在做計畫、決定、分析和判斷時最仰賴的大腦結構。前額葉皮質還負責執行挫折復原力的許多重要功能，包括負責調節身體與神經系統的功能；管理大部分的情緒與平息杏仁核的恐懼反應。（這對心理韌性來說有舉足輕重的地位！）前額葉皮質讓我們對他人的情緒與經驗感同身受，具備同理心，在時間的推進中逐漸覺察到自我。這是內心道德指標的所在地，它是靈活應變的結構，就像汽車的駕駛排檔，讓我們可以改變觀點、態度和行為。

想要在這些能力順暢換檔，靠的就是前額葉皮質的成熟，其他功能也會因此一同跟著熟練通達。大腦的成長、發展、學習、忘卻和重新配置依靠的是經驗，大腦透過經驗來學習、放下和重新習得各種事物。這部分在幼兒時期的開發尤其明顯，像是學習走路、說話、閱讀、玩球或是烤餅乾。

我們現在知道「經驗」是大腦神經可塑性與學習的催化劑，我們隨時都可以選擇促進大腦功能的經驗。心理韌性因此會隨著各種經驗增加或消失。

美國威斯康辛大學麥迪校區健腦調查中心（Investigating Healthy Minds）的創辦人戴維森（Richard J. Davidson）指出：「經驗塑造大腦。根據我們對神經科學的了解，大腦可以做出改變其實就是一種定律，而非偶發的異常現象。真正的問題是我們想要用什麼經驗影響大腦，正因為我們有所選擇，所以讓大腦更有智慧與健全，我們責無旁貸。」[5]

❖應變靈活度爲何會脫離常軌？

為何我們有時無法從挫折中復原？為何有時無法好好應變處理問題？讓以下四組影響大腦應變靈活度的經驗，為各位解釋：

1. 幼兒期的同步互動與依戀制約

幼年時期的經驗會塑造大腦前額葉皮質的發展與成熟度。[6]在成長的過程中，父母、親人、師長與同儕等身邊重要的人，都是我們學習的榜樣。我們會觀察什麼對他們有幫助、什麼有反向效果，他們在遇到事情時是保持冷靜堅持下去，還是大發雷霆地甩門而去。

大腦會有樣學樣。尤其當我們年紀非常小的時候，我們會觀察大人的反應，然後複製，大腦會把功能調整成和周圍的人一模一樣。[7]幼兒的依戀關係（我們把學習的任務交給旁人）是神經生物學的行為制約，這是大自然演化出的有效方式。與其說我們的大腦當時正在學會調整自己的神經系統，倒不如說是被旁人調整。透過周圍人們對情緒的感受和驗證，我們學會管理和表達自己絕大部分的情緒。大腦還會因為旁人調整自身經驗，進而校正自己的經驗。

早在個人意識尚未形成的三歲之前，大多數的制約學習已經展開。大腦無意識地將程序編入內隱記憶（implicit memory），這也是大腦卓越的功能之一。

在我們開始自己做選擇與學習之前，大腦絕大多數的調整過程都是以此方式與周遭的人做回應與互動。研究顯示，如果幼兒的學習對象是擁有健全人格與大腦神經系統的人，並建立安全的依戀關係與幼兒期同步互動（early entrainment，譯註：一種大腦學習機制，透過與外在的人事物同步節奏來進行學習），就會形成往後面對壓力與創傷時最佳的緩衝保護網。

隨著年齡增長，我們開始自行選擇與學習，前額葉皮質將隨之變得成熟，我們會減少向旁人學習的頻率（但這種學習方式會持續終生），大部分的學習是透過自我覺察、自我反省與自我認同。這些能力會幫助大腦選擇我們想要以及可以開發大腦全部能力的經驗，這些經驗會改變神經迴路，進而改變我們的行為。

2. 應變靈活度未成熟發展

若是幼兒時期的依戀關係不夠健全，大腦會因此無法成熟發展，也無法建立良好的心理韌性；或者，成長過程遭受過多負面的批評與拒絕、不被關心，或是成人傳達的訊息過於複雜、無法預測，大腦將很難建立強壯的心理韌性。我們無法面對壓力，不知如何調整憤怒、恐懼與悲傷等強烈情緒，也無法信任自己和他人，遇到事情捉不到重點、不知如何處理，也沒辦法轉換應變方法或建立良好的學習模式，以上都是導致一個人不夠堅強、有韌性的因素。

神經迴路的增長幫助我們提升心理韌性，但卻會因為防衛心過重而僵化，或無法凝聚而混亂，我的同事班德諾（Bonnie Badenoch）稱之為「神經水泥化」或「神經沼澤化」。[8] 我們會因此發展出不太成熟的應變習慣，不是靈活度不夠就是過於固定（請注意，這是人類經驗完全正常的現象）。

3. 幼兒期經歷過多負面經驗與創傷

若是幼兒時期有太多不好的經驗，例如在家裡或社區受到虐待、暴力相向，或毒品成癮等問題，會讓孩子很難建立應變能力，因為這樣的經歷會損害大腦發展[9]。在家人有酗酒或兄長有霸凌傾向的家庭中長大，同時正常的家人卻視而不見或不加處理，孩子便會因此受到很大的創傷，甚至對成長的大腦造成傷害。這種破壞行為會阻止大腦正常發展，降低對應變能力的學習。思考與記憶會受到損害，情緒管理與人際關係的能力會受到破壞。年輕的孩子可能會學會用「脫離」來應變，就像退房一樣地離開現場。此時，他會失去生命力，對未來的希望與自我意識也會跟著消失。

4. 重大創傷

罹患嚴重疾病、親人離世、被天災奪去家園等重大創傷，都可能破壞前額葉皮質的功能，即使沒有造成永久傷害，暫時無法正常運作也是免不了的。當少了高階大腦提供完善選擇，低階的生存本能大腦便會接手處理，這時的應變能力很有限，而且是由儲存在神經迴路裡的自動模式執行。研究人員發現，七成五的美國人在一生中至少會經歷過一次創傷，每個人的挫折復原力一生都可能會至少遇上一次大挑戰。[10]如同彼得·列汶（Peter Levine）博士所提出的「身體經歷創傷療法」（Somatic Experiencing trauma therapy）所述：「創傷是生命的事實，但它不必成為無期徒刑。」[11]

好消息是，即使在成長過程沒有發展出良好的心理韌性，或是人生正因為糟糕的事件而脫離軌道，你還是有能力選擇幫助自己培養挫折復原力，讓自己更成熟、更堅強。現在，就和我一起來探索大腦的變化過程！

❖ 制約與如何改變制約

大腦轉變的過程已經得到現代神經科學充分的驗證，下面的簡明解說可以讓我們更容易了解與應用。

1. 制約

大腦從經驗中學習。讀完本章後，你甚至能在夢中說出這句話。

不管是正向或負面的經驗，任何經驗都會讓神經元以電子和化學訊號交換資訊。重複的經驗會讓大腦重複發送神經元訊號，建立起重複的反應模式，不論正向或負面都是如此，這就是制約反應。加拿大神經學家赫伯（Donald Hebb）提出了一項在現代神經科學領域為人熟知的原理：「同步發送訊號的神經迴路會彼此連結。」

想像雨滴滾落山坡的景象，一開始，雨滴會各自沿著山坡向下滾，水流會漸漸沖洗出凹洞，最後形成小水溝，水滴自此只會進入水溝再一起流下。大腦形成通路與反應模式的原理也是如此，除非我們插手，不然就會自動做出同樣的反應。制約就是我們早期學會的應變模式，是已經寫入大腦內的程式編碼。

若是沒有給大腦其他指示，它就會不斷自動學習與編碼。當我們沒有引導大腦安裝新的應變模式或重新配置舊模式，它就會自行在神經迴路持續學習與編寫反應模式。我們不用教大腦要學習，也無法阻止它學習，這是它與生俱來的功能，但如果想重新配置以前學到的東西，便必須重新引導它的學習方向。

大腦在演化過程中，增設了許多固定模式。例如，「戰、逃、凍結、崩潰」（fight-flight-freeze-fold）[12]是神經系統的自動生存反應，看到蜘蛛會退縮，對向有超速來車會跳到路邊，遇到非常無助的事甚至會直接昏倒。負面偏見是一種習性（也是無意識的行為），比起正向的記憶，大腦更傾向於儲存負面事件。[13]這種特性能夠迅速提醒我們要注意危險，對於人類的生存至關重要，但對是否感到幸福倒是沒有幫助。大腦無意識進行的過濾行為，會依據性別、種族、語言和文化來判定我們對他人的看法，分為「喜歡我」和「不喜歡我」。[14]這種自發性的分辨習性也是對生存很重要的特性之一，但對日常生活來說可能會造成困擾。

針點這些自發反應，我們可以有意識地創造新的反應習慣。接下來的幾個章節中，我們將會探討如何重置舊慣性。舊的習慣與反應都是從原生家庭或文化中學到的，但是對我們沒有好處，像是自己生悶氣而不直接告訴對方希望他們做人厚道一點，或是只因為員工不符合你對「好」或「有能力」的成見，就漠視他的潛能直接解雇。

想要建立新的應變反應或調整舊制約模式，可以使用下列三種改變大腦的步驟。

2. 建立新制約

當我們特意選擇以新的活動與經驗來改變大腦的功能和習慣時，我稱這個過程為建立新制約。每次在練習感恩、加強聆聽技巧、培養專注力、強化自我同情與自我認同時，以及每次的重複練習，就是運用新制約建立新習慣、新應變模式、新的神經迴路的機會，讓自己更有能力面對人生的挑戰。也許某些挑戰對之前的你來說難以征服，但改變後的你將不再害怕。你創造了新的大腦配置，你會擁有新記憶和長期的正向習慣。

建立新制約並不需要消除舊制約。在壓力大或疲倦時，大腦通常會選擇舊模式，走習慣的舊路對大腦來說比較容易，也比較有效率。但只要練習夠多，就能在大腦功能建立一個選擇點，然後在下一次的過程再度定下新制約，[15]如此就一定可以重置舊迴路。

3. 重新制約

重新制約的專有術語是「記憶拆分與重新整合」（memory deconsolidation-reconsolidation）。

近年來，新的掃描技術讓神經學家能夠看到這段大腦的運作過程，但這其實就是創傷療法的基礎，而且已經有運作幾十年的經歷。

在啟動重新制約的修復過程時，須仔細且有技巧，並特意感覺過去那些害我們時常失敗的經驗，觀察自己對這些經驗的反應，回想無法從挫折中恢復的經驗時，對自己有什麼看法和感覺。專注思考時，便會啟動或「照亮」記錄這段記憶的整體神經網路：回憶事件發生的時候，儲存在大腦的影像與思緒，以及儲存在身體的感覺與情緒，就是啟動神經網絡、重新制約的關鍵。

舉例來講，假設某次因為遲到而缺席一場重要會議，當時卻編造了缺席的理由，之後每次開會時都總是會擔心別人識破謊言，猶豫的結果就是害得工作停滯不前。這件事一直困擾著你，現在，請開始回想這件事的每個細節，包括你的感受和對自己的想法。

你自己就可以學會重新制約的過程，但千萬別被舊記憶淹沒或再次受到傷害。一次修復一小段記憶就好，這樣大腦在復原的過程中才會有安全感（第二到第七章會有多次練習重新制約的機會）。

當負面記憶被啟動時，我們就有機會進行重置。首先，將意識放在一個更強烈、正向、復原良好的記憶上面，即使是想像的事件也可以，將舊有的負面記憶與新的正向經驗放在一起（或是反覆在兩者之間來回），正負兩面的記憶「並置」會讓原本的神經網絡開始分裂（記憶拆分），並且在轉瞬間重新配置（重新整合）。神經學家可以透過腦成像技術看到這個過程，當新的正向記憶或經驗比舊有感受強烈時，它會「吹出勝利的號角聲」，然後重新整合負面記憶。

回到剛剛因為遲到而沒有出席會議的事件，你可以為它編造一個不同的結局（即使在現實生活中並不會發生也無妨）。你可以在腦海裡想像會議結束後的幾天，遇到兩位會議裡的重要人士，你有機會向他們解釋沒有參加的原因，即使理由聽起來很遜也沒關係，你可以想像自己向對方道歉，坦承自己判斷錯誤還說謊，並提出彌補的方法。想像這兩個人理解並原諒了你，然後想像自己參加了下一次會議。

這個機制完全沒有改變當初發生的事，但你對它的感受卻改變了。雖然無法改寫歷史，卻能改造大腦。你不會忘記舊記憶，然而它不再造成影響，也不再使你感到懊惱痛苦。以這個方法改變負面回憶的人常常會不解地說：「奇怪，我當初為何如此難過？」

建立新制約的過程

建立新制約與重新制約都需要靠大腦以「專注模式」進行，專注模式是將思維集中在特定的任務與練習上，如此便可以激活這些區域的神經元。神經學家曾進行了一項研究計畫，他們讓受測者聽音樂、看戰爭現場的新聞，或是回想寵物過世時的心情，然後掃描他們的大腦。神經學家原本以為會看到靜止的大腦，畢竟大腦並沒有被要求做什麼事（如為顏色命名或猜謎等），但他們錯了。他們發現「休息中」的大腦其實更加活躍，而且不是只有特定的大腦區塊會啟動，而是全腦動起來。[16] 我們稱之為大腦活動的「預設網絡模式」（default network mode，譯註：當腦部處於放鬆、未從事任何活動的休息狀態時所進行的複雜活動。預設網絡模式是一個聯繫多個腦部區域的網絡系統，在人們走神放空、做白日夢與注意力分散時活躍。使你得以短暫地脫離工作狀態，讓大腦在清醒時獲得休息）：我們其實沒有命令大腦執行任務，而是大腦自行啟動。我們現在正是要利用啟動這個預設網絡模式來解除舊制約。

4. 解除舊制約

當我們沒有特意啟動大腦時，大腦會自動進入預設網絡模式，自行播放與建立聯想和連結，在它想要的區塊漫遊，以新的方式連接突觸。這個處理方式需要想像力和直覺，這就是我們進入白日夢，或突然有什麼領悟的時候。

我們可以運用想像力進行觀想和靜思，以練習解除舊制約。丹・席格（Dan Siegel）教授在美國加州大學洛杉磯分校開設一門「第七感」（Mindsight）的課程，他將大腦稱為「承載著各種可能性的飛機」。[17]而我們便可以利用大腦在漫遊和玩耍的同時建立新行為。

在運用「預設網絡模式」培養心理韌性時，必須注意以下兩個重點。

首先，因為預設網絡模式是處理自我社交意識的地方，[18]啟動此處可能會讓我們感到擔憂和反思：他們喜歡我嗎？接納我嗎？我剛剛在別人面前有沒有做什麼蠢事？他們是怎麼看我的？人類的大腦很容易落入這種反思的模式，練習過靜觀冥想（mindfulness meditation）的人應該會很熟悉大腦進入沉思的現象，有時會稱為「神遊的大腦」或是「心猿意馬」。例如想要將注意力集中在呼吸或念佛持咒時，卻會發現大腦開始想著晚餐要吃什麼、明年夏天要去哪兒度假、繼續早上和同事的爭吵，或擔心朋友的離婚狀況等等。當你心裡掛念著令人不安、擔憂或痛苦的事情，無論是自己或旁人的煩心事，大腦都會自動一遍又一遍地咀嚼這些事。

第二，某些我們試著忘掉的困擾或痛苦記憶，會在此時偷偷回到腦海。大腦有時會透過「分離」來避免面對：它會直接離開，將念頭轉移到其他開心的事情上，或直接做白日夢。因此，這些困擾或痛苦回憶不會浮出意識表面來干擾我們。[19] 分離是大腦最有力的機制，保護我們不被壓力、痛苦或創傷擊倒。人類的大腦幾乎是從出生那天就擁有此分離能力，當我們在面對暴力或遭受虐待卻無處可逃時，和現實短暫的分離可以增加我們的韌性。每個人或多或少都有過分離的經驗，也許是三年級那年坐在課堂上發呆，直到下課鈴響才回過神來。不需要因此覺得丟臉，也不用責備自己。但是，必須清楚知道「分離」和「有意識地進入預設網絡模式以提高覺知」是不一樣的。

轉而關注眼前的人事物（例如感受自己的呼吸或雙腳接觸地面的感覺），就能立即將大腦從反思或分離狀態拉出來。你也可以使用預設網絡模式的正向作用，也就是想像力和自由聯想，運用直觀智慧（intuitive wisdom）隨意聯想、激發新的見解、建立新的行為。

「制約、建立新制約、重新制約與解除舊制約」是大腦做改變的順序，懂得這個訣竅才能創造改變。

在我們的一生中，制約會不斷在大腦建立神經迴路，我們必須清楚了解從前儲存的應變制約模式，因為這些模式儲存在無意識的內隱記憶中。遇到事情時這些模式就會被觸發，我們因此會重複做出相同反應，甚至沒有時間決定自己是否想以這種方式回應。某些制約反應可能依舊適用，某些卻已經不再適合當下的情境。但棘手的是，內隱記憶並沒有時間觀念。當它們突然浮現，我們就會覺得一切歷歷在目，過去的回憶如此鮮明，甚至不覺得這只是一段記憶。我們現在要做的就是覺察這些模式（本書從頭到尾都不斷有這種練習），讓我們得以調整舊制約，或建立新的反應、新的習慣。新的制約會建立新的神經迴路，創造更成熟、更有挫折耐受力的應變模式。這些新迴路會在舊迴路之上運行，讓你遇到困難時有更多應變選項。

當大腦有更多選擇，也會變得更穩定，也會有能力在發現舊制約模式時做調整。這個改變的過程效用很大，只要能謹慎地重新制約，你不僅可以調整舊模式，還可以在大腦的結構中建立新的改變。

一旦能掌握大腦的注意力，就可以學著分散注意力，這稱為「發散模式」，停止前額葉皮質的來回巡邏監護，讓大腦天馬行空地發揮創意，但當發現有需要時，可以瞬間就拉回注意力。在「預設網絡模式」中，大腦會建立自己的聯想和連結，以嶄新或甚至富有想像力的方式連接。解除舊制約的過程會產生深刻且直觀的智慧，之後的練習會幫助各位獲得這樣的智慧。

當我們懂得利用此方法培養強韌的挫折復原力與靈活的應變能力，並越加熟練此過程時，就會開始產生自信，知道自己可以很巧妙地利用此方法改變大腦。透過學到的技巧，在面對困境、失意，甚至是災難都能好好應變處理。你會知道自己越來越堅毅強韌，茁壯成長。

❖ 五大智能

第二到第七章會告訴各位更多在運用這三種改變大腦的過程中強化五大智能的訓練方式。

1. 身體智能

獲得身體智能是身體固有的智能，這需要各位把身體當作工具，透過呼吸、觸覺、動作、社交和觀想等方式，控制神經系統的壓力與生存反應，帶入高階大腦的理解功能，讓身體的大腦（body-brain）回到自然的生理平衡。發展這項智能可以加強安全感、信任度，並激發大腦的神經可塑性學習能力。我們的「挫折復原範圍」會大大擴展，也會變得願意且更有能耐嘗試新行為和承擔新的風險。

2. 情緒智能

情緒智能又稱情商，藉由建立情緒智能可以管理如大浪般波濤洶湧的情緒，如憤怒、恐懼、悲傷、羞恥和愧疚等，進而培養正向情緒，將大腦從退縮和消極的態度中轉成開放、接納和通權達變，並且練習憐憫、正念同理心和心智理論，讓你能夠圓熟地參與並駕御他人的情緒波動。

3. 內在智能

內在智能和自我感覺有關，這方面要做到的就是恢復自己原本就擁有的心理韌性，產生智慧；平息內心那些會削減能力、勇氣和人際關係的負面批評；並且接納、整合，甚至是擁抱內心各種聲音與各種構成自我的部分。這有助於我們發展內心的安全感，帶給我們勇氣，你能相信自己，並且以平靜的心靈在這個世界航行，這就是心理韌性的基石。

4. 人際智能

人際智能需要學習如何與他人來往，包含一般社交關係與親密關係，允許自己信任他人與他人連結，這是心理韌性的庇護所和資源站。它能讓我們在學會和他人交往的同時不會被絆倒；在懂得辨明你我的當下無須退縮或切斷與他人的關係。你會和人性建立健全的相互依存關係，有能力開始和深化一段健康、有共鳴、有效益且充實的人際關係。

5. 省思智能

使用省思智能練習正念覺察，能看清當下正在發生的事件、對事件產生的反應，若是當下的思維模式會阻礙應變靈活度，便能夠有意識地轉變它，同時培養平靜的心靈，讓自己清楚明白手上有什麼選項，並且做出明智的選擇。

❖ 人生的痛苦壓力三等級

提升以上五項智能後，可以幫助我們在遇到任何痛苦與壓力時，運用挫折復原力讓困難迎刃而解。在本書中，我將人生的痛苦壓力分成三個等級：

第一級：小波折

生活難免遇到小波動，但是內在的心理韌性須穩定、不受影響。前額葉皮質負責的應變靈活度讓我們可以面對新事件，即使情況未知或不確定，都能保持平穩的信心，不會造成內心太大的晃動。本書將賦予你很多開發和穩定內心安全堡壘的工具。讓我們不管發生什麼事都能迅速返回本壘。

第二級：錯誤與心痛、悲傷與掙扎

人生難免遇到壞運氣的時刻，生活常軌因此短暫地偏離核心，也許偏離的時間很長，也許會有好一陣子頹靡不振。但是，進步一定會發生，我們能運用學到的工具和技巧，幫助自己復原，提高應變能力，改善自我，快速地站穩立足點。

第三級：難以承受的打擊

人生難免出現困難，生活帶來的打擊有時超過我們所能承受的重量，也許是發生一件可怕的事，或惡事接二連三地不斷發生，也可能是一下子突然發生太多事情，或是事件在還承受不住的年齡發生。在這些境遇下學到的應變策略可能會損害前額葉皮質的自然發展、阻礙新的學習、限制應變的靈活度。許多人就是因為過去遭受太多困境而降低心理韌性。在面對扛不住的挫折時內心可能會產生創傷。學習處理創傷，從過程恢復是重新贏得心理韌性的基石。

人生任何時候都可能碰上這三種等級的痛苦壓力，本書提供的工具可以指引你方向。先考慮自己需要什麼程度的挫折復原力，依據遇上的情況來判斷需要的工具，重新調整你的大腦。

❖ 加速大腦的改變

從多年的工作經驗中，我發現了五種可以加速大腦改變的練習，如下所列。

1. 少量而頻繁

正面和負面的經驗都可以讓大腦藉機學習。人類的神經生物學，最好的學習方法就是少量但經常地反覆練習。[20]換句話說，每天練習靜坐十分鐘，會比每週只練一個鐘頭好。譬如，如果希望自己更懂得感謝，對大腦的學習來說，每天在紙上寫下三到五點心懷感激的事項，會比週末列一張長達二十項的要點來得有效。

神經學家戴維森（Richard Davidson）觀察到以科學的角度來說，「正念靜觀」（mindfulness）和「自我同情」的練習，是兩項改變大腦的最強大因素。[21]這些練習是以最佳的大腦運作方式進行：藉由不斷練習，重複鍛鍊自己，在你想要消除負面或創傷經驗產生的影響時，就能靠這種少量而頻繁的方法達成，一次消除一點。就像嬰兒，一次一小步，大腦才不會因此壓力太大或再次受到傷害。少量而頻繁的練習方式能幫助我們學習，同時又以最有效率的速度鞏固新學到的東西。不僅如此，還能帶領我們放下無益處的舊模式，以最快的速度鋪上新模式。

2. 啓動神經可塑性的安全感

我們經常須面對未知的新挑戰、困難或危機，因此，每個人都需要強韌的挫折復原力。每一次成功克服阻礙、解決難題、度過危機或創傷時，復原的能力就會更強大。但是，大腦需要產生安全感（神經感知）才能啓動神經可塑性、完成學習和重新配置。[22]大腦在放鬆時就是學習、整合能力的最佳狀態，緊繃的大腦會收縮，並將思緒全放在生存。

我們將在第二章學到大腦自然的生理平衡，以及純熟使用大腦的方法。保持冷靜放鬆的同時，要專注而警醒，如此一來我們與大腦才能成熟地處理任何煩惱、痛苦、潛在的危險或生命威脅。保持內心平衡與專注當下，就能冷靜地向前進。

在心理治療學領域，我們將大腦處於自然平衡的狀態稱為「挫折復原範圍」，而在創傷治療領域稱為「忍耐窗口」（window of tolerance）。傳統的佛教哲學也有類似的概念，他們稱為「舍」（equanimity，譯註：意思是不以帶有情緒的反應來回應。不要求延長如意的內外境，也不要求逆意的內外境離去，以同等的友善面對順逆），以平靜之眼見證生活的喧囂，以下的故事可以看到這樣的智慧如何代表內心安全的力量。

有一天，一位佛教大師和他的弟子正在靜坐，一群土匪突然衝進寺廟搶劫，他們是令附近鄉民聞聲喪膽的匪徒。寺廟的和尚都逃跑了，但是大師不為所動地靜坐著。大師沒有反應的樣子令土匪頭子相當生氣，他拔出劍來，高舉過頭，大喊：「你不懂嗎？我可以一眼不眨地，一刀令你斃命！」大師冷靜地回答：「你不懂嗎？我可以一眼不眨地，讓你一刀把我斃命。」大師的平靜讓這幫土匪感到害怕，他們轉身逃跑，逃得無影無蹤。

面對危險時，我們很難保持這樣的冷靜，但我們可以從中得到啟發，學習保持平靜的心，在面對困難時才不會自動進入「戰、逃」的生存模式。

3. 轉變大腦功能的正向情緒

正面或負面的情緒都是身體正在對大腦喊著：「發生重要的事了！要注意！」第三章的訓練會幫助我們管理情緒，即使是最難纏，甚至是毀滅性的情緒都能控制。我們不再因此被情緒淹沒或劫持，反而是得到通知，從中獲得激勵的力量。各位還會學到負面情緒出現時，如何調整舊有的慣性反應。

首先，我們必須知道正向情緒改變大腦功能的力量，正向情緒可以將大腦從退縮和反抗轉變成開放、接納和樂觀。如此清楚且直接的轉變，將帶來更堅強的心理韌性，培養出積極正向的情感，如感恩、敬畏與快樂，重點不是轉變心情，讓自己當下覺得好過一些，而是改變大腦，讓它以更好、更有智慧的方式運作，讓自己與各種人事物有更成熟的互動。

4. 共鳴產生的新策略

能得到他人的理解、接納和驗證是一種鼓舞，鼓舞讓我們能真正地感受、理解、接納和驗證自己，[23]而這正是我們能以冷靜、勇敢且有能力遊歷世界的關鍵，它讓我們能將他人視為心理韌性的避風港與寶庫。

也許在成長的過程中，你從沒受到這樣的尊重或信任（其實接近半數的人都沒有經歷過）。[24]也許你從小就不被自己或他人信任，這是反覆受到傷害、背叛、忽視、遺棄、拒絕和批評的反應模式。第四與第五章會向大家介紹許多工具與技巧，幫助我們消除並重新配置這些模式，以此恢復固有的信任感。這些工具會引導我們建立人際互動的技巧，像是尋求幫助、議定改變和設下界限等，讓我們能獲得良好的親密關係與一般社交的人際關係。這是幸福的來源，也能帶來心理韌性的力量。

佛德里森博士（Barbara Fredrickson）是正向心理學的先驅，她在其著作《愛是正能量，不練習，會消失！》（*Love 2.0*）中，教導我們如何建立共鳴關係的基礎。[25]當兩個人的身體接近、眼神接觸、互相關懷、分享善良、寧靜與快樂等正向情緒時，他們的腦波會開始共振，彼此鏡像對照，建立一種我稱之為信任，而佛德里森博士稱為「愛」的共鳴。

這種「神經同步」可能是因為催產素（oxytocin，譯註：除了子宮收縮與促進分娩之外，催產素也是母子的情感樞紐，它是「擁抱激素」，喚起知足的心情、減少焦慮並增加人與人之間的信賴感，是一種幸福的荷爾蒙。與社交行為及兩性之間有直接關係。）釋放而產生，催產素是一種安全感與信任的荷爾蒙，我們會在第二章有更多解說，催產素會帶領我們進入這樣的安全領域，為神經可塑性創造一個最佳的制約環境，從而學習與成長。我們將探索如何與父母、兄弟姊妹、愛人、配偶、支持團體或治療團體，建立這些人際關係共鳴與神經同步的時刻，讓心理韌性在你的心靈和大腦深入扎根。

5. 有意識的反省

大腦可以在無意識的狀態處理人生經歷。在幼兒期，創傷經驗通常會被編入神經迴路，成為身心的內隱記憶，因為兒時還無法對發生的事情形成有意識的記憶。這種無意識的處理過程也會在正向或中立的經歷時發生，大腦一直以來都是如此運作。就像每天上下班的路線已經被深深寫入大腦，你應該也有發現自己在開車上班的途中，可以進入幾乎如同自動導航的狀態，只有在轉錯路口時才會「醒過來」，然後突然發現周圍的事物看起來很不一樣。或是在人很多的派對上遇見某個看起來好像認識但又有點陌生的人和你打招呼時，在真的記起何時見過他之前，大腦就已經調出你對他的感覺紀錄了。

當我們想在大腦建立新的感知（perception，譯註：當外界的刺激作用於感官時，大腦對外界的整體看法和理解。）與行為模式時，需要進行有意識的反省，才能檢閱和使用之前建立的復原力資源。「有意識的反省」和思考並不一樣，反省是覺察當下的體驗，此時會對經驗的感知與反應更有覺察力（也就是能覺察神經迴路的發送），如此才有辦法重新調整會阻礙心理韌性的制約模式，例如錯誤的信念、態度、身分和行為模式。

培養正念靜觀是提高反省意識的好方法，正念靜觀不僅須集中注意力、體驗各種人事物情緒的覺知，更重要的是正念靜觀可以強化用來專注、反省、轉變觀點、辨別選項和選擇明智行為的大腦結構。我會在第六章介紹這種自我強化的寶貴練習。

宣稱練習這些幫助智能的技巧就能支持我們度過任何考驗，也許有點過於勉強。但我將在第七章提供各位整合練習，幫助我們調整大腦和全面提升心理韌性。

本書的主旨就是強調我們在每一刻的經驗中，都可以做出選擇，讓我們的選擇建立有助益的神經迴路、培養更堅韌的挫折復原力。你會學到「改變大腦，就能改善人生」[26]，而且能夠看到立即與長期的效果。學會大腦的運作方式，就有能力製造選擇與改變，讓自己擁有真正掌握與勝任人生的能力。

抓住時機、做出選擇！

——珍妮特・弗利曼（Janet Friedman）

每個時刻都是一個選擇，每一個選擇都會產生影響。

——茱莉亞・希爾（Julia Butterfly Hill）

本書的目標正是提供你這些工具與選項。現在，就讓我們開始這趟大改造旅程吧！

CHAPTER

2

身體智能練習：呼吸、觸覺、動作、想像、社會互動

CHAPTER 2
身體智能練習：呼吸、觸覺、動作、想像、社會互動

我們無法阻止海浪，但可以學會衝浪。

——印度瑜伽宗師沙吉難陀（Swami Satchidananda）

目前為止，我們不斷地討論如何在情況很混亂時，找到良好的應對方法。面對挑戰與逆境的最基本反應來自身體，因此在強化心理韌性時，我們要先把身體當作基礎工具開始，也就是「身體智能」的練習。

現在，讓我們把思緒拉回高中生物學，想想當初學到的自律神經系統（autonomic nervous system，ANS）。[1]人的自律神經系統總是不斷地掃描周圍環境與我們的社交圈，確保沒有任何會危及生命或心理幸福的威脅。這樣的掃描和信號來自腦幹與脊髓深處，它在我們無意識的狀態下全天候地運行，即使在睡眠之中也從不休息。我們的高階大腦可以覺察到這些信號，而且，其實高階大腦的監督是必要的，如此才能根據我們的經驗與制約狀態來解釋信號的意思。但是，因為高階大腦的評估過程既複雜又全面，所以速度會慢上許多。前額葉皮質需要較多的時間才能做出反應，可能是幾秒，也可能到數分鐘，但是身體反應則是在幾個毫秒之間。

自律神經系統有兩個分支，分別為交感神經（sympathetic branch）與副交感神經（parasympathetic branch）。交感神經會在我們感到不舒服或覺得有危險時立即做出反應，也就是「戰、逃」反應。如此快速的防護反應讓身體可以在當下立刻行動，判斷遇到危險時該解決或是躲避？應該面對還是逃離面前這個看似不良或危險的人物？

在高階大腦覺察到有事發生之前，低階大腦已經對身體發出指令。在意識到有危險或人身安全受到威脅之前，神經系統早已做出保護我們的反應。

唯有在危險解除之後，副交感神經才會讓我們冷靜下來，讓身體休息或繼續進行腸胃的消化工作。兩個分支就像汽車的油門與煞車：啟動交感神經是踩油門，煞車則是副交感神經的作用。

當周遭沒有危險時，啟動交感神經有許多益處，它帶給我們早晨起床的動力，讓我們想與人交往、探索世界，有活力去創造、生產和玩樂。人類建立政府、編寫美妙的交響樂、動手蓋房子，並且努力解決氣候問題，這一切都要感謝交感神經。交感神經的正向啟動源自於前額葉皮質的調節，這是人類文明的基礎。

在安全狀態時，副交感神經則是能讓我們心神集中、情緒穩定，並感到安心自在。副交感神經的正向啟動也是由前額葉皮質調節，這是個人幸福的基石。讓我們能夠躺在沙灘小睡片刻，能在沉思放鬆或在做愛後沉沉入睡。

然而，一旦這兩種神經系統遇到威脅或危險而反應過度，情況會變得有點棘手。交感神經突然的飆升會讓我們進入憤怒、焦慮、恐懼或恐慌等情緒之中。副交感神經突發的過度活動則會導致我們變得痲木、封鎖、退縮或退離。過度飆升或過度封鎖，都會造成高階大腦暫停運作。此時，我們只能依靠自動生存反應和幼年早期大腦神經迴路的編碼來行動，因為這樣的神經生物反應即時又有效率。

本章會為各位介紹如何利用呼吸、觸碰、動作和想像來加強身體智能，讓你學會辨別、解讀和管理神經系統傳送到高階大腦的訊號。因此能夠回到健康的生理狀態、恢復內心的泰然，重新開啟讓身心平衡的忍耐窗口。你將因此再度能以平靜且輕鬆的狀態投入，同時保持警覺，自在地應對進退，甚至能一面哼著歌。處在平衡狀態時，你懂得因地制宜，解讀外在壓力傳達的訊號（或是分辨壓力源和自身關係，以及內心對壓力的感受等等），辨明訊號的你會查看此時有哪些選擇，並且採取有彈性且明智的行動。

我們已經不再像人類的祖先，生活在人身安全持續受到嚴重威脅的環境，現代人經常面臨的反而是對內心安全與幸福造成的慢性威脅。現在，我們可以藉由這些練習強化大腦內無意識的社會互動系統（social engagement system，譯註：是人與人、個人與群體、團體與團體之間為了滿足某種需要而交互作用且互相影響的活動）調節神經系統，特別是在面對威脅的時刻。

❖「開」或「關」

一連串的壓力會造成交感神經陷入「開啟」狀態，例如無情的工作壓力；持續面對伴侶、老鬪或孩子等與我們的自我價值感有關的人的抱怨與批評；無法實現自我訂下的目標；或是比不上他人等狀態，都可能會啟動交感神經。加快工作的速度、不稍休息，仍舊經常感到焦慮、警戒和壓力大，內心沒有安全感、無法平靜，這些都是造成我們失去幸福與健康的源頭。

接下來，讓我們看看造成副交感神經「關閉」的情況，例如沒有成就感的工作；太短的時間內受到太多損失、羞辱、指責批評、分離和拒絕等，以及任何讓我們有這些感受的經驗。副交感神經的關閉將導致我們無法面對並處理問題，我們會陷入否定、被動與絕望的狀態，可能感到無助或抑鬱，找不到力量，沒有動力可以突破困境。其實，這些都是數百萬年生物神經傳承下來的遺產，我們的祖先會在獅子面前假裝死亡，保護自己不被吃掉。在社會群體的發展過程中，為了不被其他族人踢出去，我們也必須學會克制自己，退出衝突，安撫他人。

二十年前，神經生理學家史蒂芬·柏格斯（Stephen Porges）發現了自律神經系統的第三種分支，即腹側迷走神經通路，稱之為社交迷走神經（social vagus）：這是連結身體和腦幹的神經通道，與脖子、喉嚨、眼睛和耳朵裡的神經相接。[2]這個通道能幫助臉部和內心溝通，當我們與他人在一起且感到很安全時，便會產生一種無意識的神經覺安全感（neuroception of safety）。人類是社交型生物，在家人、親友和社群的圍繞下成長，當內心的安全感與幸福感被打亂時，大腦會自動與人聯繫，尋求安慰。大腦的「社會互動系統」會傳達「沒關係」、「你很好」、「這些只是假警報」或「你很安全」等訊息，有些甚至是無意識下產生的信號。這會讓內心感到安全、平靜，這是「安全依戀」的神經生物基礎，讓我們在必要時刻有能耐承擔風險。

和柏格斯一起合作的研究人員戴普．達那（Deb Dana）曾為《多元迷走理論》（*A Beginner's Guide to Polyvagal Theory*，暫譯）寫了一篇初學者引導，[3]他說：

> 在腹側迷走神經運作的狀態下，我們的心律會受到調節、呼吸順暢，我們能夠認出朋友的臉、和他們聊天、不受周遭的噪音干擾。我們能看到「大局」，和這個世界連結，和人們互動，你可以感受到快樂、積極與動力，這個世界安全、有趣且平和。這樣的狀態能讓你有條理與能力完成計畫，懂得照顧好自己，可以花時間享樂、與人相處，工作效率高，有信心做好掌控和管理。我們有能力接受壓力、探索選擇、尋求支援，並且管理各種回應。

運用社會互動系統來產生內心的安全感，並不表示外在的情況是安全的，我們仍然可能會失去贖回房子的權利，或遇到彎身綁鞋帶就閃到腰的窘境，我們依舊需要能力來應付人生的威脅，但我們可以讓自己在處理人生大小事時，內心保持平靜、平衡。

當腹側迷走神經發展成熟，並且運作良好時，它會調節交感和副交感神經，發揮「煞車」的作用，避免我們陷入恐慌或退縮。我們的身體可能會有反應，但是大腦可以同時保持平靜，快速地從人生波折中恢復過來。我們可以對自己有足夠地信心，並告訴自己：「這沒有什麼，我經歷過更糟的，我現在有能力解決這個問題。」我們能把周圍的人當成是自己的資源，從他們身上吸取正能量，看著平靜的他們自己也會跟著恢復內心的平靜；因為他們相信你可以，所以你相信自己一定可以解決問題。

本章的練習旨在幫助你學會使用以身體為主的身體智能工具，包含呼吸、觸碰、動作、想像和社會互動，這些工具都能帶領你回到自然的生理平衡。即使一直面臨挑戰、困難、損失和創傷，即使覺得幾乎要崩潰，無法再維持內心平靜，這些工具仍舊可以幫助你建立打不倒的心理韌性，激發神經可塑性，讓大腦可以學習應變處理。讓我們先看看下面這個小例子：

某個週五午後，我去學校載五歲的女兒艾瑪。我抱著她正要走向車子，卻不小心被人行道的裂縫給幾乎絆倒。在那一瞬間我使盡全身的力氣保持身體平衡，而沒有跌到地上。幸好我跟艾瑪都沒有受傷，然後我們就回家了。隔天我跟瑜伽老師分享這件事，她說：「看吧，練瑜伽不是為了健身，而是為了讓生活更好。」

這就是練習的主旨，心理韌性的訓練不只是為了更有能力，其實是為了擁有美好人生而建立習慣，人難免不小心被絆倒，但我們可以在搖晃的那一瞬間保護自己不要摔傷。即使跌倒了，還是可以撐起自己的身體再站起來。也許地上的洞太大，跌了進去又受了傷，好一段時間都站不起來，甚至可能永遠都站不起來。但是，我們可以運用學到的技能與資源，恢復內心的平靜泰然。

❖ 建立新制約

以下的練習會幫助你擁有更強大的心理韌性與應變靈活度來面對挑戰。即使情況很混亂，你也可以有意識地在大腦裡創造新的選項，使自己更能通權達變。

第一級：小波折

這些工具可以強化現有的神經通道，維持穩定的心理韌性，讓自己不會搖晃得過於嚴重。我們可以因此避免被意外事件或不喜歡的情況絆倒，甚至可以快速恢復平衡，安定內心。你將在練習之後越來越懂得保持冷靜，平靜地在人生這條道路上前行。最簡單的工具就是將注意力轉到呼吸。

> 放慢呼吸會提高迷走神經的啟動和副交感神經的作用，幫助你身心平衡。緩慢深呼吸可以有效抑制煩惱。在遇到壓力時，慢慢地深吸一口氣就可以恢復腹側迷走神經的控管，隨著身體的改變，我們的情況也會跟著改變，當然事情的結果也會有所不同。
>
> ——戴普・達那，《*The Polyvagal Theory in Therapy: Engaging the Rhythms of Regulation*》作者

只要活著，我們便總是在呼吸。每次吸氣都會小幅度地啟動交感神經（當過度反應或換氣過頭，則有可能是大幅度地啟動）。每次吐氣也會小幅度地啟動副交感神經（害怕死亡或昏倒時，則會大幅度地啟動）。我們可以透過練習學會利用呼吸的節奏、拉長吐氣的時間，讓身體更加冷靜，獲得更深層的幸福感受。

練習 2-1

小型呼吸冥想 [4]

1. 自然地呼吸，輕輕呼吸五到十次。專注在呼吸當下的感受，吸氣時感受清涼的空氣從鼻腔進入。胸腔和腹部緩緩擴張，然後吐氣，感受暖和的空氣從鼻子呼出，腹部和胸腔放鬆下來。記住「少量而頻繁」擁有的大效益，每天都可以時常暫停一下，進行這個呼吸練習。
2. 喜歡的話，可以在練習呼吸時，默念釋一行禪師（Thich Nhat Hanh）的智慧短語：「輕輕地吸氣，我到家了；長長地吐氣，我微笑了。」
3. 在吸氣時，想像「回家」，在心裡說：「我在這裡，我到家了。」吐氣時，想像自己與世界安全地連結，和他人和諧地相處。吸氣時，想「我」這個字，吐氣時想「我們」這個詞，重複練習一分鐘。

這個練習可以幫助你放鬆身心，感到平靜、自在，有時內心甚至會浮現一種安全感，深感此時沒有任何事情可以帶走我的幸福感。放鬆心情，享受當下的自在與安全，即使時間短短的也無妨。

✦✦✦

練習 2-2

有感情地深呼吸 [5]

在這個呼吸練習，我們要帶入善良的覺知，來提高身心的安全感與平靜狀態。

1. 找個舒服的位置，坐下來讓身體放鬆地靠著，不需要出力維持姿勢。想要的話，可以閉上眼睛，或是讓眼睛放鬆地凝視前方。放鬆身體，專注在呼吸的當下，緩慢地呼吸幾次，釋放不需要的緊繃情緒。
2. 將注意力集中在呼吸上，找到最輕鬆的呼吸方式，也許是透過鼻腔、喉嚨或腹部呼吸，觀察身體的小變化，專注在呼吸上幾分鐘。
3. 看看你是否能將自己和呼吸導向開放、好奇和關懷的心態。如果覺得身心有任何不適，

✦✦✦

先試著軟化下來，接受這樣的不舒服，接受這一刻的狀態就是如此，柔和地對待自己。

4. 感受自己不必特意記住，身體就自然會呼吸了。
5. 看看自己是否能用全身來呼吸，吸氣時擴張整個身體，滋養每個細胞。
6. 把自己交給呼吸，讓自己成為呼吸，在這一到二分鐘的時間內，徹底感到放鬆、自在。
7. 感謝呼吸，感謝它每分每秒地維護你的生命。
8. 最後，放下你對呼吸的專注，讓此刻意識中的一切自然發生。在準備好時，張開眼睛。

這個練習可以幫助你學會感謝自己。感謝自己願意努力，帶給心靈如此自在與安謐的感受。

透過這項練習，你能夠調節神經系統的過與不及。

輕輕地將注意力帶到身體上，如此便能將意識拉到當下所產生的安全感。覺察身體的微小動作能夠喚醒大腦、激發好奇心與學習的神經可塑性。

練習 2-3

感受腳掌[6]

1. 站起來，將注意力集中在接觸地面的腳底（想要的話，可以脫掉鞋子），然後去感受腳掌的感覺。
2. 左右稍微搖晃身體，注意腳底的感覺有沒有發生變化，以畫小圈的方式轉動膝蓋，觀察腳底感覺的變化。
3. 假如思緒跑掉了，只要再將注意力帶回腳掌即可。
4. 抬起一隻腳，然後放回原位，抬起另一隻腳，再放回原位。感受抬腳與放回的過程中，每一隻腳的感覺變化。同時也覺察身體其他部位的感覺。

✦✦✦

5. 開始慢慢地往前走，一步接一步，覺察腳底的感覺變化。注意在抬腳、往前跨步、再將腳放到地面時，腳掌有什麼樣的感覺。持續走三十到六十秒，想走久一點也可以。
6. 回到站姿，感受站立不動時，腳掌和身體的感覺。
7. 想想腳掌的面積這麼小，卻要承載身體這麼大的重量。花些時間感謝辛苦的腳掌，感謝它每天帶著你到處跑。

在超市排隊時也可以做這個練習，第五個步驟可以視情況調整，任何你覺得適合的地方也都可以進行，讓自己專注在當下，感到自在與安心。即使是這般微小的動作練習，也能重新調整神經系統。

第二級：錯誤與心痛、悲傷與掙扎

我們每天都會經歷一些小波折，即使內心穩定，生活還是會帶給你壓力或難題；不管是小危機或重大災難，都可能導致我們失去立足點，使得生活暫時或長期地脫離常軌。

以下各個以身體為基礎的練習，可以強化心理的社會互動系統，安定神經系統。即使眼前還是有問題等待解決，但能讓我們產生一種「我沒事，一切都會好轉」的穩定力量，幫助你恢復柔韌的挫折復原力，找到堅持下去的資源。

根據美國加州大學柏克萊分校至善研究中心（Greater Good Science Center）的創辦人克特納（Dacher Keltner）所說：「讓神經系統恢復安心、平靜的最快方法就是透過溫暖、安全的觸摸。這是愛、感恩與同情心的主要語言，人與人之間傳達善意的中心媒介。」[7] 溫暖安心的觸摸可以啟動催產素的釋放，帶給你安全感與信任，這是大腦去除壓力荷爾蒙皮質醇（stress hormone cortisol，譯註：人稱「死亡荷爾蒙」。當我們逐漸衰老時，若壓力荷爾蒙濃度增加，可能會導致大腦處理、儲存、回憶的功能銳減和消失）的解藥，能夠發揮立即且直接的效果。

練習 2-4

好好擁抱

溫暖的擁抱應該不是需要養成的新習慣，只是有時我們會忘了以擁抱撫慰緊繃神經的功效。

1. 抱一抱讓你覺得可以舒服地擁抱的人或寵物（像我就經常擁抱鄰居的狗）。
2. 全身擁抱超過二十秒，時間大約是三個呼吸，當擁抱產生信任與安全感時，兩個人的大腦都會釋放足夠的催產素。催產素會製造連結與歸屬的感受，而且這種感受會不斷地自我加強。
3. 在覺得舒適時，每天經常和不同的人或寵物重複擁抱。

擁抱也是一種「少量而頻繁」的練習，對你的神經系統有很棒的效果，每次的擁抱都能讓你更加放鬆和投入人生的每一天。這是強化心理社會互動系統神經通道最讓人享受的方法之一。

✦✦✦

神經細胞是心臟結構的一部分，溫暖、安全的觸摸會啟動這些神經元，身體將會產生社會互動系統的舒適能量。

1. 請一位讓你覺得安心的人坐在身邊。
2. 把你的手放在自己的心口，請身旁的人在此時輕輕地將手放在你後背的中間位置，與你前方的手同高。這個練習也可以自己來，先坐在一個穩固的沙發或椅子上，背靠著抱墊，想像和

練習 2-5

讓內心充滿活力

對方能量互換的感覺，也能產生與這個練習相同的效果。

3. 輕輕地呼吸，感覺身體中心有一股穩定能量。身心放鬆，感受和他人互相交流時產生舒適自在的感受。

4. 一到兩分鐘之後，也可以和身邊的人互換動作。

人與人之間的互動不一定要靠言語表達，溫暖的觸摸也能傳達安心，不用講話就能讓神經系統恢復安定。

✦✦✦

練習 2-6

手放心上，感受被愛

此練習很有效，可以在一分鐘之內平息恐慌。

1. 把手放在心口上，輕輕地深吸一口氣，將氣吸到心臟的位置，將一種自在、安心或善良的感受吸進心臟中心。

2. 回憶某個被愛、被珍惜、覺得安心的時刻，不用回想整段關係，只需要一個片段就可以了。這個小片段可以來自另一半、孩子、朋友、治療師、老師，也可以源自心靈導師，甚至是心愛的寵物也都很有效果。

3. 在你記起這個感到安心、被愛與被珍惜的時刻，讓自己重新體驗這個感受，讓它洗刷整個身體，讓自己停留在這個狀態二到三十秒。感覺內心是否變得更加安心、自在。

4. 剛開始，必須每天重複多次，強化神經迴路，讓它記住這個模式。然後，在任何有需要的時候，都可以重複多次練習。

記住自己被愛、被珍惜的安心時刻，可以啟動社交迷走神經，讓你覺得自己很安全、有所歸屬、受歡迎。你的血壓會降低、心律穩定，即使是獨自一人，也會覺得和他人有所連結、有

✦✦✦

所歸屬。

當然，和信任的人在一起時，也會體驗到這種被連結、有所歸屬的安心感受。在回憶這些時刻時，你還可以啟動大腦釋放催產素，我建議你一感到驚慌或難過時，就開始做這項練習。多加練習，可以幫助你擺脫難纏的情緒反應，慢慢地在負面情緒還沒有對你造成束縛之前，便已經脫身。每日至少練習五次，持續一週，訓練大腦建立新的反應習慣，在任何困難的時刻都能自然反應，這是你隨身攜帶的情緒平衡急救箱。

練習 2-7

享受人際的連結[8]

注意，即使遇到極大的困難或悲慘之事，這個練習都能發揮非常大的作用。

1. 找一個信任的朋友（或治療師）面對面坐著，身體以彼此舒適的距離互相靠近。以開放、友善的心情互看微笑。
2. 感受你對這個人的關心，用表情傳達關懷，讓自己也去感受對方同樣很關心你，從對方的表情觀察這樣的關切。
3. 享受互動連結中的放鬆氣氛，集中三十秒的注意力體驗當下，加深想要傳達的關心，觀察體內逐漸產生的放鬆感。

品嘗人與人之間的連結是一種神經性的練習，這需要運用腹側迷走神經通道，它會在大腦中產生安全感與心理韌性。品味人際連結讓大腦有時間將正向經驗轉成正向情感。

✦✦✦

第三級：難以承受的打擊

人生旅程常常在意想不到的時候，迎面遇到一記正拳，力道大到幾乎難以站穩腳跟。日本有一句相當鼓舞人心的諺語：「跌倒七次，就要站起來八次。」從一次的打擊、一連串的創傷或甚至是烙印一輩子的傷痛中，再度重新站起並不容易。被丟出船外的你需要旁人拉你一把，此時，尤其重要的是強化並使用你的社會互動系統，找到讓你放心與之連結的人。

練習 2-8

兩人的寧靜時光[9]

人在呼吸時，一吸一吐都是正在輕柔地鍛鍊社交迷走神經。吸氣時，會啟動交感神經，啟動社會互動與連結；吐氣時，會啟動副交感神經，喚起幸福的感受。在這個練習當中，你要讓呼吸與另一個人同步，與對方連結。

1. 讓夥伴舒服地躺在地板，閉上眼睛，一旁的你一樣放鬆地坐在地板上，心神集中在當下，集中在與對方在一起的當下。
2. 把你的手放在對方的手或前臂上，另一隻手放在他的頭頂，讓他慢慢地深吸、深吐。
3. 此時，將你的呼吸調整到與對方同步，一起呼吸二到三分鐘，感受呼吸的力量在你和他的身體進出。
4. 幾分鐘之後，和夥伴互換角色。

重複此練習可以強化你的社會互動系統，讓你更容易創造人與人之間的連結，享受彼此共有的自在時光。

✦✦✦

跟自己有同樣遭遇（或曾經有同樣境況）的人產生連結，會穩定你的內心，給你帶來力量。你能感覺到原來「我不孤單」，這世上不是只有我這樣。

練習 2-9

互助團體

1. 在住家附近尋找和你有過同樣或類似創傷的互助團體（例如癌症患者、阿茲海默症的照顧者，或是孩子因暴力、疾病或天災而喪生的團體）。你可以在那裡得到支持和鼓勵，你不用闡述自己的故事，不用解釋，也不需要辯白，他們就能瞬間理解你的心情。這些人如同《脆弱的力量》（*Daring Greatly*）的作者布芮妮．布朗（Brené Brown）所言：「贏得聽故事的權利」。與一群讓自己安心的人共處，能強化自身的社交迷走神經。即使只是聆聽團體內其他人，也有互相調整情緒的作用。

2. 如果住家附近沒有這樣的團體，可以考慮自己發起。我有一位現年八十四歲的朋友，她的先生在她六十二歲時去世，之後，她搬進了老年之家。她在那裡創立了一個寡婦團體，大家聚在一起，分享自己的故事，彼此幫助、互相鼓舞，讓人生遭逢變故的過程不再如此痛苦。

「行為科學研究」在這幾十年的努力之下，證實了互助團體的功效。接觸的人數越多，就可以更快速地累積建立新制約的練習頻率。此時，一樣可以使用少量而頻繁的原則，詢問朋友附近有沒有適合的團體，參加看看這個團體適不適合你。第一次參加時也可以與朋友同行。若是覺得有所幫助，請持續參加；真的都不行的話，就暫時只找一個人聊聊你的經歷。

✦✦✦

❖ 重新制約

改變身體姿勢的時候，也同時改變了生理狀態；而生理狀態改變的時候，也改變了自律神經系統的活動與狀態。試著把鉛筆放在鼻子和嘴唇的中間，你的臉部肌肉需要帶點皺眉縮緊才夾得住鉛筆，然後再將鉛筆放在牙齒之間，這時你可能要微笑才能咬住鉛筆。[10] 留意肌肉縮緊和微笑之間的變化，注意看看動作轉變時生理狀態是否也會跟著改變。一起做做看，你會發現內心的狀態真的會跟著身體而改變（謝謝丹．席格教授教我這個練習）。正負兩面的身體動作並列是一種調整制約模式的方法，這是恢復心理韌性的生理基礎。在此過程中，你甚至可以調整生理狀態的經驗。

第一級：小波折

下面的練習很簡單，但效果奇佳。請經常練習，在大腦裡建立新的神經迴路。

練習 2-10
舒壓時刻[11]

嘆一口氣：深深地吐氣，釋放身體裡繃緊的壓力。嘆一口氣（或是嘆好幾口氣）是身體重新調整神經系統的方法。你可以在緊張或甚至害怕的時刻做這個練習，將身體調整成較為放鬆、減壓的狀態。

即使在高壓的時刻，如果能製造緊張與放鬆兩者狀態並存，並且讓放鬆的狀態更為勝出，這可以強化迷走神經的「肌肉」，解除壓力，讓你感到平靜。

✦✦✦

我們沒辦法同時啟動交感神經和副交感神經，我們的身體無法同時緊張和放鬆。讓身體持續放鬆可以啟動副交感神經，幫助全身逐步放鬆。下面的步驟會從腳放鬆到頭，但也可以先從頭開始往下放鬆。整個練習需要七到十分鐘，躺下或坐著進行練習都可以。

練習 2-11

漸進式放鬆肌肉[12]

1. 先將右腳腳趾彎曲，收緊數到七，然後放鬆，再打開腳趾數到十五。把腳伸直，彎曲右腳足弓，收緊數到七，然後放鬆數到十五。之後，腳背往小腿的方向彎曲，保持收緊數到七，放鬆腳背和腳足弓數到十五。

收緊時數到七，放鬆時數到十五，讓放鬆的時間超過緊繃的時間。這是重新制約的方式，計數也能讓大腦不要進入習慣擔憂和沉思的預設網絡模式。吸氣時緊繃，呼氣時放鬆，這時你啟動的是副交感神經，而不是交感神經，這能讓身體更加放鬆。

2. 持續收緊和放鬆身體的不同部位，收緊時數到七，放鬆時數到十五。收緊和放鬆你的右小腿、右大腿、右髖和臀部。然後，以同樣的步驟從左邊腳趾開始，一路向上到足弓、腳背、小腿、大腿、髖部和臀部彎曲、放鬆。再來收緊、放鬆你的軀幹、骨盆、腹部、肋骨和脊椎旁邊的肌肉。用力和放鬆身體兩側的手指頭、掌心、手腕、前臂、手肘、上手臂、肩膀與脖子。最後來到臉部肌肉，包含下巴、喉嚨、嘴唇、臉頰、耳朵、眼睛、鼻子和額頭，每個部分都重複這個用力與放鬆的步驟。

3. 再深深地嘆一口氣，以舒服的姿勢放鬆整整一分鐘，然後結束練習。

這個練習適合在晚上進行，幫助你一覺好眠到天亮。

✦✦✦

嬰兒式（baby pose）是大多數瑜伽練習者都很喜歡的休息姿勢，在一堂四十五到九十分鐘的瑜伽課程，練了很多不同的體位、呼吸法，到終於能夠休息，平復剛才的活動，讓身體放鬆、滋養心靈。即使從未上過瑜伽課的人，也可以藉由嬰兒式放鬆身心。

1. 站在瑜伽墊、地毯或其他軟墊上。

練習 2-12

瑜伽之嬰兒式

2. 將雙手和膝蓋放在地板上，支撐你的身體，像一張四平八穩的「桌子」。
3. 臀部往後坐在腳後跟上，放鬆臀部（可以在腳跟和臀部之間放一個墊子，讓自己更舒服）。把手臂向身體前方自然伸展，把額頭放在地上或墊子上。
4. 維持這個姿勢，休息二到三分鐘，輕輕地呼吸，讓思緒專注於身體的放鬆。

在任何身體活動之後都可以做嬰兒式，這個練習也很適合在漫長的一天之後進行。感受身體放鬆下來，有助於恢復內心的挫折復原力。

✦✦✦

第二級：錯誤與心痛、悲傷與掙扎

當身體遇到壓力或災難時會自然地緊繃，緊繃的身體是破壞內心舒適感的原因之一。以下練習可以讓你在緊張之餘，同時還能放鬆，改變你的身心狀態。

練習 2-13

美妙的身體掃描[13]

這項練習是美國麻省醫學院榮譽博士瓊恩．卡巴金（Jon Kabat-Zinn）為了幫助患者更能管理壓力與慢性疼痛所設計，透過正念靜觀來解除心理壓力。可以的話，請在戶外或有美麗景色的地方練習。研究顯示，只要待在大自然或是觀看自然景觀十分鐘就能放鬆身體，促進認知能力。

1. 舒服地躺在床上或地板上，躺在地板時可以放張瑜伽墊、毯子或野餐墊。讓你的頭、肩膀、背部、臀部、腿後側和腳跟感覺地板。讓身體放鬆、下沉，感覺地板在支撐你的身體，輕輕地、自然地深呼吸。
2. 先將你的意識帶到雙腳，向右大腳趾問聲好，傾聽腳趾是否有任何疼痛，輕輕地吸氣，

✦✦✦

讓氣進入腳趾疼痛的地方，希望腳趾能再度回到舒服和自在的狀態。向右腳的每根腳趾、足弓、足踝與腳跟問好，仔細地感受每個部位的感覺，輕輕地吸氣，將舒適與輕鬆的感受吸到身體這些部位。

3. 接著以同樣的步驟對右腳、軀幹、手、手臂、臉和頭進行，包括你的耳朵、眼睛、鼻子和嘴巴的每個柔軟部位，也別忘了你的頭髮，還有頭殼裡最重要的大腦。大腦是你的依靠，它讓你在此時能夠保持專心正念、富有同情心、穩定心神。

4. 在你以呼吸掃描身體的同時，以一種慈心觀想的心情，吸入關懷與接納，將氣送到任何需要舒緩、放輕鬆的地方。患有關節炎的人可以放慢速度，以正念專注與慈心觀想來呼吸，將關懷送到每個關節或曾經受過運動傷害的地方。這樣的掃描練習會幫助你有意識地關愛身體的每個部位，覺察身體的每個經歷。

5. 請特別留意腹部、生殖器、心臟、喉嚨和下巴的感覺，這些部位很容易留下緊繃、羞恥、憤怒等無意識的身體記憶。為放不下痛苦的地方吸入同情與接納，讓負面的感受與記憶隨著吐氣離開。和身體問好！傾聽身體與心靈中的不適與疼痛，送上你的關懷，讓這些卡在騷亂記憶中的部位能再次感到舒適與安心。

6. 覺察身體是完整的能量場，感受整個身體一起呼吸著，一起沉浸在安詳、活力、放鬆且富彈性的能量之中，最後結束這個練習。

透過這個練習，你會對身體創造一個更大的覺知與接納。一旦需要處理任何不適的身體感覺或身體記憶，這個掃描練習可以先為你預備一個安心的環境，讓不適的感覺浮出來，並且從體內消除。

練習 2-14

森林浴[14]

我在大自然中受到撫慰、療癒，我的感官因此得到安置。

——美國自然文學先驅約瀚．巴勒斯（John Burroughs）

居住在繁忙的現代化都市壓力很大，人們其實直覺就想要沉浸在大自然，讓身心放鬆。科學研究也已證實大自然對人類有很好的功效。

找一座擁有大量綠色植物的森林或公園，散步三十到九十分鐘。《自然修復》（*The Nature Fix*，暫譯）的作者佛羅倫斯．威廉斯（Florence Williams）說過，科學研究顯示長時間待在大自然對大腦有正面效益。

1. 可以獨自到大自然散步，也可以與朋友或一群人一起健行。但是，保持安靜不說話可以減少大腦需要處理的刺激，有助於大腦恢復平衡，得到更多休息與復原的時間。
2. 一開始先慢慢地走，讓感官沐浴在大自然中：
   - 看看葉子的形狀、樹木的各種模樣，以及天空飄過的雲朵。
   - 聞聞尖尖的松葉、新鮮的空氣或潮濕的泥土。
   - 聽聽鳥叫聲、風吹過樹梢的沙沙聲，或是靠近池塘與河川的潺潺流水聲。
   - 摸摸樹枝、石頭上蘚苔，或是腳下的沙子與鵝卵石。
   - 嘗嘗在大自然中找到的莓果（要可食用的）。
3. 再放慢腳步，呼吸也一起慢下來，可以停下來靜靜地站著，感受光影的變化、四周的動靜，還有你內心的轉變、心情的轉折與身體力氣的增減。
4. 走完之後，想一想這段路的整體體驗，特別是身體的變化與感受。

這個練習可以有效降低血壓與皮質醇。芬蘭的研究人員發現，如果每個月都能待在大自然五

✦✦✦

個小時（大約是每天十分鐘，或是每週二到三次，每次三十分鐘），就足以對身心健康產生正向的長期效果。

第三級：難以承受的打擊

在悲劇中尋求正向經驗好像有點違反常理，但就如同我們一再聊到的，創傷療法會把正負面兩種經驗同時放在一起，這是調整舊制約的基石。對危機處理、心理療癒與成長學習至關重要。若想調整舊制約，我們就不能否認、推開或故意忘記正在發生的事情，或是故意當作若無其事。你需要創造正向、放鬆的體驗，不用很強烈，大腦就能因此從過度收縮、過度反應和反思中跳脫，從更大的視野看見事情的轉機。

練習 2-15

轉移注意力

1. 即使在最黑暗、考驗最嚴峻的時刻，也要尋找正向經驗，特別是遇到身體健康的考驗，改變生理狀態可以幫助你扭轉心理狀態。改變其實很簡單，像是喝一口熱咖啡、感受一陣清涼的微風、和朋友相視而笑，在大自然中散步或是和小狗玩。讓美好的感受留在意識之中。尋找如此經驗的關鍵就是「少量而頻繁」，即使是短短的美好體驗都能立即在心裡產生改變。
2. 當思緒、感覺或情感沒有幫助時，你要將注意力暫時且全然地從當下的困難移開。這並不表示逃避或否認事實，只是先切換頻道。你可以煮一頓美味的晚餐，游泳、騎腳踏車、跳舞、健身、看電視等等，讓自己喘一口氣。不需要因此帶有罪惡感，照顧好自己的身心健康才是你的責任。

✦✦✦

有意識地轉移注意力，讓你暫時擺脫困境和試驗，給自己一段時間充電，儲備好力氣再回來面對問題，打好這場戰爭。

練習 2-16

在緊張和自在之間擺盪[15]

這項練習需要你將正負兩面的身體狀態放在一起，藉此調整儲存在身體的負面記憶。練習的過程需要謹慎，先別掀起過於負面的狀態，讓自己深陷其中。

1. 找出身體裡可能儲存創傷記憶的地方，或是不愉快的負面記憶，像是胃部翻滾、下巴緊縮、肩膀或背部緊繃等等身體感覺。
2. 接下來搜尋身體有沒有任何不適或創傷的地方，像是手肘或腳趾，注意身體裡平靜、放鬆與自在的感覺。如果身體正處於創傷的狀態，可能會很難找到這樣的感覺。找到之後請將你的注意力集中在平靜和未受過創傷的身體部位，讓你的心沉浸在放鬆與舒適的感覺之中。
3. 在愉快與創傷的兩個身體部位來回切換，每一個部位持續停留三十到六十秒，但可以把創傷部位的時間縮短，控制在可以忍受的時間範圍內就可以了。
4. 重複幾次正負兩種感覺之間的轉換，慢慢增加注意舒適部位的時間。觀察身體不舒適的感覺是否有逐漸改變或減少。
5. 在感到不適的感覺有變淡時，暫停練習。反省整個過程，觀察自己有沒有任何改變。

將意識投入兩種身體感受轉換的練習稱為「鐘擺練習」，就像時鐘的鐘擺來回擺盪。鐘擺練習是利用轉換身體感覺來改變創傷造成的制約，這個方法有效又安全。「少量而頻繁」是改變制約的原則，經常練習，時間不用長，效果卻是立竿見影又永久！

❖解除舊制約

神經系統在感到放鬆的時候，會覺得空間寬敞。解除舊制約就是讓大腦的意念放鬆，大腦能在此時更容易發揮，產生新的見解與智慧。

第一級：小波折

枕葉（occipital lobe）是大腦區塊之一，主要負責視覺處理，占整個大腦皮質約百分之二十五。[16]研究人員發現人們在真正看到香蕉與僅僅想像香蕉時，視覺皮質會亮起同樣的神經元。也就是說，視覺記憶和想像場景對大腦來說一樣真實。你可以利用「觀想、想像和實際觀察」這三個工具，建立穩定、平衡的神經迴路，讓內心擁有一個安全歸屬。

練習 2-17

五分鐘腹部植物自然觀察

我在幾年前曾到美國優勝美地國家公園（Yosemite National Park）健行，遇到一位公園管理員正帶著一群人到此徒步旅行。他們趴在地上，臉只距離地面十五公分左右，專心地觀察眼前大約九百平方公分的地方。公園管理員稱此為「五分鐘腹部植物學」。幾乎任何地方都可以進行這項練習，將你的視野在小和大之間轉換，感受你和整個世界的關係。

1. 在你最喜歡的地方（海灘、草地、森林、自家後院或公園都可以），找一塊約九百平方公分的地方，方便躺下來就可以了。舒服地趴在地上，讓你的眼睛離地面十五公分左右。
2. 專注於當下，不要被任何東西轉移注意力，這段時間的你是屬於這塊地面的。去觀察泥土、沙子、植物或小蟲，觀察這小塊地面的活動與光影變化。注意事物彼此的關係，欣賞顏色與形狀之間的和諧度，看看有沒有發生任何奇怪的事。在這麼小塊面積中觀察生命、死亡、侵略和大自然美麗的痕跡。請在這裡花上二分鐘以上。

3. 兩分鐘之後，站起身來把目光放遠、看向你的四周。看看樹木、山丘或建築物的形狀，一樣好好地觀察兩分鐘。注意周遭的活動、靜止的事物，光影的改變，事物之間的關聯、顏色與形狀的和諧度，看看有沒有任何奇怪的事，在這麼大的空間之中觀察生命、死亡、侵略和大自然美麗的痕跡。

4. 你可以在微觀和宏觀之間來回切換，想要觀察幾次都可以，讓你的大腦在大小轉換之間轉動。

5. 最後，將意識帶回來，觀察自己是否有產生敬畏感？對世界的看法有沒有改變？內心的幸福感受有沒有提高？

反覆切換視角的練習，還能在大腦內鍛鍊靈活應變的「肌肉」。

練習 2-18

腦中的美麗風景

這項練習將在你的大腦內安裝一個一輩子可用的資源。

1. 前往一個讓你覺得平靜和舒適的戶外空間，或是會帶給你勇氣與活力的地方。
2. 花三十秒以上的時間凝視大自然的風景，將看到的景色放入記憶中。
3. 靜靜地坐著，閉上眼睛，在腦海中反覆回想看到的風景。
4. 離開這個地方之後，在腦海裡重溫看到的景色，反覆訓練直到一閉上眼就能夠像是真的回到那個地方，回憶當時開心的感覺。讓景色在腦海不斷重播，直到每當想看就彷彿能直接舊地重遊。如此一來，這段記憶就成為大腦中可靠的資源了。

5. 在遇到困難時，不管問題大小，你都能隨時召喚這段記憶，在內心欣賞美麗的景色（手可以放在心口上）。讓舒心又鼓舞的感受幫助你穩定心神，恢復平靜。

有時間的話，就為自己建造一棟儲存景觀的回憶圖書館，美麗的景色也和讓你安心的親友一樣，不管環境如何變化，都可以幫助你恢復元氣，變得更加堅韌勇敢。

練習 2-19

建造安全堡壘[17]

我們也可以利用觀想和神經可塑性創造一個安全的堡壘，讓自己擁有足夠的資源面對並解決難題。

1. 舒適安靜地坐著。覺得準備好時，想像自己站在一扇大門前，畫面要有豐富的細節，像是大門的高度、寬度、厚度、材質、顏色與門把等等。讓這扇門如同真的存在於自己的心中。
2. 然後，想像自己打開門走進去，想像走進門後的景色，可以是一條走道、小徑、人行道或街道，而這條路可以帶你到一個特別的地方，一個只有你能去的安全堡壘。
3. 開始沿著路向前走，走的時候一面注意自己看到、聽到、聞到的東西，觀察任何正在經歷的事情。
4. 走了一會兒之後，你來到了這個專屬於你的安全堡壘。這裡可以是一片大草原、一棟小屋、家裡你最喜歡的房間、一座花園或和朋友坐在咖啡館，任何讓你感到安心的場所都可以。
5. 進去之後，花些時間環顧四周，觀察那些讓你覺得自在安全的事物，好好地放鬆，享受在這裡的時光，感受安全堡壘給你的信心與內在力量。
6. 想要的話，可以找個地方坐下來，再多為這個空間添加讓你感到安心的東西，讓自己更加放鬆。看到不喜歡的物品就從畫面中移除，你可以放手做任何改變。空間改造完成後，再次放鬆自己，從內心散發一股全然的安定與祥和，感謝有這麼一個安全的地方，讓你可以隨時來坐坐。

7. 離開的時候，想像自己站起來，對這個安全堡壘說聲謝謝，然後順著原路走回來，最後穿過同一扇門，轉身關上它。雖然，安全堡壘在門的另一邊，但你隨時都可以回來。

8. 在平常沒有壓力的時候做這項練習，累積好能量，一旦外在烽火連天時，你才有地方可以躲藏。這是你用大腦神經可塑性創造的新資源，帶給你可依靠的應變能量。

你的安全堡壘可以隨著時間改變，這是很自然的過程。透過這項練習，大腦學會了建造安全堡壘的方法，在你需要面對問題時給你力量。

第二級：錯誤與心痛、悲傷與掙扎

我父親在高齡八十歲時嚴重中風，出院後必須轉入護理之家，那時的我感到無比煩惱，能夠理性應變的高階大腦幾乎發揮不了什麼作用。我的禪修老師霍華．柯恩（Howie Cohn）建議我先靜靜地躺在床上，什麼都不要做，讓身體的感覺浮出意識。他建議不要為這些情緒貼標籤，不需要去分辨它們是恐懼、恐慌或害怕。你無須為自己製造擔憂，只要讓身體的感覺浮現、停留，雖然會讓人不安，甚至害怕，但只是停留的它們並不會給你帶來麻煩。

我在練習時，可以感覺到胸口躁動、心臟收緊、下巴緊繃，但我記得老師的交代，我不需要改變或修復這些情緒，我只需要去感覺，為它們創造一個自我轉移的放鬆空間。雖然，感覺轉移無法解決我父親的健康問題，但它能幫助我不要因為父親的急症讓自己製造出的危機搞垮自己。

內心穩定，才能做出明智的抉擇，讓生活回到常軌。

練習 2-20

軟化、舒緩、允許[18]

這項練習可以拓展你的覺知，讓你看清楚是什麼情緒正在干擾。靜靜地坐著，它們會浮現，然後讓它們自行離開。

1. 找一個舒服的姿勢（坐或躺都可以），輕輕地閉上眼睛，放輕鬆，呼吸三次。舒適的身體可以幫助你處理難熬的感覺和情緒。
2. 手先放在心口，把念頭拉回當下，提醒自己現在很安全，你值得受到良好的對待。
3. 在和善的覺知下，找找擾亂內心平衡與健康的是什麼，讓問題浮現出來。
4. 然後，觀察哪些情緒被引發出來，恐懼、憤怒、悲傷、寂寞或羞愧等等都有可能。
5. 將覺知全部聚焦在體內被問題所觸發的情緒，別管其他任何事，只關注當下的感受。以旁觀者的角度為這些感覺命名，用溫柔、熱誠和理解的聲音介紹它們，「這是緊張」、「這是壓迫」、「這是疼痛」。
6. 將你的覺知覆蓋全身，掃描你的身體，找到聚積最多困擾情緒的部位。選擇一個感受最強烈的地方，像是肌肉痠痛的點，把覺知拉到這裡。
7. 軟化：現在讓被情緒困住的肌肉開始軟化，像是蓋上一層暖暖的熱敷墊，僵硬的肌肉開始放鬆，讓它持續變得柔軟。這並非想讓感覺消失，而是輕柔地擁抱它。
8. 如果不適的感覺過於強烈，將意識拉回到呼吸，等到身體緩和下來後，可以再嘗試一次。你不一定要直搗問題的核心，可以先從痠痛部位的邊緣開始，我們不需要一次到位。
9. 舒緩：溫暖地安慰自己，說一些鼓勵的話：「這真的很難，這真的很不舒服。也許我應該對自己好一點，也許我應該接受這一刻，接受這些感覺，它們是真實的。也許我應該用愛來擁抱它們。」舒緩，舒緩，舒緩下來。

10. 允許：接受不舒服的感覺。不需要祈求它們消失，讓它們自由來去，像是家裡來了客人，坐久了總會離開。

11.「軟化、舒緩、允許」，像複誦咒語一樣重複這句話，以寬心的態度接納不舒服的感覺。當你允許讓感覺停留在身體裡面，以善意和好奇心，輕鬆地接觸它們，緊繃與壓迫的感覺便會慢慢地自行緩解而離去。

練習 2-21

澄心聚焦

（改編自安·柯奈爾博士設計的練習）[19]

「聚焦」是一個傾聽身體的過程，以一種溫和接納的方式接收內心要傳達的訊息。

1. 找一個不會被打擾的地方坐下來。這個練習需要大約二十分鐘，所以先找一個舒適的姿勢，想把眼睛閉上或張開都可以。
2. 花點時間來感受整個身體，感受你的雙手，感受它們摸著什麼東西；感受你的腳和它們接觸的東西；感受你的身體，感受它坐在什麼東西上。放鬆身心，讓椅子支撐身體的重量。覺察自己的呼吸。
3. 讓覺知慢慢往內移動，專注身體的內部，包括喉嚨、胸口、腹部和肚子，讓意識集中並停留在這些地方。
4. 靜靜地問自己：「在我的身體、在我的生命當中，有什麼讓我感到沮喪、錯誤或不舒服的嗎？」靜靜地等待回應。如果答案是沒有，而且感覺很好，那就好好地享受這樣的感覺。
5. 若是生活中有些事不太對勁，通常就會得到回應，可能是一段回憶或是一則故事會跳出來。你不需要嘗試改變什麼，只要讓身體的感覺自行凝聚。這需要一點時間，因為身體的反應比大腦慢。

6. 身體開始出現感覺時，你可以跟自己說：「我有感覺了。」然後試著用言語形容它，承認它。讓它知道你感覺到了，你懂了。不要試圖改變感覺，在這個階段停留一會兒，靜靜地感受。如果有更多感覺、影像或念頭浮現，保持開放的態度，接受它們。

7. 觀察是否有什麼變化產生。也許不會有，沒關係。一會兒結束時，花些時間感謝你的身體，把意識帶回房間，在準備好的時候張開眼睛。

8. 可以寫下你學到、感受到的變化。身體的感覺不僅能傳達重要的訊息，還能為你指引理想的生活新方向，給你新的回應，創造新的選擇。

第三級：難以承受的打擊

第二章列出的每個練習，目的都是改變神經系統的狀態，讓身體回到平衡。即使練習的效果很好，也必須付出努力才能達到目標。你要讓自己完全脫離，暫時從難題或非做不可的事情中抽身，這是聰明的選擇。讓自己盡可能地放鬆，啟動副交感神經「休息與消化」的正面作用，放慢腳步，甚至是整個停下來都沒關係。像是把自己藏到防空洞裡面，暫時躲開各種轟炸、壓垮你的東西。靜靜地躺著，什麼事都不要做，這可以為你補充能量，給你繼續前進的力氣。

1. 找一個人們都忙著做事的工作日，給自己三到四個小時的休息時間。

練習 2-22

放空出走

2. 找一個讓你感到安心舒適且不受干擾的地方，例如臥室、浴室、起居室、公園的長凳，或是到安靜的鄉下或山上，坐著俯瞰美麗的山景。

3. 把手機或電腦等可以和世界聯繫的設備關掉，先放在別的房間，如果你決定出門，就把手機留在家裡。

4. 讓思緒擺脫一切煩惱、責任與義務。這很難做到，但是務必給自己保留一點時間。可以出門散散步，讓整顆心放空，享受愉快的簡單事物。你還活著、還好好地呼吸著，在你休息的這幾個小時，家裡一切安好，狗狗已經散過步了，正舒服地打盹。擺脫壓力，感受這個不一樣的體驗，讓感官放在開心的事物上，像是舒適的床或沙發、安靜無人的家、新鮮空氣的味道。（也許你會睡著，睡眠可能正是你所需要的。注意醒來時的感覺，還會覺得快被壓垮嗎？暫時的脫離才能讓你有時間補充能量，讓你恢復活力，重新面對生活的挑戰。）

5. 三、四個小時結束後，或許你不願意離開。別怕，你現在已經能夠以更加寧靜平衡的內心回到現實世界。在這個解除舊制約的練習中，你也很有可能得到新的靈感，想到解決困難的方法。

多幫自己找一些放空的機會。這不是逃離困難，只是需要一點點休息，讓自己可以調整神經系統、補充能量，提高更豐沛的應對能力，然後越挫越勇、越無堅不摧。

✦✦✦

本章提供了很多探索身體智能的工具，我們可以透過呼吸、觸碰、動作、想像與社會互動來降低大腦的壓力。當你擁有更堅韌的挫折復原力，你就擁有更多的回應方式。

你無法叫煩惱和憂慮的鳥兒別從頂上飛過，但是你可以不讓牠們在頭上築巢。

——中國諺語

在進行這些身心學練習時，強化神經迴路的關鍵便是「少量而頻繁」，這些被強化的神經迴路正是安全、專注、踏實和自在。這些感覺對神經可塑性非常重要，讓大腦可以進一步學習，願意嘗試更新、更靈活的行為，接受新風險。

內在的平衡可以透過身體智能來達成，而內在的平衡就是接下來所有更複雜的智能練習基礎，也就是情緒、人際與省思。

CHAPTER

3

情緒智能練習：自我意識、自我接納，建立安全的內在堡壘

CHAPTER 3 情緒智能練習：自我意識、自我接納，建立安全的內在堡壘

人很容易有情緒，我們可能每一秒鐘都在經歷各種情緒，除非我們被診斷出患有憂鬱症，然後有效地阻斷感受任何情緒。我們看日出時會感到高興，塞車時會覺得很煩，被同事偷用了點子會很生氣，另一半或孩子生重病時會對未來產生恐懼。不管我們喜不喜歡這些情緒，不管你是否信任或知道如何管理自己的情緒，我們的感覺總是不斷地過濾觀點、指導我們如何反應（但有時是錯誤引導）。因此，在面對逆境時，情緒是左右我們能否妥善應對的主因。本章的練習重點就是學會管理感受，不再被它們挾劫，不再被情緒害得無法好好過生活。

有時，我們會因為帶點情緒，或不知如何處理情緒而感到心煩意亂，這相當正常。如今，我們整合了神經與行為科學這二十五年來的研究，什麼是感受，以及我們該如何處理感受，對此有了顛覆性的發展。我們接下來就為各位介紹與如何提升心理韌性等關係密切的最新發現。

1. 情緒是行動的信號[1]

身體將知覺傳遞到大腦後變成情緒，提醒大腦要提高警覺。無論是初陷愛河時的羞澀，或是失去至愛時的痛徹心扉，情緒就是信號，它在對我們說：「注意！這裡發生大事了！」

每種情緒都是一個行動信號，即使某些在我們眼裡是負面、令人煩亂，甚至具破壞力的情緒。英文的情緒「emotion」源自拉丁文「emovere」，意思是移動或行動；我們發現，其實所有情緒的確都具有行動的性質。「憤怒」也許是抗議不公、背叛或羞辱的信號，它通常是讓人擺脫羞恥或抑鬱的催化劑。「悲傷」告訴我們要和他人聯繫，得到安慰與關懷，或是反過來提供他人安慰。「恐懼」表示要遠離危險或是會毒害自己的人事物。正向的「愧疚」會讓我們心生彌補的動力。「歡樂」可以激發靈感、突破極限並且發揮創造力。「感興趣」可以引發探索的動力、接受新的資訊與經驗，在過程中拓展自我。「笑聲」為悲傷帶來喘息的空間。「滿足」讓我們急切地品味生活現況，即使一切還不是理想狀態。我們的每個情緒都是行動的催化，因此和心理韌性息息相關。

2. 負責管理情緒的前額葉皮質

前額葉皮質如同心理韌性的執行長，它負責仔細解讀和管理情緒信號，然後決定採取什麼行動。前額葉皮質的功能就是統管所有情緒，從輕微的感受到一連串複雜的情緒，此外，最重要的就是維持自身不要過度激動、不要自我封閉。[2]這個任務和調節神系統很相似。大腦自我調節的能力運作良好時，我們可以快速恢復自在與幸福的感覺中樞，我們能夠清楚地看見引發情緒的根源，做出明智的回應，挫折復原的力量因此源源不絕。

被情緒劫持時，會讓人無法清楚思考，做不出正確有益的反應，我們因而喪失復原的能力。

壓抑情緒或和情緒隔離都不具備挫折復原的能力，首先，這種做法需要極大的身體與心理能量，倒不如把這樣的能量用來面對外在的人事物。再者，當我們想要分離或壓抑特定情緒，像是憤怒、悲傷和羞愧等常見的刺激，還會因此關閉所有情緒，包括對我們有益的情緒。我們會因此感到人生索然無味，失去動力、提不起勁，這不是我們想要的結果。我們要的是管理情緒，而不是被挾持或自我封閉。

3. 過往的情感記憶會引發強大的反應

我們很難判斷情緒反應是基於現在或過去發生的事件，特別是幼年時形成的情感記憶已經深深埋在無意識的內隱記憶。[3]這些內藏的情緒記憶浮現時，並不會因時間而改變。我們不會覺得這是過去褪色的記憶，這些記憶帶來的情緒非常真實，我們會反射性地做出回應，而不是思考如何處理；這種反應本身也許已經形成了制約，只是被埋藏在內隱或無意識的記憶中。

有些人會在出現一丁點失敗徵兆時就放棄，他們會告訴自己：反正我又不想要這份工作，或是我又不想要和他交朋友，合理化自己的放棄行為。這些人容易緊張、煩躁，一點小事就大發雷霆，即使知道這樣不對，還是無法控制自己。在面對想嘗試的新事物時，會變得退縮、猶豫不決，這不是因為害羞，而是因為在內心深處覺得自己不值得擁有，但不想讓別人知道這個祕密。

他們甚至不知道自己為什麼要這樣做。有時，即使發現自己有這個問題，也想要採取不同的反應，甚至知道改變的方法，仍舊無法真正行動。這是因為大腦可能儲藏著一層又一層的內隱記憶，迫使我們以現在的作為回應過去的傷害或錯誤。本章的練習會教你如何扭轉這些內隱記憶，不再做出抗壓能力低的反應。

4. 扭曲反應的負向偏誤

在數百萬年的演化中，人類為了個人與物種的生存在大腦植入「負向偏誤」（negativity bias），人們會因此特別注意壞消息與危險的新聞，而非正向或一切和平的消息。[4]同樣的，我們更容易關注負面的經驗與情緒，如煩躁、寂寞、尷尬，然後將它們存在腦海，對於敬畏、滿足與靜謐等正面情緒卻容易視若無睹。如我的同事瑞克·韓森（Rick Hanson）所言：「我們把負面情緒黏上魔鬼氈，正面情感塗上不沾黏的鐵氟龍。」[5]

這種容易關注負面的特質已經深植人類大腦。遠古時代是為了保護生命安全，現代社會則是為了避免在社交與情感上發生危險，而斷了賴以生存的經濟來源或帶來幸福的人際關係。這就是為什麼我們老是比較關心負面消息，即使我們某天一下子得到了十幾個人的讚美，還是會最在意老闆在會議裡提出的那條批評，或是另一半在餐桌的抱怨。我們是社交性生物，這是大腦的設計，負向偏誤在大腦已經是永久儲存了。

即使如此，我們可以做的就是學習管理高張的負面情緒，在黑暗中找到光明面，[6]積極地培養正面情緒，學會與負向偏誤和平相處。[7]我們練習善良、感恩、慷慨、喜悅與敬畏，不只是為了感覺良好，更是為了讓自己過得更好。正面情緒能夠改變大腦，擺脫退縮與負向偏誤的控制，轉而提高理解力和開放態度，增強應變靈活度。這些練習的結果就是獲得良好的心理韌性。

5. 情緒具有感染力

情緒是有感染力的。[8]在沒有防衛時，我們很容易被其他人甚至是寵物的情緒所影響。另一半或孩子回到家時也許什麼都沒說，但我們總是能馬上看出他們有心事。甚至在超市排隊等付帳時，都能感覺到旁邊的人在生氣或感到孤單。這是同理心的神經基礎，某些演化心理學者認為在數萬年前，人類的祖先需要與部落成員互相理解、準確溝通，因此推動了語言的發展，大腦高階皮層（意識）也演化到我們現今的狀態。如何幫助我們管理情緒感染力，懂得辨別情緒源自於誰，不論與此人的關係親密還是社交性，都能幫助我們與他們情緒之間設立健康的界線。

以下四項重要的情商練習，可以幫助我們管理像雲霄飛車般高低起伏的情緒，成熟地回應他人的情緒。這些練習是本章所有工具的基礎。

❖ 情緒智能練習

正念自我同情

正念自我同情（mindful self-compassion，譯註：「自我同情」是指以善意、富同情心且理解的態度，回應困難的想法和感受，才能在我們受傷時安撫自己），是由哈佛大學的格默（Chris Germer）與德州奧斯汀大學的奈夫（Kristin Neff）所設計，這是一種有效的情緒修復方法。[9]練習「正念自我同情」可以幫助我們覺察與接納自己的情緒，不管這些情緒多麼令人沮喪或瘋狂。我們能進入大腦更深處，看見並接納自己是情緒的源頭。

當人很辛苦，生活總是把我們折騰得翻來覆去，有時還會直接把我們扔出船外。此時，情緒難免失衡，覺得人生很不幸福。練習正念自我同情後，我們將會了解不是只有自己會如此，你並不孤單，其實人人皆是如此。正念自我同情的練習非常重要，甚至可以說是關鍵的練習。它是正念同理心的支柱，而正念同理心正是另一個可以恢復內心平和的練習。

正念同理心

正念同理心（mindful empathy，譯註：「正念」是情緒療癒的第一步。讓人抱持開放和好奇的心面對困難的想法和感受）其實是「參與、調整、理解」一系列三項技巧，它可以讓我們覺察到自己和他人的情緒，提醒大腦要注意，傳遞出重要訊息後靜靜退下，讓高階大腦可以清楚地接受重要訊息，做出明智的回應。我們的情緒雖然不是駕駛，但情緒是決定前進方向的重要角色。

正向積極[10]

特意培養自己感恩、信任、同情心與其他正向和利社會特質（prosocial，譯註：指任何自發幫助他人或有意幫助他人的行為），可以扭轉負面情緒的壓迫，像是嫉妒、怨恨、後悔與敵意等等會對神經系統與表現行為帶來負面影響的情緒。

這些練習會將我們的注意力從壓力和憂慮中轉移，改變焦慮、抑鬱、無助與孤獨等情緒的影響，讓我們更有活力，精神抖擻，對人生充滿熱誠。累積正向情緒可以提升好奇心和參與度，發想樂觀有創意的應變方法。正向情緒可以提高應變能力，幫助我們解決創傷的舊回憶，不再逃避困難。

專注在正向與利社會情緒，並不表示要求自己繞過或壓抑痛苦悲傷等黑暗情緒，我們依舊會感受到焦慮、傷痛、絕望等等負面情緒。其實，要做的是堅持正念同理心，學著接受與處理情緒。特意培養正向利社會情感可以放寬思想與行為的習慣模式，建立持久且堅毅的心理韌性。同時還可以提高社交連結支援，以更寬廣的眼界看待事件，提高自己的應對處理能力，找到解決方法，給自己一個柳暗花明的未來。

心智理論

心智理論（theory of mind，譯註：理解自己並推論他人心理狀態的能力，這些心理狀態包括情緒、想法、欲求、意圖與信念等等，並進而解釋或預測他人的行為。再透過這樣的理解能力監控自己的行為，以求適當的社會表現）[11]就是清楚知道我就是我、你就是你，我正在經歷的情緒（或思想、信念與計畫等）是我個人的經驗，你並沒有共同經歷，我們是兩個個體，有不同的經驗，而我能接受這樣的事實。

就如同大腦所有功能，心智理論也必須透過與他人的經驗而培養。你會發現在任何時刻之下，自己與他人所體驗的情緒都是不同的，而且你能夠理解也能接受。同樣的，他人也能理解你和他們的情緒不同，他們也能接受。從他人身上體會到的心智理論，能幫助自己的大腦建立心智理論。

根據發展心理學家的研究，多數兒童在四歲時就能建立心智理論的能力，當然心智理論健不健全也要看孩童的照顧者和榜樣給予什麼教導。心智理論是情商高低的基礎，我們需要明白並接受自己的感覺，這是正念自我同情；也需要明白並接受他人的感受，這是正念同理心；而能夠辨別他人的感覺不是自己的感覺，就是心智理論。

我們的大腦（特別是前額葉皮質）在發展神經功能時，需要「參與、融入、理解」的情緒做出明智的反應，並且需要周圍的人參與、反應我們的情緒，才能保持情緒的平衡。用更學術性的說法就是，這是一個鏡像的過程，大腦需要旁人的反應才能驗證自身的情緒體驗，相互調節情緒的平衡。這是大腦發展基本生活技能的神經生物學。在我們年幼時，如果照顧者不能給我們這些經驗，便可能無法學到如何調節情緒。本章將教各位如何建立這些能力、保持情緒的平衡。

❖ 建立新制約

這些工具能夠加強管理情緒、調整他人帶來的情緒影響方面所需的應變靈活度，經常練習可以建立神經迴路，我們的大腦會很神奇地將所有需要注意的負面情緒轉變成積極正向。

第一級：小波折

以下練習可以加強你的能力，讓自己知道如何與自身和旁人的情緒共處，相信自己做得到。

練習 3-1

參與

這項練習的重點在關注身體對情緒的感受，無須思考，只須和情緒共處。目標是訓練察覺到自己正在經歷什麼，並允許、承認與接受正在發生的事。

1. 靜靜地坐在一個至少五分鐘之內不會被打擾的地方。專注在當下，知道自己在這裡，將自己的身體與內心，都專心地處在這一刻、這一個地方。
2. 在接下來的五分鐘內，觀察意識出現什麼，不要刻意引導你的大腦，要放手。不管出現什麼樣的感覺和想法，不論身體有什麼感受，都只要留意、知道它的出現，允許、接受它的停留。你無須思考這是什麼情況，也無須試著解決，只需要給予足夠的關注，讓自己能夠覺察就可以了。

這項練習可以幫助你更能夠活在當下，加深你的覺察力，不再需要依靠否認自己的人生來維持情緒的平衡。

> 活在當下絕非小事，這可能是世上最艱難的事。忘記什麼是「可能」，也可能是世上最艱難的事。最重要的是，回到當下的那一刻，你能瞬間察覺，那一瞬間的你就如同回到了家。在家裡，你可以放鬆，可以放手，可以在自己的存在裡休息，在覺察中歇息，在當下，在與自己的陪伴之下。[12]

✦✦✦

——美國麻省醫學院榮譽博士瓊恩．卡巴金

3. 此時，你有兩個選擇：

A. 不管意識出現什麼，把注意力往上拉到產生覺知的地方，這是內心祥和幸福的源頭，這裡寬敞又寧靜。

B. 或是專注在你的感受，破解它想要帶給你的訊息。

練習 3-2
融入

這項練習需要辨別每種情緒的「獨特味道」，幫助你標記孤單或懷疑等複雜而細微的情緒。標記是情緒技能的一部分，你需要培養解讀情緒的能力，也需要懂得如何解讀與調整他人的情緒。

以下是我的兩位禪修老師所分享的融入感受體驗：第一位老師的名字是蓋．阿姆斯壯（Guy Armstrong），[13]他說某次在進行一段很長的靜默冥想時，他感到有點焦躁不安，他花了好長一段時間終於了解這個情緒是「絕望」。絕望是個不討喜的感受，在他辨別出情緒後，靜心觀察，允許情緒停留、演變，最後放手讓它離開，不再受這個情緒糾纏。當你注意到內心的感受時，先辨別它是何種情緒，這是前額葉皮質的功能。就像我的老師在覺察出情緒之後，才能靜心反思、解決，不再受情緒所擾。

另一位老師是安娜．道格拉斯（Anna Douglas），[14]她說自己有段時間一直觀察不出內心的情緒，沒有什麼波瀾的心湖很安靜。最後她總算了解：「喔～原來這就是平靜！」能夠辨別情緒，融入心裡的感受也是很重要的事。

在我們還無法分辨內心的波動之前，通常會先感受到內心有干擾，這是一種直覺反應，當神

✦✦✦

經系統的平衡發生了改變，會通知你有事情發生，需要你來關心。

1. 在你留意到內心有騷動時，這時要觀察身體的感受，有沒有發抖、緊繃、胃部翻滾，心口緊縮、鼻孔擴張等等，然後標記當下的感覺，但不要自己腦補劇情。感受和標記情緒就好了，依照我們觀察情緒的經驗，這時你應該能知道這是什麼情緒。

2. 有時，情緒給的訊息很隱微，確認的難度很高，只要先找一個接近的標籤就好了，你可以說：「這應該是滿足」、「這也許是惱怒」，或「這大概是絕望吧。」

不管你給這個感受什麼標籤，它就是它，不會因此而改變。只要當下給它一個你認為正確，而且對你有幫助的標籤就可以了（你能為它命名，就能馴服它）。你要相信自己辨別情緒、標記名稱的能力，即使之後有所變更也沒有關係。

在標記了情緒之後，就能慢慢解讀情緒。你需要的是投入時間，下工夫去觀察，再複雜的情緒都能辨別，然後你可以告訴自己：「以我過去經驗來看，這件事讓我有這樣的感覺再正常不過。」譬如，今天是你到新公司上班的第一天，不管你是覺得擔憂或精力充沛，兩種感覺都很正常。所有情緒都是以自我保護與自我提升的方式引導自己的行為，不論是喜歡或討厭的情緒都相同。你不用害怕情緒，不要被困住，也不要被它們打倒，不過你必須為自己如何體驗與表達情緒負責任。

練習 3-3

理解

1. 盡量讓情緒沉澱下來，靜靜地坐著，調整你要著手的情緒。
2. 看清楚你要調整的情緒，覺察這個情緒所帶來的感受，耐心地處理，不要失控。告訴自己任何感覺都是正常的。
3. 讓前額葉皮質參與這個過程，它是大腦裡負責理解的部分。你不需要思考，只需要抱持開放的態度，想想過去經驗中學到的東西，有沒有什麼可以幫助你理解當下的情況？以前遇過類似的事情嗎？現在的情況有什麼意義呢？你要如何回應？你的回應對事情有作用嗎？你以前有沒有對情緒做過錯誤的判斷與解讀？是否做過錯誤回應？
4. 這樣的審查過程可能會引發更深層、更難處理的感覺。之後我們會練習「正念自我同情」，幫助你處理情緒，讓情緒恢復平衡。
5. 你可以請朋友、同事、心靈導師、老師、心理治療師或教練協助你做這項審查。從別人的經驗與錯誤中學習，對恢復情緒平衡有很大的效益。

理解自己的經歷其實是很令人興奮的過程，這需要很高的技巧。越懂得解讀情況與反應，應變能力也會跟著進步，自然就能做出更有智慧的回應。

✦✦✦

這些練習的目標是要讓自己習慣運用高階大腦來管理情緒，讓它們不要阻礙你的決策，更棒的是可以學到如何化阻力為助力，讓情緒幫助你做出更好的回應。只要靜靜傾聽，捉到重點，利用你從情緒中學到的東西，來採取更加明智的行動。

練習 3-4

行動

1. 可以的話，最好先讓情緒平靜下來再開始這項練習，這樣才能啟動前額葉皮質，讓它冷靜地掌控眼下的情況。
2. 選擇一個你想要處理的情緒，正負面皆可。選擇日常生活熟悉的惱人場景，例如廚房水槽堆滿了昨晚未洗的餐具；用完的工具忘了收；在戶外淋了一晚的雨；正在處理稅單時，發現電腦裡的存檔消失不見了；青少年時期的孩子還沒回家，一通電話都沒有。練習時，不要選擇一想就會深陷其中、無法自拔的負面情境。我們要的是鍛鍊大腦，提升應變能力。
3. 感受哪個身體部位有這樣的情緒？觀察這個情緒觸發什麼念頭？你想要用什麼方法來釋放這個負面情緒？若是正面情緒，你會如何提高它的強度呢？
4. 花些時間讓你的大腦想出五種選項，思考這些選項的可能性。
5. 思考時，請同時想像這些選項的可能後果，觀察自己是退縮，還是躍躍欲試。
6. 結束練習後，可以選擇採取你剛才提出的行動方案。如果選擇行動，除了觀察會發生的結果之外，還要審視情緒在喚起警覺心與下決定兩方面是否有幫助。

這項練習要運用「少量而頻繁」的原則來建立情緒智能。把步調放慢，逐步達到情緒平衡的目標。一次處理一項情緒，甚至是情緒中的一個面向即可。不厭其煩地重複「參與、融入、理解」的練習，直到它們成為你的新習慣，你也會慢慢習慣以這種方式覺察與回應情緒。你將不再受限於情緒，你可以選擇回應的方式，培養出更大的靈活度來面對挑戰、處理危機。

✦✦✦

百分之九十三的情緒會透過臉部表情、肢體語言、語氣、音調與抑揚頓挫等來做溝通，只有百分之七是通過言語。[15] 我們真的需要利用言語表達對情緒的理解嗎？當然需要。但是，情商跟情緒一樣都是直覺性的，解讀情緒要先從融入自己和他人的感受開始，觀察百分之九十三的非語言訊息。

練習 3-5

融入與傳達基本情緒

這個練習會幫助我們強化大腦前額葉皮質調整與識別情緒的能力，就像到健身房鍛鍊體魄一樣。這個練習需要和夥伴進行「非言語」的溝通，藉以提高前額葉皮質在感受與解讀非言語情緒的能力。我們要練習的是五種最基本的情緒：生氣、害怕、難過、快樂與厭惡。之後還會在解讀細微情緒上做更進一步的練習，像是失望、嫉妒、內疚、敬畏和驚奇。

1. 找一個人來和你一起練習，時間大約三十分鐘，兩個人輪流。
2. 先自行決定這五種情緒（生氣、害怕、難過、快樂與厭惡）的表達順序，但不要告訴對方。可以回想一下之前練習中這些情緒的感覺，先簡單快速地在內心體驗。
3. 開始表達第一種情緒，讓你的身體以無聲的語言表達十秒鐘，保持兩人目光接觸。你可以使用手勢、表情和聲音，但不能有文字。你可能會覺得自己剛開始的表達方式有點誇大，但沒有關係，你的夥伴這時會解讀你的情緒，但先不要說出來。留意自己這時的內心狀態，這是一種自我調整的過程。在你和別人溝通自己的情緒時，去覺察心裡的感受是增加、減少，或轉變成其他情緒。
4. 表達完第一種情緒後，一樣保持安靜，將你的注意轉回內心，輕輕地深吸幾口氣，將剛才表達的情緒放入心裡。開始表演第二種情緒，以十秒鐘的時間表達，你和夥伴兩人之間沒有言語交談。
5. 不要開口討論，再次將注意力轉回內心，開始下一個情緒。重複這個步驟，直到完成五

✦✦✦

項情緒。

6. 結束後不討論，和夥伴交換角色，換他來依自己的順序表達這五種情緒。觀察時，請注意臉部表情、肢體語言、音調或節奏，來分辨不同的情緒。觀察自己在感受夥伴的情緒時，內心有什麼樣的變化。

7. 夥伴結束時，兩人一起拿出自己的解讀，解釋自己是如何辨別這些情緒。全猜對的話，恭喜兩位！如果和正確答案有差異的話，花些時間討論你是如何解讀對方表達的情緒，為何你會猜錯他的心情。這項練習可以提升前額葉皮質融入與表達情緒的能力，懂得讓情緒得到滿足的方法，並且同理他人的情緒需求。

練習 3-6

體會他人感受

我們經常對別人的行為做出反應與評判，這項練習將要帶入自己的感受與經驗，培養你對他人情緒的同理心。

1. 觀察一下當他人做出什麼舉動時會讓你心生反感，譬如在高速公路上看到旁邊的車主搖下車窗，對著超車的人大吼大叫；女兒太慢付信用卡帳單，繳不出滯納金，信用評比被降級；你最好的朋友遲了十五分鐘才來足球課接小孩，還因為懊惱而跟教練吵架。

2. 觀察自己內心因為這些行為而產生的感受，包含想法和評論。然後，將這些反應放在一旁。

3. 啟動你的好奇心，讓前額葉皮質開始工作，想想這些人為什麼會這樣做，是因為壓力太大嗎？還是生活太忙碌？會不會是因為沒經驗、缺乏能力，還是自尊心太低？

4. 回想自己是否也做過類似的事，有沒有在高速公路罵超車的人？想想自己，就能更容易

✦✦✦

理解和原諒別人，同時也能理解和原諒自己。

5. 記住現在看到的行為（自己和他人的），都是根源於之前累積的制約反應，這是為了當時的生存而做。了解這點後，就能產生多一點同情和寬恕。

6. 可能的話，告訴對方你能體會他們這樣做的理由。雖然無法跟高速公路上吼叫的司機這樣說，但你可以跟女兒或朋友說你能懂他們的感受，和他們確認你的解讀正確，讓他們感受到你的關心。當對方接收到你的體諒，他們會願意改變行為，這能幫助他們重新編寫內心的制約模式。同理心的練習可以提升前額葉皮質的功能，讓你更深入調整舊的制約反應。

同理心是情商高低的重要基礎，比起高智商，擁有高情商會讓你更容易在人生獲得成功。在你更能夠理解別人的難題，與他們產生更好的連結時，就會建立豐厚的人際資源，在處理自己的情緒時也會更有耐性。

第二級：錯誤與心痛、悲傷與掙扎

特意培養正向與利社會的情緒，可以加強大腦的功能，開闊你的心胸，不因為生活遇到挑戰而退縮。你能夠堅強面對，熱誠關懷，不害怕恐懼，願意接受事情的原貌，不會一遇到阻礙就鎖住自己的心房。換句話說，培養正向與利社會的情緒，將讓你變得勇敢、幸福。

練習 3-7
分享善意

善意比智慧重要，懂了這個道理就是智慧的開端。

——薩多爾．羅賓（Theodore Rubin）

測試後，我們發現釋出善意的瞬間，便能增加幸福快樂的感受。

——馬丁．沙尼文（Martin Seligman）

1. 邀請朋友、好同事或熟人一起進行這個練習。兩個人輪流，花幾分鐘的時間和對方分享自己接收到的善意，可以是今天、這週或是今年遇到的事，想要分享小學三年級那年的事也可以。也許是有人為你開門、撿起你掉在地上的東西、在走廊對你微笑，或是在你很難過的時候寫信安慰。任何讓你記住、給你力量的善意行為都可以分享。

2. 然後，描述你和對方分享時的感受。對方有沒有產生共鳴？有沒有給你關懷或支持的眼神等等有聲與無聲的回應？再來聊聊你在聽對方分享時，你對他們的感受有沒有產生同理心？有沒有理解這個故事對他們的意義？

3. 最後，保持安靜，觀察這個練習對身心產生什麼影響，有沒有覺得心情放鬆、舒適？或是身體變輕？

4. 這個練習的變化很多。可以將主題改成勇氣、耐心或寧靜，這種練習對大腦有很多好處，除了提升心理韌性，在探索每項特質的同時，也會在神經迴路留下這些特質更深刻的紀錄。

佛德里森博士在其著作《愛是正能量》中提到：「在友好、相互關心的氣氛下，和他人分享正向情感體驗，能夠啟動神經元同步（neural synchrony）。」人際間的共鳴會讓參與獲得溫情

✦✦✦

與喜悅，這是非常自我強化的練習，透過培養正向情緒，可以直接改變大腦的功能。

練習 3-8
感謝人生[16]

每當光熄滅，每當火光重燃，就是每一次讓我們深深感激點燃心中火焰之人的機會。

——諾貝爾和平獎得主史懷哲（Albert Schweitzer）

對生命中的好運和祝福培養感恩的心，最容易培養正向與利社會的情緒，這是改變大腦功能的方法。在這個練習中，我們要增加感恩的廣度，不是只對好事感恩，也要對生命中的每件事感恩，甚至對從未謀面但增進我們生活之人感恩。

1. 先放下生活中的大小事。花五到十分鐘的時間，靜下來回想誰在緊急時幫你找過眼鏡；車子被小孩撞壞時，特意寫信安慰你的朋友（雖然他在信中慶幸壞的不是他自己的車）；你的三歲小孩打破超市果醬時，來幫忙清掃的店員；感冒請假時，幫你代班的同事。
2. 專注在回憶當下的感受，當你對這些感受產生共鳴時，身體有沒有哪些部位會產生感恩之情。
3. 將感恩的情緒延伸到對你的生活有助益的人，即使從未謀面。想想在社區醫院工作的醫護人員，他們隨時待命，讓急診室的病人隨時可以獲得救援。他們可能包括機場、藥局、消防局與加油站的工作人員，也別忘了在水庫工作的人，讓你到家一打開水龍頭就有乾淨的飲用水。（我的弟弟有好幾年都得隨時待命，在凌晨三點開車掃雪，讓人們可以出門上班。他知道有人感謝他的辛勤工作時，他總是非常開心。）感謝種植食物的農夫，感謝垃圾回收人員，感謝支持你整個生活網絡的人。

4. 感謝對你生命有幫助的人，包含各個層面、遠近親疏。省思這個練習的過程，觀察被喚起的感覺，留意情緒或是想法的變化。

5. 可以的話，為自己設定三十天的感恩練習，每天只要花三分鐘，專心想一想周圍的人事物、環境與擁有的資源，感恩那些維持你生活平安的人。

持續練習能從中獲得更多助益，提升的不僅是感恩的心，內心也會產生更多正面情緒，像是喜悅、祥和與滿足等，讓你的人生變得更好。

練習 3-9

敬畏之情[17]

在我們體驗廣闊與超凡的感覺時，內心會產生一股敬畏，就像在一望無際的地方觀賞輝煌的日落，在山上抬頭看到星光熠熠的夜空、日全食或北極光。或是偉大建築帶來的啟發，如壯麗的泰姬陵，甚至某些神奇的小事也能讓我們產生敬畏，譬如一朵美麗盛開的小花，總是讓人不自覺地感嘆大自然的奧妙。

> 最美好的事物莫過於神祕，它是藝術與科學的泉源。在敬畏中無法停下驚奇與狂喜之人，由衷而生的奇異之情，如死亡般美好——因為他已經閉上眼睛。[18]
>
> ——愛因斯坦（Albert Einstein）

敬畏不是奢侈品。體驗敬畏可以增進心理韌性，因為能挑戰我們平常看待世界與生活的方式。敬畏之心也可以增進好奇心與探索力，同時舒緩神經系統，我們會更有眼界、洞察力，視野更加開闊，更想和他人聯繫。

一沙一世界，一花一天堂，
無限掌中置，剎那成永恆。[19]

——威廉．布萊克（William Blake），
〈天真的預言〉（Auguries of Innocence）

1. 讓自己沉浸在大自然。公園、小花園或森林都可以，留意周遭的每一件事物，彷彿第一次看到，帶著好奇心觀看每一棵樹、每一片樹葉、每一條蜿蜒小徑、每一片飄過的雲朵。
2. 參觀博物館或藝廊，聆聽一場頂尖演奏會或戲劇表演，讓表演者將他們體驗到的敬畏傳達於你。留意自己對各種觀點與感受的可能性是否跟著改變。
3. 回想過去有沒有心生敬畏的經歷，像是第一個孩子的出生，或是在國家公園或世界級大城市徒步旅行。在你對日常生活感到失望時，這樣的回顧將特別有幫助，它提醒你，這個世界仍然是個神奇的地方，充滿神祕與潛力。
4. 上網搜尋激勵人心的演講、表演或科學發現。抱持著開放的態度觀看，接受它帶來的啟發與鼓舞，感受當下內心產生的敬畏感。

體驗敬畏的機會很多，其實是無限多。這樣的體驗可以建立觀察世界的新習慣，改變大腦的功能，滋養你的心靈。

練習 3-10

感受善意[20]

1. 花些時間想想今天或之前有沒有體驗到善意、感恩與敬畏。也許是因為車子進場維修，鄰居載你上下班三天；或是黃昏時分，看到一隻漂亮的藍鷺從池塘倏地飛起。
2. 感受當下這一刻的美好，身體暖暖的，心口很輕盈，忍不住想脫口而出：「哇，真棒。」

✦✦✦

3. 意識集中在這個美好的感受，維持十到三十秒，慢慢地品味，讓你的大腦有足夠的時間將它存入長期記憶庫。
4. 請在同一天在腦海回想這個記憶五次。重複會啟動大腦的神經發送、幫助記錄回憶，日後便能隨時存取，成為情感健康的泉源，強化心理韌性。

練習時，不要為了做練習而練習，要用心學習，才能建立心理韌性的新神經迴路。

第三級：難以承受的打擊

同時或接連發生太多危機或災難，會觸發一連串極度強烈的情緒，因為這超過我們所能承受的壓力，因此會對未來產生深刻恐懼。強烈的情緒會像滾雪球一樣越滾越大，引發恐慌、憤怒、內疚和羞愧等等情緒。我們可能因此封閉自我、麻痺心靈，覺得生無可戀。在情緒陷入困境、動彈不得時，我們會變得脆弱，難以恢復情緒，無法對抗外來的挑戰，很容易受到創傷。

同情心是苦難心靈的止痛劑，人在痛苦時，若是能接收到關懷，痛苦的心就能得到紓解。此時，我們需要有人能好好傾聽，啟動大腦內的社會互動系統、舒緩神經，才能恢復情緒的平衡，再度成為人類社會的一部分。

以下引導式的觀想可以創造被傾聽、被關心的感受，為思緒與心靈帶來力量。不管你正經歷什麼樣的不安與痛苦，都還是可以擁有溫柔、關懷的感受。

練習 3-11

召喚關心你的朋友[21]

1. 讓自己舒適地坐著或躺下，專注於當下，把意識帶到呼吸，放慢呼吸的速度，讓自己感到放鬆、平靜。在準備的時候，想像自己在一個安全、舒服的地方，覺得受到保護，內心自在滿足。這個地方可以是你的房間、公園裡最喜歡的長椅、俯瞰海灘的小山坡，或是和朋友坐在咖啡館。讓自己沉浸在這個安全、舒服的地方。

2. 然後，想像有人來拜訪你，一位比你年長、睿智、堅毅的人，他了解你，也非常關心你。可以是你認識的人，也可以是想像出來的虛擬人物，你要的是溫暖、親和的安慰。這個人希望你開心，想要陪你坐一下，聊聊天。

3. 想像這個溫柔的朋友來到這個安全的地方找你，在腦海裡描繪詳盡的細節，他的長相、穿著、行為舉止等等。想像你在他身邊有什麼感受。

4. 想像你和這位朋友見面打招呼的樣子，你是站起身來握手、鞠躬，還是擁抱呢？

5. 想像你和他聊天的樣子，是面對面還是肩並肩地坐著？或是邊散步邊聊天？

6. 和這位朋友說說你的擔憂、困擾或遇到的壓力。能和朋友聊心事的感覺如何？有沒有覺得身體的能量變多了？還有其他的改變嗎？

7. 想像你的朋友正傾身聽你訴說，他能理解、接納、不插話反駁。有這樣關心你的朋友，他認真傾聽、理解你的感受、接納你的想法，這給你什麼樣的感覺呢？

8. 想像一下，你的朋友聽完之後會做出什麼回應？他會說出什麼理解、鼓勵、支持你的話？如果你可以聽到任何想聽到的話，那會是什麼呢？留意一下正在聽朋友說話時，心裡的感受。

9. 談話結束後，該是和朋友道別了，想像你和他說再見，你很安心，因為你知道可以隨時拜訪他。

10. 你在安全之地又是一個人了，想一想這段談話的經驗。心裡的難過有沒有減少？其實你已經帶出自己最深刻、直觀的大智慧了。

在你喚出這位關心你的朋友時，正是啟動了關懷自我的系統，這樣做可以舒緩你的神經系統，恢復生理與情緒平衡。把這項召喚好友的練習變成大腦的習慣，你會覺得自己並不孤單，這對心理韌性很有幫助。

練習 3-12
啟動同情心

研究人員發現，比起自己，人們更容易對別人產生同情心。[22] 這次的啟動同情心練習，會先從同情他人做起，再讓這樣的情感回到自己身上。

1. 先回想一個因為他人的難過、悲傷而讓你感到關心、同情的時刻。譬如你的鄰居最近腳踝受傷，卻得自己一個人提著沉重的垃圾袋跑著追垃圾車；堂哥週末要來看你，但行李卻在機場給轉丟了；八歲的兒子哭著跑回家，因為他沒趕上校車，去不成學校的戶外活動；你家的貓咪從太高的櫥櫃跳下來，扭傷臀部，在家裡一拐一拐地走了三天。
2. 想像這個人坐在你身邊，孩子和貓咪坐在你的腿上。觀察從內心升起的溫暖、擔憂或善意，感受你的愛、憐惜與同理心從身體與內心流向對方。
3. 當這些情感很穩定的時候，轉個方向，把情感導向自己，想想自己在面對痛苦或麻煩的時刻（不論煩惱大或小，或者何時發生），讓自己感受當下的痛苦。
4. 再次回到剛才對他人產生的溫暖、關懷與善意，你不用刻意做什麼，只要讓自己沉浸在這些情感裡面。接受你自己的愛、關懷與同情，接受發生過的傷痛，接受那些自己做不好或做錯的事、放開心懷地接受。你可以跟自己說幾句鼓勵的話，像是「希望痛苦趕快過去，希望事情能夠解決，希望我的心情快點好起來。」

✦✦✦

5. 感覺自己得到安慰，讓自我疼惜進入你的身體與內心，放寬胸懷，感受理解、關心與原諒，讓它改變你對自己的感受。

6. 回想一下這個練習，留意你對自己的經歷有沒有更加包容，或是有什麼改變。有沒有因此開啟了解決問題的契機？

當你真正憐惜關懷自己的痛苦經歷時，會改變大腦的運作，大腦的態度將變得更加開放、包容，並願意與世界互動。培養「開放的態度」來面對人生經歷，你的應變反應會變得更加靈活，心理韌性也會跟著提高。

❖ 重新制約

我們已經知道情緒的產生是為了提醒自己注意重要的事情正在發生，在等待消息時，焦慮和羞恥是兩種最難忍受的情緒。下面的練習可以幫助你將焦慮轉成行動，將羞恥轉成同情與自我認同。把任何負面情感變成正向積極，遇到困難時的封閉自我、感到憂鬱與絕望等情緒都是可以改變的。

> 如果你發現內心有個很黑的洞，一片厚厚的陰影，那麼，你的內心也一定有某個地方一片光明，你得自己決定如何透過黑暗了解光明。[23]
>
> ——印度聖哲斯瑞．奧羅賓多（Sri Auribindo）

第一級：小波折

人在想要冒險時（如環島旅行、再婚、換工作、終於願意挽起袖子修理蓮蓬頭等等），總會有些猶豫或卻步，這是一種自然的身體反應，一種會擔心「陌生領域！不知道自己是否能做到」的感覺，即使很想放手去做，總是會被內心的擔憂，綁住手腳。[24]

你可以把這種不安的感覺解釋為焦慮。焦慮在面對新挑戰時，會轉成拒絕或是拖延，焦慮覺得嘗試新事物太過於冒險。你可以採用心理學家蘇珊．傑弗斯（Susan Jeffers）的建議：「帶著恐懼，但無論如何都要做做看。」[25]或是禪修老師傑克．康菲爾德（Jack Kornfield）所說：「將焦慮解讀為即將成長的信號。」[26]或是把焦慮化為行動，就像美國羅斯福總統的妻子艾莉諾（Eleanor Roosevelt）所言：「每天總會發生一件讓你害怕的事。」[27]

> 好好面對恐懼，你會從中獲得力量、勇氣和信心。我們必須著手自認做不到的事。
>
> ——美國第一夫人艾莉諾．羅斯福

練習處理焦慮，把它看成行動的訊號，可以訓練大腦產生不一樣的反應，大幅提升應變的靈活度與心理韌性。回想自己曾經不畏焦慮、放手去做的經驗，這就是面對問題的好開始。

練習 3-13

每天做一件讓你害怕的事

1. 從小處著手：觀察日常生活中內心發出的焦慮訊號，也許是上下班的路線因為車禍被封鎖起來，必須嘗試不熟的路線；朋友建議你換一家口味迥異的新餐廳；看一場前衛的表演；或是發現自己寧願待在家整理稅單也不想去相親，這些都是內心感到焦慮的時刻。

2. 告訴自己焦慮是行動的訊號，不是要你停下腳步或是往回跑。選擇面對讓你感到焦慮的事，將猶豫化成行動，不要只是為了避免害怕而做毫無關聯的事（像是不想相親而選擇在家整理稅單）。

3. 留意正在做這件讓你害怕的事情時，情緒如何變化；在你鼓起勇氣面對時，你對自己的看法有沒有改變？

4. 選擇一週，每天做一件會讓你感到焦慮的事。小事就可以了，少量而頻繁是改變大腦舊制約、建立新模式的方法。注意自己對這些事情或對自己有沒有產生新的感受，而這些感受是否停留在你的內心？

先從小事反覆練習，這是為大腦鋪路。當你真正遇到大事件時，大腦才會選擇用「行動」當作回應。透過持續練習，你可以逐步接受真正困難的事情，像是與另一半討論嚴肅的話題，或是向老闆要求加薪。

練習 3-14

我當然可以！

很多時候，我們之所以會願意鼓起勇氣處理焦慮的事，只是因為知道自己以前曾經成功過。這種自信的感覺對心理韌性有很大效益。研究人員發現，我們可以藉由曾經的成功產生自信心。[28] 過去與現在的成就不一定要非常相似，我們要的是延續同樣的信心，不需要多大或多戲劇性的成就，便能建立面對挑戰的自信力，讓你有勇氣處理當下的問題。「少量而頻繁」的原則也適用於此。

1. 從生活找出想要建立更多「我做得到」的地方。也許你正在考慮年過三十要重返校園；開間加盟連鎖店；或是最小的孩子也獨立離家後，即將開始面對往後的空巢。

2. 生活中有哪三個地方讓你覺得自己做得很好，一想到就會感到很有信心？不需要回想細節，因為每次要面對的挑戰都不一樣，只要感受做得很好時，發自內心的自信感即可。我們要找的不是大事件，要的是累積每個成功的小事情，像是幫媽媽打開卡住的玻璃罐；在陌生的城市靠著直覺找到車站；在孩子難過失望時，知道如何安慰他們。

3. 不用擔心成就的大小，把注意力放在成功的那一刻，內心產生什麼樣的喜悅？重新感受「我做到了！」、「我行的！」

4. 將這個「我做到了！」、「我行的！」的感受放到當下這一刻，帶著同樣的自信心處理眼前的狀況。

將選好的自信心與成就感帶入你需要的地方，再小的成就感都能改變大腦的制約，給你更大的應變能力。

第二級：錯誤與心痛、悲傷與掙扎

羞愧很容易擊垮內心的幸福感、降低心理韌性。正念靜觀和自我同情的練習對改變大腦很有幫助，是用來治療與改變羞愧最有效的工具。

「正念靜觀」可以讓我們覺察當下發生的事，能夠接受不希望發生的情況。自我同情是關懷自己、關心這個正在經歷挫折的人。當我們以羞愧反應時，會真心希望自己那時沒有這樣做，就算想不出更好的解決方式，還是阻止不了羞愧的念頭。正念自我同情帶來的接納與關心，可以幫助你將羞愧轉變成比較行得通也比較能夠容忍的情緒。

練習 3-15

給自己喘口氣的空間[29]

當內心的不安與痛苦在合理控制範圍時，就該嘗試這項自我同情的練習，建立神經迴路、強化心理韌性，一旦遇到嚴重事態時，才不會被打倒。

1. 透過先前「參與、融入」的練習，每當注意到內心出現無聊、屈辱或懊悔等難纏的情緒時，就要停下來，將手放在心口。這個動作可以促進催產素的釋放，帶給你安全感與信任。
2. 同理自己的感受：「這真的讓人好難過」、「這件事好難啊」、「真嚇人」、「我覺得很痛苦」，或是「哎呀，心好痛」等等，接受與關懷自己正在體驗的壓力與痛苦。
3. 把下面這些話念給自己聽，也可以自己寫一段你覺得有幫助的話：

   願我在這一刻對自己和善仁慈。

   願我接受事情的原貌。

   願我接受當下的自己。

   願我好好憐惜自己。
4. 重複念這些句子，直到內心對自己產生的同情、善意與關懷的感覺，強過負面的情緒。
5. 停下來反省你的經歷，觀察心中是否想出更好的方法。
6. 以下是我自己寫的祈禱詞，在正念自我同情的練習裡，我常會拿出來念：

   願我在這一刻、任何時刻與每一刻，都會對自己仁慈和善。

✦✦✦

願我在這一刻、任何時刻與每一刻，都會接納事情的原貌。

願我在這一刻、任何時刻與每一刻，都會接受當下的自己。

願我在這一刻、任何時刻與每一刻，都會給予自己所需的仁慈，勇敢地行動。

7. 第六點和第三點的祈禱詞都可以隨時使用，任何地方、任何時刻都有效，讓正念自我同情的練習延伸到生活的每一刻，隨時都能進行。

練習 3-16

從羞愧到復原

1. 在一發現內心出現煩人、難過或痛苦的信號時，就把手放在心口，跟自己說這句正念自我同情的話：「願我在這一刻對自己和善仁慈。」中斷可能會自己跑出來的羞愧感。
2. 深吸幾口氣，放輕鬆，一旦情緒產生就做調整。輕柔地標記它們為「這是恐懼」；「當個害怕的傻子讓我覺得丟臉」；「這是我的憤怒」；「又生氣了，我覺得羞愧」；「我這是在羨慕，這麼多年過去，我還是很容易感到羨慕嫉妒，我覺得羞愧。」
3. 內心抱持著和善、仁慈的意念，讓這些負面的情緒停留。
4. 告訴自己這是人性的共通點，不是只有你這樣，幫助自己度過這些感受。「我是人，有這些情緒很正常，我不是這世上唯一有這些感覺的人。」在這一刻，大概有幾百萬人跟我有同樣的感受，我並不孤單，我不用因為有這些情緒，就覺得自己和別人不一樣。我正在改變，我已經做到最好了。
5. 試著指出身體哪個部位感到最強烈的羞愧，下巴、胸口或是肚子？將你的善意和溫柔導向這個地方。
6. 念出正念自我同情的短語：

願我在這一刻對自己和善仁慈。

願我接受事情的原貌。

願我接受當下的自己

願我好好憐惜自己。

7. 將仁慈和善的感受導向羞愧的情緒，需要多少時間完成都沒關係，直到羞愧感軟化與消失。把心念專注在接納自己在這一刻的樣子。

練習正念自我同情的目的不在於讓自己覺得好過，但這個練習的確可以舒坦你的內心。做這個練習是為了改善大腦的運作、減少緊縮的機率，讓心胸更加開放、懂得接納與應對。大腦在願意學習的狀況下，我們會做得更好，能看得更遠。這樣的開放態度可以提升你的應變能力，做出更明智的選擇。

練習 3-17

泰然培養同情心[30]

醫護專業人員與家庭照顧者很容易發生「同理心疲乏」（empathy fatigue，譯註：一種深度的身心與情緒的疲憊），長期看護會因為情感超載而感到倦怠、疲憊。

神經科學學者發現大腦會使用不同區塊來處理同情（compassion）與同理（empathy）。[31]當我們帶入人們的情緒（或是被對方的情緒感染），會把別人的情緒放到自己的心裡，在沒有分辨清楚這是別人的情緒之下，很容易產生「同理心疲乏」。另一方面，同情心啟動的則是大腦的感覺運動皮層（sensory motor cortex）等區塊，鼓勵你因他人的行為而行動。這個區塊的功能在於激發交感神經的分支、補充能量，避免副交感神經過度啟動而耗盡。

這項引導式的想像練習，可以讓你在同情對方時，真切地感受別人的痛苦，同時維持自己的情緒平衡。

「同情心」
對所有人都心懷慈悲吧。
就算面對不在意、壞脾氣或滿口譏諷，
那只是他們聽不見也看不著。
而我們也望不進他們身心交壞的角力。[32]

——詩人米勒．威廉斯（Miller Williams）

1. 舒服地坐著，閉上眼睛，放輕鬆，深呼吸。讓自己專注在每一次的吸氣、吐氣，感受吸氣時身體受到滋養，吐氣時全身舒緩平靜。

2. 讓呼吸找到自然的節奏，繼續專注在每一次呼吸的感覺。喜歡的話，可以把手放在心口或身體其他讓你感到舒服的地方，提醒自己不僅正在提高覺知，也正在提高「愛的覺知」來愛自己、珍惜人生的經歷。

3. 如果感受到身體有壓力，飽飽地吸一口氣，讓憐惜的意識充滿你的身體、進入每個細胞。持續深呼吸，舒緩你的身體，若是發覺有不舒服的部位，吸入你對它的同情。

4. 專注在呼吸，讓自己享受這種感覺，慢慢地一口接著一口，意識完全放在當下，吸氣時身體的每一個細胞受到滋養，然後和緩地把氣吐乾淨。

5. 也可以在每次吸氣時觀想一個字或短語，例如滋養、愛、憐惜、關懷自在、內心平靜等等。給自己當下需要的字詞，你也可以想像自己吸入溫暖與光明，只要有用都可以嘗試。

6. 接著，在腦海想像一位想要傳送溫暖、仁慈、關心與善意的人，可以是你愛的人，或是一位目前身處困難、需要同情關懷的人。在心裡想像這個人清晰的畫面。

7. 將注意力轉到吐氣，感受在每次呼氣的當下，你將溫暖、仁慈、關懷與善意傳送給這個人。你一樣可以在每次呼氣時觀想一個字或短語，像是平靜、自在或關懷。

8. 現在，感覺身體的每次吸氣與呼氣。為自己吸氣，為對方呼氣，隨著每次呼吸在心裡說些話，例如「平靜入我心、平靜入你心」，任何對你有幫助的話都可以。最後，你也可以簡單地重複：「吸氣為我、吐氣為你。」同時感受善意的氣息，隨著呼吸流入與流出。

9. 保持這個節奏，讓以下字句輕輕地進入內心：

> 每個人有自己的人生旅程，
> 我不是這個人的痛苦，
> 我希望，但我沒有力量讓痛苦離開，
> 如果可以，
> 我願意在這樣難以承受的時刻幫忙。

繼續為自己與對方呼吸，讓仁慈的氣息在每一次呼吸流入、流出。

10. 你可以選擇關注自己或對方多一點，看你的需要，再次重複這些短語。

11. 輕柔地將意識帶回呼吸，帶回當下，準備好的時候，張開眼睛。

12. 想一想這段過程，你對自己與對方的感覺有沒有變化？

帶入他人的煩惱與痛苦會讓你的情緒受到感染，最後會覺得同理心疲乏。你需要仁慈與成熟以回應他人的困難，這個練習可以讓你在關心別人的同時懂得照顧好自己。

第三級：難以承受的打擊

當生活出現太多痛苦與壓力，情緒將讓我們的回應變得混亂，此時，事情並不會因此有絲毫幫助。當我們過度沉溺在沮喪與絕望之中，也有可能根本無法做出回應。如果希望自己可以改變情緒、能夠堅毅勇敢，以下的練習是本書效用最強的練習，可以重新配置你的大腦迴路，效果立即且永久。一樣，「少量而頻繁」是成功的關鍵，帶著覺察力、好奇心與自我關懷來做這些練習。

練習 3-18

改變負面情緒的動作 [33]

你可以利用這項練習，改變任何難以對付的負面情緒，像是生氣、恐懼、悲傷、厭惡，甚至是怨恨與失望。我建議先從羞愧著手，恢復情緒平衡，建造內心幸福的安全堡壘。

1. 站在一個有移動空間的地方，站好之後，讓身體放鬆、感覺舒適。
2. 接著，做出一個自己覺得羞愧的動作，動作也許是頭向前彎，彎腰駝背，整個身體好似萎縮。請不要讓這個姿勢帶來的羞愧感大到無法修改。可能需要多加嘗試，慢慢找到有能力感受、處理與治癒的羞愧程度。
3. 維持這個動作約三十秒，然後回到正常站姿。
4. 現在，不要思考任何事，讓身體做出情緒相反的動作，你甚至不需要思考這是什麼動作，或是要給它什麼名稱。讓身體自由發揮，也許你會站得挺直，也許你會高高地昂首，或是將手臂高舉過頭。在這個姿勢停留超過三十秒，比剛才的羞愧動作再稍微長一點。
5. 讓身體回到原來的站姿，保持二十秒左右，注意內心的感受有沒有改變。

✦✦✦

6. 讓身體回到第二個積極正向的姿勢，維持三十秒左右，比原本的站姿再長一些。
7. 讓身體找一個介於正常站姿與第二個姿勢之間的動作，保持這個中間姿勢三十秒。
8. 然後，暫停身體的動作，在心裡回想整個練習，觀察內心的感受是否有任何變化，若是覺得有幫助，可以標記這三個動作給你的感受。你可能會對高階大腦標記情感的方法感到驚訝。

這項練習可以改變有問題的情緒，讓內心更為踏實，提高心理韌性。

練習 3-19

力量姿勢[34]

所謂的力量姿勢就是讓自我導向的神經可塑性開始執行功能。

1. 在你可能產生焦慮或羞愧等情緒之前，像是求職面試、商務會議、法庭聽證會、稅務審計、勸告家人某些錯誤行為等等。請先找一個安靜且至少要有五分鐘不受打擾的地方，進行力量姿勢的練習。首先，身體立正站直，雙腳打開與臀同寬，抬頭挺胸，雙手可以像超人或神力女超人一樣在胸前交叉或高舉過頭。瑜伽稱為展臂山式。
2. 讓身體產生力量和活力，體驗不同的姿勢，看看什麼姿勢能讓你感到最平穩。
3. 接著，想想可能破壞心理韌性的負面感受，想想你會在這些情緒中做出什麼動作，讓你的身體體驗焦慮、羞愧或生氣等情緒，然後回到剛剛的力量姿勢。
4. 先好好練習這個讓內心產生力量的姿勢，再帶著力量和活力進入給你帶來挑戰的情境。經常練習，力量姿勢自然而然就會為你挖掘出內心的力量、勇氣與堅毅的韌性。

✦✦✦

練習 3-20

改寫大腦的新結局

有時候，你需要體諒一下自己的感受，同情自己有這些負面情感。現在，你可以改變制約，放下過去產生的負面情緒。這項練習很有用，可以修復舊創傷留在心裡的煎熬，像是遺憾、內疚或羞愧等等，修復那些讓你覺得不夠有智慧、不夠堅強的反應。這個練習不會改變已經發生的事情，但它會改變你對這些事件的感受，雖不會改寫歷史，但卻能改寫大腦！

先選一個小事件（改變制約的勝算就會比較大），開始建立大腦成長的能力。

1. 找一個可以坐著十到十五分鐘而不被打擾的地方。專注於當下，把注意力拉回身體，拉到這個時刻、這個地方。讓內心產生力量，不要緊張。

2. 閉上眼睛，深呼吸三次，放輕鬆，把手放在心口，喚出內心的安全感，感受當下平穩的情緒與幸福的感受。

3. 覺得自己準備好時，回想某件在人際互動感到挫敗的小事件，這個事件讓你對自身或自己的反應一直感到羞愧、內疚或後悔。啟動正念自我同情，好好地憐惜並接納自己。

4. 回想這個事件的每個小細節：你在哪裡？和誰在一起？你和對方都說了什麼話？慢慢地回想，直到整個事件的情緒完全回到內心。此時，經歷過此事件的神經迴路會被喚醒。

5. 清楚這些感受儲存在身體的何處，才能詳細處理過往的負面情感，又不會被它再度壓垮。

6. 這個事件讓你對自己產生任何負面想法嗎？仔細回想這件事的細節，言語、行為、想法、內心感受與身體感覺，讓自己如同重新經歷一次。讓它們全都浮現，才有機會重新改變制約。

7. 暫時將負面記憶放在一邊，現在要著手建立正面資源，讓正負面的情感並置，開始重新制約。

8. 首先，來改寫這個事件，想像一個更讓人滿意的結局，即使在現實生活不可能真的發生也沒關係，對大腦來說是真實的就好。運用這個想像出來的結局重新改寫大腦。

✦✦✦

9. 想像你可能會說出不一樣的話，想像對方也給了不同的回應，即使這樣的對話在真實人生不會上演也無妨，讓大腦賦予它不同的情節，改寫這個事件所帶來的影響。
10. 即使在真實人生不會上演，但是可以想像你有不同的舉動，想像對方也做了不一樣的回應。你甚至可以添加原本不在事件裡的角色，想像他會幫你做出改變，創造更美好的結局。
11. 有了新結局之後，你的內心有什麼感覺？這個感覺出現在身體哪個地方？感覺這個體內的感受，你對自己是否有新的正面觀點？好好地體會這些感受、想法和身體的感覺，讓它們在腦海裡扎根、強化。
12. 在新舊感受之間來回切換，你原本對這個事件有什麼情緒？現在對新結局想法如何？分別感受兩者的差異。
13. 回想原本負面的情緒，輕輕地感受一下就讓它們離開。然後好好感受新的正面情感，給自己一點時間沉澱新情感。再次輕輕地喚起負面的情緒，現在你對這些情緒有不一樣的感覺嗎？再次讓負面情緒離開，回到新的正面情感。第三次回想負面情緒，然後就讓它們完全離開、消失，讓自己沉浸在新的感受之中。
14. 花些時間思考整個練習，看看你對自己的觀點是否有所改變。

經常練習就會發現你對自己的負面想法會慢慢變淡，而新的正面感受會越來越強烈、真實。視需要多加練習。這不是自我欺騙，或是不理會負面事件帶給你的感受，這是改變你對自己的想法，不要一直讓不好的舊情感壓在身上。每當遇到一樣或類似的人際互動情境時，都可以做這個練習。你無法重新改寫人生中每一次的懊悔，但是大腦很快就會懂得將相近的負面情感歸於一類，讓它們不再困擾你。好好地利用這些練習整理任何壓迫你的負面情感，你會發現自己越來越能夠堅毅地應付這些情緒起伏。

❖ 解除舊制約

本章會介紹許多幫助你理解與處理自身感受的練習，管理並改寫頑固不化的負面情緒，讓自己知道如何運用正面情緒來改變大腦的運作、轉變自己的心情。這些練習相當方便，需要的時候隨時可以使用。不過，現在讓我們先聊聊這個艱難的改變大腦過程：「解除舊制約」。

想要解除舊制約，必須先暫時停下自認聰明的努力，我們會利用大腦放鬆的預設網絡模式，將負面情緒在寧靜情緒的基石——平和、寧靜與自在中「溶解」。

第一級：小波折

在沒有危險的狀況下，大腦的副交感神經會啟動，這時我們會覺得注意力集中、踏實平穩、自在安詳，內心自然會感到幸福。我們覺得平靜、放鬆、安全，可以休息、願意信任。就如同這句詩：「上帝天堂居，世間安康享。」（God is in his heaven; all's right with the world.）透過以下練習，我們可以特意喚起這樣的幸福感，讓內心經常處於自在平穩的狀態。

---

1. 在你覺得舒服、安心的地方躺下來，床鋪、沙發、地板、草地等都可以，你需要五分鐘的獨處時間完成這項練習。躺下之後，慢慢地放鬆身體，把身體的重量交給下方支撐物，把自己「放掉」。

練習 3-21

永遠幸福美滿

2. 緩慢、輕柔地深呼吸，拉長呼氣的時間，在輕鬆、平和與寧靜的氛圍中專注於呼吸。吐氣時，將全部的煩惱、念頭與感受都吐出身體。持續呼吸，直到自己真正放鬆下來。

3. 感覺你的身體或腦海裡有個很寬敞的空間，就像是音符之間的空間，讓自己和揮之不去的緊張、煩躁與負面感受之間也隔出一個空間。在心裡騰出讓自在、平和流入的空間。

4. 輕輕地將注意力拉進這個空間，讓緊張、念頭與感受消失，靜靜地停留在這樣的覺知裡。

5. 記住這個寬敞的感受，這樣的感受對你而言是平和、寧靜、自在，還是幸福？你覺得是什麼感受，它就是什麼感受，給它一個名稱，之後有需要的時候可以隨時召喚它。

6. 拉回你的思緒，回想整個練習的過程。

我們通常只將焦點放在情緒風暴，卻時常視而不見幸福藍天。培養你對平和情緒的覺察力，這是增強心理韌性的方法。情緒平穩地就像身處內心擴大的空間，讓你可以承受人生更多、更大、更困難的負面情感。

✦✦✦

第二級：錯誤與心痛、悲傷與掙扎

我有一位客戶名叫尚恩，他曾經歷過一段非常困難的日子，早上醒來都會不由自主地感到恐慌。我要他醒來後，繼續躺在床上練習，直到身心恢復平靜，情緒平穩後才可以起床。幾週之後，尚恩回來報告他的練習進展，他說自己必須加上正念自我同情與同理，才能完成這項起床任務。一開始，他需要超過一個鐘頭的時間，情緒才能恢復平穩，找到從床上起來面對人生的力氣。但是，一個星期的練習之後，他只需要四十分鐘就能做到，慢慢地從四十分鐘縮短為二十分鐘，然後五分鐘，最後他只需要幾個呼吸的時間，就能平穩自己的情緒。某一天他突然發現自己醒過來時，連深呼吸都不再需要了，他以放鬆平靜的狀態醒過來。透過練習，他知道自己可以一直保持內心的平衡。

練習 3-22

恢復平衡的心

這項練習可以幫助你在負面情緒糾纏不去時，恢復內心的平衡。這是當初尚恩練習的進階版。

1. 首先，盡可能讓內心感到快樂、幸福，保持平和、自在與寧靜。
2. 然後，喚起一個小小的負面情緒，像是生氣、難過或害怕，有負面情感即可，不用大到壓垮自己。
3. 擴大內心的快樂與幸福感，容納剛喚起的負面情緒，告訴自己幸福大到能包住小小的負面情感，知道這一點會讓你在練習的過程更有信心。
4. 讓負面情感消失離去，靜靜地坐著被內心的幸福感柔軟地包覆著。
5. 經常練習可以加深你對自己的信任，相信自己有足夠的平靜能量，讓自己擁有源源不絕的挫折復原力。

經過一陣子的練習後，你會帶著幸福感醒過來，而且能持續一整天，即使遇到小挫折，也能快速恢復內心的平衡。每當情緒一發生，大腦的前額葉皮質就會啟動，為你管理情緒。你可以在專心與分心之間來回切換，保持情緒的平衡。

第二章介紹了很多統合神經系統的工具，管理上下起伏的情緒，恢復生理平衡，讓大腦能夠冷靜思考、做出明智的抉擇。我們在本章仍舊會帶給大家許多管理情緒變化的練習，生氣、悲傷、快樂、好壞等都是人生經常發生的事，讓情緒恢復平衡，有能耐應付挑戰才是著力點。

當你被情緒的洪水淹沒，卻發現之前做過的練習都起不了作用，這時你需要的是停下來休息。休息是一種自我同理的表現，是你送給自己的禮物，停下你的努力，找個地方躲起來，找個人抱抱你、安慰你、幫助你恢復足夠的力量來平撫情緒。

練習 3-23

好好休息

1. 當大量情緒席捲而來，一時之間似乎超過自己能承受的程度時，你需要花點時間看看當下發生了什麼，高階大腦是否因為受到太多的衝擊而無法發揮正常運作？
2. 找一個情緒穩定、心情平和的人當作避風港。他可以是真實存在的人，也可以是記憶中的人，或是不認識但希望有他陪伴的人，甚至可以是想像出來的人物（就像是練習3－11裡的好朋友一樣）。
3. 這個練習中的你不用做任何事，只需要接受對方的安慰，讓他陪著你經歷這段難熬的事件。感受對方平靜、體諒的態度，讓自己跟著鎮定下來。
4. 你需要恢復鎮定的心，可以開始回想自己之前的平靜狀態。多加練習，就能達到目標。正負面的情緒都會向外感染，接收他人正向的情緒可以幫助自己恢復內心的平衡。

✦✦✦

本章介紹了許多幫助我們突破高張情緒浪潮的方法，對抗外界情緒對你產生的影響，幫助你擁有更靈活的應變能力、做出更成熟的回應。多加練習，你會懂得如何運用同情心與感恩等正面情緒來改變大腦的運作，讓大腦保持開放與接納的態度，在加強正念同理心與心智理論能力的同時，也會一同提高神經迴路的穩定性，情緒也就能夠越來越平穩，時時擁有幸福的感受。另外，我們還在本章練習了相信自己，訓練情商肌肉，讓自己擁有更健全的人際智能。

CHAPTER

4

內在智能練習：
自我覺察、自我認同，
建立內在的安全基地

CHAPTER 4

內在智能練習：自我覺察、自我認同，建立內在的安全基地

當我決定接受自己，我就能改變自己，這真是矛盾。

——美國心理學家卡爾・羅杰斯（Carl Rogers）

想要擁有堅毅的心理韌性，你需要相信自己能覺察自我並接納自我。這些能力可以為我們建立一個安全的內在堡壘，讓我們對自己感到安心，知道自己可以靈活地應付人生各種困難與挑戰。當我們把目光轉向內心，會感到安全、平和，就像回到家一樣，我們會相信自己有足夠的能耐成熟地與外在世界互動。即使面對的挑戰讓我們毫無解決的頭緒，內在心理韌性的安全堡壘仍能幫助你前進，勇敢地嘗試新事物。

雖然這個內在安全堡壘的神經迴路，是大腦在幼兒期與照顧者的互動中就開始發展且建立的。[1] 但是，我們仍舊可以透過他人的鼓勵與支持進行修正。

在充滿同理心、沉靜與自律的人心中，能找到心理韌性的根源。[2]

——心理師戴安娜・霍玉霞（Dr. Diana Fosha），

《擁有改變力量的影響》（*The Transforming Power of Affect*，暫譯）

我們曾經聊到孩子會先因他人的調節，學會自行調節神經系統：大腦透過旁人的感受和驗證，學會管理情緒，懂得安慰負面情緒、鼓勵正面情緒。在我們感受到被真正接納、努力得以受到重視、心聲獲得傾聽、想法能被理解時，就能建立一個建全的自我意識。人們會向自己依賴的人學習自我價值感，而當我們被依賴自己之人所接納時，則會相信自己很重要、很有能力。

> 我們不相信自己。直到內心深處的東西被人發現有價值、值得傾聽、值得信任且神聖。一旦我們相信自己，我們便膽敢好奇、敢幻想、敢油然欣喜，敢嘗試生而為人的一切事物。
>
> ——美國詩人卡明斯（E. E. Cummings）

幼兒期受到重視、接納與信任，不僅能塑造健全的自我意識、建立內心的安全堡壘，還能啟動、強化前額葉皮質的成熟，讓發展持續進行。養育子女的核心挑戰就是要能接受他們的原貌，幫助他們建立一個內在的安全堡壘，讓心理韌性成熟發展的重心，就在於挖掘與發現內心的安全感，成為我們想要的樣子。

> 成長過程的轉捩點就是發現自己內心原來一直有一股核心力量，可以在各種傷害中生存下來。[3]
>
> ——作家麥斯．勒納（Max Lerner），《未竟之國》（*The Unfinished Country*，暫譯）

更強大、更真實的自我體驗其實是由許多內在角色與聲音融合而成。[4] 我們內心裡的戰士、調情者、討好者或批評者等，都是第二人格（sub-personalities），他們共存、互動、一同作用形成自我。如同我們之前學到情緒是一種提醒重要事情即將發生的訊號，這也是我們用來評估與管理情緒的方法。各種讓我們之所以成為自己的內心層面，都可以進行評估、整合，甚至擁抱，其中當然也包含了會破壞心理韌性的壞習慣。前額葉皮質會融合不同部分的自我、建立真實的整體感，讓我們感受到整合後的自己，變得越來越有能力、靈活與堅毅。

本章為各位介紹的工具，旨在於幫助我們強化自我覺知、自我認同，相信內在安全堡壘的能力與力量，另外還能幫助我們成熟地處理自我批評與評判，這兩者正是破壞內心安全感的最大因素。我們會學到如何整合內在種種聲音，讓各種複雜面向成為真實的自我。

❖ 羞愧與內在批評

加強自我認同、相信自己很堅強，將片刻的經驗轉成穩定可靠的狀態，然後成為長期永久性的特質。把這件事當成自己的日常功課，學著與心理韌性一起合作，當我們被洶湧的海浪或颶風拋出時，仍能站穩腳步、恢復重心，這是我們的人生功課。「少量而頻繁」，並持續一輩子，期望我們再也不會被翻滾的大海拋出船外。

自我認同與自信心常常遇到挑戰，不論他人跟我們熟不熟，總喜歡出言批評幾句。從幼兒期一直到長大成人，我們有可能都一直承受著強大的負面訊息。我們也很容易受到內在的批評與審判影響，這是因為身為人類的我們很容易受到羞愧的強大制約。

羞愧就像是憤怒、恐懼、悲傷、驚訝與喜悅等，一樣都是人類與生俱來的情感之一。想要感到安全、被愛、歸屬感、被接納、被重視也是我們的天性，這些感覺不是自我意識太重，這是身為社交動物的一部分。我們透過他人的愛和情感，來體驗對自己的愛與情感。我們需要在身處的社群、在這個世界占有一席之地，讓自己舒適、覺得有所歸屬。但是，我們也天生相當容易感到羞愧，在我們被別人拒絕或排斥，被朋友拒於門外、被職位升遷刷下來、在同事面前被批評，或是在家庭聚會被嘲笑時，內心很難不產生負面情緒，容易羞愧的天性就像是電腦的硬體設備，很難替換。

偶爾感到羞愧再所難免。[5]自人類有歷史以來，部落、族群、文化與社會都教導著孩子如何才是能被群體接受（與保命）的行為規範，如何做才能被身處的群體所保護與喜愛。在接收到旁人不贊同的訊息時，我們會感到羞愧，特別是當訊息來自我們賴以生存的人。

不過，要做到完完全全符合他人期望，全然滿足他人要求是不可能的，當覺得自己做錯事或覺得自己很糟糕時，也很難不感到羞愧。這種覺得自己錯了或很糟糕的感覺很容易被內化。我們會先是聽到他人的負面訊息，久了之後，這樣的訊息便留在心裡變成自己的聲音，我們會開始傾聽並相信這樣的內在批評。生活在地球上的每個人，都非常容易被我們自己內心那位訓練有素的批評家或法官的嚴苛訊息所影響。

我大多數的客戶都是因為無法承受過重的羞愧感，而請求心理治療。心理韌性是參加座談會的學生最感興趣的話題，每當在部落格放上相關文章，總會引起最多討論。

羞愧是最強的絕緣體，[6]內心的批評者則是最無情的信差，但我們可以藉由自我覺察、自我同情、自我認同、自我欣賞與愛自己，來抵消羞愧感與內在批評的影響。

> 單單只是「在意自己」：知道自己懂得關心自己，知道自己值得這樣的關懷，就能進入更深層的大腦，破解不值得保留與固執不化的信念。[7]
>
> ——伊莉夏・高斯坦博士（Elisha Goldstein）

❖ 建立新制約

學習整合各種層面的自己，包含腐蝕性很強的內在批評者；提升自我覺察與自我認同、引導神經可塑性，以及和自己建立良好的新關係。利用前額葉皮質的整合能力，將這些內在聲音與各種性格層面組成一個連貫、有應變能力的內在安全堡壘，幫助我們得以更進一步展開重新制約。

第一級：小波折

一旦你覺得非常了解自己的優勢，就已經可以勇敢地接受大部分的自己，以下這些練習會讓你更加信任自己有能力、很堅強勇敢。先從確認自己的核心優勢與價值開始著手，不管是已經擁有，還是希望擁有的特質都沒關係，這樣做可以鞏固內在的安全堡壘，重新調整你和內在各個層面的關係，包括你不太能接受的層面。

練習 4-1

你的心理韌性特質

1. 從以下列表找出自己擁有的五項特質，如果表中找不到，也可以自己列出來。

有責任感　好奇　心存感恩　虛心　威望
容易親近　值得信賴　快樂　開明　自我認同
冷靜　有決心　誠實　樂觀　自我覺察
開心　明辨事理　謙遜　有組織能力　自我同情
明確　有紀律　唯心主義　耐心　無私
願意下承諾　熱情　想像力豐富　毅力　誠意
同情　沉著　勤奮　有眼界　自動自發
鎮定　公平　喜悅　童心未泯　體貼
自信　靈活　善良　謹慎　忍耐
善於溝通　專注　知識　堅強　平和
合作　寬大　愛　可靠　信任
勇氣　友善　忠誠　足智多謀　熱心
禮貌　儉樸　寬宏大量　尊重
創意　寬容大度　憐憫　敏捷

2. 確認自己擁有的特質之後，在每個特質下方寫出三個曾經積極實踐的事件或回憶。也許是你對員工、鄰居或手足很大方；總是準時付帳單；開車從不超速；不會把車開到沒油等等。寫好之後再讀一遍，清楚地告訴自己你真的擁有這些特質。
3. 寫完每個特質的三個事件後，把寫好的紙放一邊，幾個小時或幾天之後再回來讀一次。
4. 在你閱讀自己擁有的心理韌性特質時，觀察你對自己的觀感有沒有改變。你能接受這些特質是你的一部分嗎？你知道它們會幫助你擁有更強大的心理韌性嗎？還是不能接受的話，請重複此步驟1到3，直到你真心覺得自己擁有這些特質為止。
5. 思考這五項特質如何互相提升。建立心理韌性的安全堡壘，加深對自己的信任。這個體驗與確認心理韌性特質的過程，就是加深對自己的信任，告訴自己它們是你真實的一部分。

練習 4-2

深度傾聽自己的核心優勢

被他人接受，能夠幫助我們接受自己，建立心理韌性之前要先自我認同。給自己三十分鐘進行這項練習，能利用這段較長的時間深化練習、學習與調整。

1. 找一個夥伴、朋友或同事和你一起進行這項練習。想要的話，兩人可以互換角色。
2. 告訴對方你想要探索的五項心理韌性特質。
3. 讓對方照著每項特質逐一問你：「在你遇到困難或挑戰時，曾經做到這項特質嗎？」請對方安靜傾聽你的回答。
4. 回答問題時要有真實事例，如果覺得剛才練習4-1寫下的反思合適，也可以在這邊分享。
5. 請對方接受你的回答，不要做出評論。依照每項特質提出同樣的問題，重複的問答能讓

✦✦✦

你的大腦進入深層記憶，挖掘深藏的智慧。

6. 回答完第一項特質之後，告訴夥伴你想要探索的第二項特質。
7. 請夥伴根據你寫下的五項特質，拋出同樣的問題，耐心地傾聽。
8. 在回答完這五個特質的問題之後，再花五分鐘安靜地回想，你對自己的觀點有沒有改變？有沒有更深層地整合自我感受？有沒有對內心的心理韌性堡壘產生更強烈的覺知？

回顧心理韌性的特質，可以讓它們在心裡更根深柢固，同時也是在提高自我覺知。

在大多數的情況下，我們每天接收到的正向訊息遠比負面來得多。當我們為別人開門時，會聽到對方說謝謝，或是你人真好；差點跌倒卻身手敏捷地恢復平衡時，旁人會稱讚你很厲害；在人行道與陌生人擦肩而過時，常會得到對方友善的微笑；也可能遇到小狗搖著尾巴要你拍拍。

問題是，我們很少會注意到正向的訊息，這些訊息都是肯定我們的存在，也是我們受到重視且很重要的認可。我們很容易深陷自己的煩惱或負面情緒中，然後對正向訊息視而不見，但是，這些正向的訊息與時刻，都對自我認同的建立很有幫助。

練習 4-3
記錄美好時刻

在練習3－10中，我們學到接受別人對我們的友善或我們對這世界的敬畏。現在，我們要練習的是，接受與珍惜自己的美好。

1. 空下一些時間，回想今天收到多少接納與歡迎的訊息。也許是你的五歲孩子牽著你的手過馬路；鄰居送了他在院子裡自己種的番茄；朋友傳訊息說他想你，問你要不要出來一起用餐。

2. 當你收到這些訊息時，有沒有感覺身體溫暖、內心輕盈，覺得「哇，這感覺真好。」
3. 將你的意識集中在這種感覺十到三十秒，慢慢地品味，讓大腦有時間將這些經歷存成長期記憶。
4. 要求自己重複回想這些記憶五次。重複可以啟動大腦的神經發送並加深記憶，在之後需要的時刻跳出來支持。這些美好的回憶就是自我認同與自我價值的資源，提升你的心理韌性。

在你記錄這些日常體驗時，要告訴自己：「我也在學習。」我正在學習變得更有能力、更懂得如何創立更多心理韌性的神經迴路。

練習 4-4

心理韌性的標誌[8]

利用你的成長與學習，刺激大腦刷新與加強相關的神經迴路。

1. 回想我們在先前練習找到的五項心理韌性（可能會隨時間變化），現在要為這些特質找到象徵物，也許可以是：
   - 一張你和所愛之人的照片；
   - 一張從旅途帶回來的明信片，那段旅途中的你很懂得靈活應變；
   - 一顆刻字的石頭，上面的字與你擁有的特質相呼應；
   - 一張市議會行程表，你在會議中很勇敢地發表自己對鄰里問題的看法。
2. 收集這些帶有象徵意義的物品，提醒自己擁有這些特質，將物品放在盒子、箱子或袋子中。也可以放在櫥窗、書架、廚房櫃臺或書桌上展示，你甚至可以在上面貼上「心理韌性的標誌」。
3. 每天看看這些物品，連續一個月。一個月之後，當你想要提醒自己是個穩定、有安全感與靈活應變的人時，就再回來看看這些物品。

「少量而頻繁」是建立與強化新神經迴路的方法，這不會改變舊迴路，但是會在建立新迴路時，提供需要的資源。

第二級：錯誤與心痛、悲傷與掙扎

如果沒有人真心愛過並珍惜過我們原本的樣子，我們就可能會把那些比較不被人接受的部分隱藏或隔離開來。[9]不被接受的部分可能是我們自己認為的，也可能是曾經有人如此批評過。隔離自我需要大腦付出非常多的能量才做得到。

感覺這些「不被愛」的自己，接受它們，讓它們重新融入我們的覺知，成為自我意識的一部分。我們因此可以釋放出多餘的能量，讓自己能更充分地與世界互動，在遇到困難時更有應變能力。

練習 4-5
從別人眼中看到自己的好

當你覺得自己沒那麼好的時候，這項練習可以治療你對自我的感受。

1. 找一個舒服的地方坐下來，給自己五分鐘不被打擾的時間，眼睛輕輕地閉上。將意識集中在呼吸，放輕鬆，心神凝聚在這個當下。準備好時，感覺此刻對自己的感受，你對自己好嗎？你和自己相處會不安嗎？你對自己會不會過於吹毛求疵？只要感受就好，覺察和接受現況，不帶批評，一旦發現自己正在批評，一樣只要觀察這個現象就好。
2. 準備好時，在腦海裡想像一個無條件愛你的人，這個人讓你覺得安心。老師、好朋友、伴侶、父母、子女或你心愛的寵物。也可以是心靈層面的人物，如耶穌或達賴喇嘛。甚至也可以是你對某個人的記憶，活著或已離世都可以，這個人曾經在某一刻毫無條件地接受你就是你。有時，我會有客戶堅持沒有人無條件地愛過他，這時我會請他自己想像一個如此愛他的人。想像的人物對大腦來說跟真實存在的人一樣。

3. 想像自己和這個人面對面地坐著，想像他用著接納一切的眼光看著你，眼神之中充滿溫柔、愛與喜悅。想像自己在這樣完全被愛與被接納的氛圍中講話，你沒有什麼需要隱藏。

4. 現在，想像你透過對方的眼睛看自己。感受這個人對你的愛與包容。看到你的良善、看到你的全部，讓自己沉浸在這個當下，感受自己的美好。

5. 然後將你的意識拉回到自己的身體，想像對方依舊用愛與接納的眼神看著你。將這樣的愛與接納的深刻收藏在內心，觀察身體哪個部分感受到這份愛與接納？這樣的感覺如何？內心是否因而出現一朵微笑、感到溫暖？放慢呼吸，享受這個美好的感覺。

6. 花些時間想想這個過程，你與自己的關係有沒有改變？

這項練習會在你的大腦建立一條自我接納的新迴路。用心記下這一刻的感覺，以後有需要時隨時可以使用。

練習 4-6

接受內在特質

這項練習能幫助你覺察與整合內心所有特質，包含外顯的正向特質，以及你不希望他人看到及不願承認的負面特質。這個過程會釋放一股巨大的心理能量，這是之前用來隱藏或隔離負面特質所花費的力氣，你的大腦會在釋放之後輕鬆很多，不再需要處理這些負面特質造成的脫軌與混亂，你能有更多的能量來過好每一天。

✦✦✦

只要你能夠覺察到內心各種特質，並進一步讓包容的程度達到能夠掌管它們時，你就能擁有更智慧的自我（詳見下面練習4－15），就能管理這些特質產生的行為，不怕它們真的胡作非為。

1. 找一個不被打擾的地方坐下來，在五到十分鐘的時間內，意識專注在當下，越專注越好。感受內心的安全堡壘，保持穩定而靈活，以及虛心無偏見的態度。

2. 看看以下這張通常被視為負面特質的表格，想想自己有哪些地方和這些特質有關，與這些特質相應的是否就代表自己不堅強。這張清單並不詳盡，在我與客戶的每週會談或參加研討會時，我都會再學到新的負面特質。

特質	特徵／反應	訊息
放棄	氣餒	我就甭試了
鬧彆扭	脾氣壞	覺得生活很糟糕
抱怨	愛哭訴	我不喜歡這個，我很不開心
嚴苛	頑固	我拒絕，你不能強迫我
愛批評	吹毛求疵	你以為你是誰？
沒有自信	膽小	少拿一點沒關係，總比失敗好
阻礙創造力	拖延	別擔心，也許明天我會處理好這件事
害羞	退縮	不參與，我就不會失望
假裝	愛做白日夢	如果「什麼」能成真，我會很高興

3. 從表中找出你也有的特質，你希望自己沒有，但知道它就在你內心。也可以自己列出表中沒有的特質，它的特徵是什麼？它讓你有什麼反應？

4. 在你省思這些特質時，留意你的神經系統或情緒有什麼反應。如果你的反應太強烈，可以使用第二、第三章裡的練習來調整反應，讓自己的身心情緒回到平穩狀態。

5. 回憶一下，負面特質是在什麼狀況下發生，思考它要傳達什麼訊息，可以是上表的訊息，但是完全不一樣也沒關係。當這項負面特質被觸發時，它有可能想要跟你說什麼？

6. 觀察你在回想這個事件時的反應，讓這些反應與訊息停留在你的意識，不要批評或評斷。它就是它，你可以理解，也願意原諒它就是這樣。

7. 想想這項特質對你是否有貢獻，能讓你更有智慧嗎？還做不到也不用擔心，之後會有練習進一步協助你完成這項任務。找到這項特質的貢獻時，可以表達你的感謝。

8. 當你可以自在地接受這項特質就是自己的一部分時，找出你對這項特質的其他回憶，重複練習。也可以換其他特質練習，或是幾項特質一起進行也可以。

9. 反思整個練習，告訴自己我可以成熟地接受這些部分，我越來越有能力接納我自己。接受與整合是自我認知很重要的一步，可以修復你的心理韌性、加強內心的幸福感。

整合是大腦前額葉皮質的主要功能，它能夠釋放大量的心理能量，引導你迎向一個更整合、更堅毅的自我。這時，無論內在的負面特質多麼具有侵入性或吵鬧喧囂，前額葉皮質都能夠重新取回指揮權，就像是巴士司機可以決定要走哪條路線。

練習 4-7

眞心接納

噢，自在。有人讓自己安心的那種自在無法言喻；無須考慮再三、衡量想法或用詞，只須傾吐內心的真實感受，就像是倒出整包穀物或米糠，你知道這位忠實的夥伴會為你篩選，留下有益的穀物，仁慈地為你吹走沒有幫助的米糠。[10]

——黛娜．克雷克（Dinah Craik），
《活出生命》（*A Life for a Life*，暫譯）

當有人接納了你的全部，而你也真心地包容每個層面的自己，完整的自己會開始凝聚，然後如花般盛開。在你最信任的人的幫助下，重新調整神經迴路，讓自我接納發揮到最大、最好的效果。

即使有時你的善良本性並沒有清楚顯露，但這個人看得到你的善良本性、接受你的原貌。真心接納我們的人大都是身邊親近的人，父母、配偶或孩子，當然也不一定如此，畢竟家家有本難念的經。幸好還有其他人可以替代，像是朋友、老師、教練、治療師或精神導師等。我們會在練習5－2談到陌生人也可以在短暫的會面中幫上忙。

1. 請一位讓你感到安心自在又很信任的朋友幫你做這項練習。這位朋友須具有同理心、良好的理解能力、沉著鎮靜、遇到困難不慌亂，他必須能在練習時保持心神集中，不會反過來需要你的安慰。
2. 和對方產生安全感與信任感的連結，安全感可以觸發大腦的神經可塑性，啟動學習與重新調整的功能。
3. 選擇一項在練習4－6找出的負面特質，或任何你想要調整的特質。
4. 和對方分享這項特質、你的體驗、與哪個部分的自我有關聯，以及你的伴侶對這項特質

的反應。分享你認為重要的事件，可以的話，告訴對方那些不願意和別人分享的細節。這個練習讓原本躲藏在黑暗處的特質站出來，讓你有機會覺察與接受這項特質，以及它所傳達的訊息。

5. 請你的朋友帶著同理心，認真傾聽，不要給予太多評論。
6. 注意你在分享時的反應，受到重視與接納的感覺如何？觀察自己對承認與接納是否抱持開放態度。
7. 結束分享之後，花些時間思考自己在整個練習的感受，觀察你對這個特質與完整自我的關係有沒有產生變化？
8. 你可以針對不同特質（不同層面的你）進行這項練習。每次練習也可以請不同的人幫忙。這項練習幫助你建立內在的安全堡壘，加深你對自我的安全依附關係（secure attachment），讓你和自己相處時感到安心，不會因為自己哪裡不好而感到窘迫。而安全感會提升你的心理韌性。

練習 4-8
對不愛的層面傳達善意

大約在二千六百年前，佛陀教導他的弟子要心存慈愛，對人生各種境遇保持開放的態度，即使面對疼痛與苦難也是如此。這是練習接納並尊重有情眾生的尊貴與價值。不論你對自己或他人有什麼看法，我們都可以學著祝福所有眾生，而且，別忘了自己也是有情眾生之一。這項接納與尊重的善意練習，可以中斷腦海自動產生的思緒與評論，讓自己的心專注在當下。

1. 找一個安靜的時間，將這段話念給自己：

願我不受內心與外來的傷害。
願我開心、感到深深的滿足。

願我身心健康強壯。

願我過著自在幸福的生活。

2. 重複五到十次，每天做五次，持續一週以上。

3. 在認真練習的期間，觀察自己的能量與心情是否有所改變。可能不會有立即的變化，但你會慢慢發現以前讓你感到羞愧或崩潰的事件，現在似乎已經偵測不到了。觀察自己在加深練習的過程中，意志是否越來越堅強。

4. 你可以根據自己想要調整的負面特質來修改這項練習，你的每項負面特質都是有情眾生的一部分，它們值得愛與關懷。

願我的嘮叨特質找到安慰與舒緩。

願我的頑固特質受到重視並願意放鬆。

願我內心批評特質的努力得到感謝。

願我內心的小人相信我成長的能耐與力量。

願我內心退縮的特質感到安全並願意參與。

願我內心愛拖延的特質相信我有能力現在起而行動。

願我內心愛幻想的特質能停下腳步、享受當下。

你可以依需要修改內容，讓內心更加專注、開放。這項練習除了幫助你建立新制約，也能讓你學習告訴自己「我做得到」。

我曾經建議一位尋求心理諮商的客戶進行這項練習，她很高興自己進步了。她說電腦在週末突然壞掉，無法送修，但她不再像以往一樣跳腳生氣，反而很理性地處理這個問題。她很興奮地告訴我：「我產生了新的神經元！我真的產生了新的神經元了！」真的就是如此。

第三級：難以承受的打擊

到了這個階段，我們要完全改變批評內心特質的態度（詳見第一二八頁羞愧與批評特質），這是我們需要學習建立的新制約。

最有效的方法是改變你和批評特質的關係，它會不斷批評就是因為覺得這個很重要，它是在保護我們不要犯錯、不在別人面前失敗、受到羞辱或被拒絕。所以它會不斷地鞭策你，有些人會被內心的批評嚴重影響，有的人會聽過就算。愛批評的特質過於熱心，它會無止境地提醒我們做過的每項錯誤、搞砸的事，不斷擔心我們再次疏忽。問題是，批評特質總是把每個錯誤都歸咎在我們自己的身上，把「壞蛋、不負責任、沒用」等等負面標籤貼到自己頭上。一旦我們真心相信，它會更認真地工作，它可是從來不介意工時過長、薪水太低。

和它爭論或是想讓它知道自己很棒的效果微乎其微，批評特質總是能找到我們不完美的地方，證明自己錯得離譜。但我們的目標就是接受自己的不完美，不完美是人類的特質。內在批評者很吵，它不會自己離開，因為它覺得自己的工作對於生存至關重要。在它喋喋不休的狀態下，忽視它的批評會耗費太多心理能量。

我們要做的是讓它退休，重新審視對它的看法，改變自己的觀點，這是靈活應變的黃金定律，讓它成為自己的一部分，讓自己變得更強大。處理批評特質就跟處理負面情緒一樣，告訴它：「謝謝你傳達訊息，提醒我有重要的事情要發生。我會好好處理，現在請你回到自己的房間靜靜待著。」

在我們接納批評特質，接受它是自己的一部分時，它就會知道我們聽到它的聲音了，它會鎮定下來，不再碎念不停，我們也能夠冷靜傾聽，不因此崩潰。

練習 4-9

和內心批評者碰面

1. 找一個不被干擾的地方，給自己三十分鐘的時間做練習。
2. 運用練習4-6的方法，想像批評特質是你多元個性之一。想像你和這位批評者碰面，就如同和那位想像的好朋友見面（練習3-11）。其實你也可以邀請這位富有同理心的想像朋友一起加入，給你力量。
3. 想像批評特質是真實存在的人物，想像它的樣子。想像和它碰面的情景，和它打招呼，坐著聊天或邊走邊聊都可以。記住，你是這場會面的主導。
4. 告訴它，你知道它辛苦工作，認真想要保護你不受到傷害。你可以為這場對話設下一些原則：這場碰面不是要讓批評者傳達更多的訊息，是你要表達感謝與理解，甚至是同情它為你如此辛勤工作。
5. 請感受完整的自己，你現在可以保護自己不受傷害。讓自己的內心安定，你變得堅毅、靈活，你相信自己可以用更好的方式面對挫折挑戰。在你對內心批評者表達感謝時，告訴它你希望它可以相信你，你感謝它曾經做過的努力，現在它可以安心退休了。
6. 想像內在批評者接受你的善意，它相信你會好好照顧自己，放膽想像整個和解過程。這樣的想像對大腦來說是真實的，想像內在批評者默許了你們的新關係，它願意接受內在顧問的新角色。

7. 想像你和它道別。現在，內在批評者成為一個好配合、行得通的顧問，讚許自己改變觀點、調整關係的能力。

8. 需要的時候就重複這個練習，重複再多次都可以，你有權利讓內在批評者退休。

不過，內在批評者不會完全消聲匿跡，畢竟它是人類為了生存而創造的戰略角色，它已在大腦根深柢固地定居許久。但是，你可以改變自己和它的關係，不需要太在意它傳達的訊息，也不用輕易相信。隨著時間的改變，內在批評的聲音會慢慢消失，雖然還是有煩人的時候，但它再也不會害你變得退縮而放棄。

❖ 重新制約

羞愧內疚讓你感到不安，內心無法平靜，原本蓋好的安全堡壘會開始搖晃，你必須以最快的速度穩定安全堡壘。也許別人或你自己的批判性評論是有那麼一點道理，但你要把握這個學習的好機會（雖然也可能是一個可怕的成長機會），這種想要努力的力量源自內在的自信，不是因為羞愧或自我懷疑。

第一級：小波折

建立一座安全的內心堡壘，這是保護自己不受到壓力、創傷與精神疾病等傷害的最好方法，我們要想辦法恢復並維護這座堡壘。

練習 4-10

把愛與欣賞裝進錢包[11]

1. 從收到的電子信件、生日節慶賀卡、與朋友同事的聊天中，收集他們對你的正面觀點與感謝，將這些評論寫成一張「真心欣賞」列表。
2. 你還可以請二、三個，甚至是五到七個你信任的朋友寫電子郵件、寄賀卡、傳訊息給你，請他們列出幾點欣賞你的地方，將他們的評論寫進這張表。
3. 在紙上寫下這些評論，貼在你的電腦螢幕或浴室的鏡子上，也可以放在錢包隨身攜帶，打在手機裡隨時想看更好，讓自己每天都可以閱讀裡面的內容。
4. 每天閱讀三次，連續三十天。每次讀完，要花三十秒沉澱，感受這些評論裡的善意與支持，感受親朋好友對你的關懷。持續接收別人對你的欣賞，你的大腦也會漸漸欣賞自己。
5. 在你感到羞愧、失敗、不足、沒用、自我懷疑、討厭自己或無法自我認同，而深陷痛苦情緒的時候，就拿出這張表來念，把它背起來更好，不時在腦海裡播放給自己聽。在內心出現負面的評論時，就趕緊按下播放鍵，與之抗衡。

這項練習會訓練你的大腦，對抗因為羞愧而引起的情緒，一旦陷入懦弱的情境中，大腦會立即轉移到積極正向的自我觀點。你可以恭喜自己，已經建立了一條新制約的神經迴路。

✦✦✦

第二級：錯誤與心痛、悲傷與掙扎

各位可以翻到第一二八頁，回顧前面關於羞愧與內在批評特質的討論。當你感到羞愧，被內心的批評者念得抬不起頭來時，一定要趕快恢復情緒的平衡，堅強自己的意志，覺得自己很棒，覺得自己被接納與認同，才不會感到過於挫敗。

練習 4-11

任何情況下都要接受並愛自己[12]

1. 練習說這句話：「雖然（填入自己的心情），但我真心深愛自己、接受自己。」一次次地重複，直到你覺得很自然，並且全心相信。這句話幫助你創造正向訊息，可以調整負面情緒。剛開始念這句話的時候可能會覺得奇怪，多練習幾次就會覺得熟悉、自在。如果你覺得說出：「我真心深愛自己、接受自己」這種話有點超過，也可以換個說法：「我願意嘗試愛自己、接受自己。」

2. 當你覺得這種積極正向的話開始變得真實，就可以把它跟當下發生的負面事件放在一起。從小事件開始！你可以這樣講：「即使珍珍與小唐都忘了通知我週六的晚餐聚會有變動，我還是真心深愛自己、接受自己。」、「即使老闆不是很喜歡我提出在停車場貼上安全標誌的想法，我還是真心深愛自己、接受自己。」、「即使比爾批評我今天在訓練小喬時過於嚴格，我還是真心深愛自己、接受自己。」你要一遍又一遍地重複練習。

這個練習可以訓練你的大腦，調整你對負面訊息的習慣反應，同時不再產生新的消極反應。

你應該也會發現某些年輕時不敢吃的食物，現在卻變得可口美味（就像我以前最討厭醃魚，但現在可是愛吃得很）。或是，曾經讓你覺得刺耳的音樂（像是我鄰居的藍調和快節奏音樂），但現在覺得舒服悅耳。同樣的，在我們變得成熟、堅毅時，那些我們曾經覺得瞧不起、忽視或羞愧的特質，反而可以在我們心裡擁有一席之地。因為你不再受到它們的掌控，但可以享受它們帶

練習 4-12

將敵人變成盟軍

來的禮物。

1. 找出一個你想要處理的特質，可以是自己想出來的，也可以從練習4-6的負面特質挑一個。

2. 開始想想這個特質可以帶給你什麼禮物。懶惰的特質能讓你不用與不喜歡的人互動，或是不參加不知如何拒絕的活動；固執可以幫助你在加入別人的計畫之前，讓對方清楚你的想法、了解你的性格；批評特質讓你在被別人批評之前，就先努力修正自己的行為；沒自信會幫助你保持謙遜；愛幻想的特質讓你有創意。讓想像力幫助你找到這項特質帶給你的禮物。

3. 如果你覺得這個練習很困難，可以找一位朋友一起集思廣益。

- 跟朋友說你不知道該如何分析這項特質。
- 和朋友一起想出這項特質可能帶來的十種貢獻，這十種貢獻可以是對任何人都適用，不一定只針對你。
- 從十種貢獻中，找出和你有關的貢獻，想想這個特質有沒有以這些方式對你產生效益。
- 感謝你的朋友幫助你看到新的可能性。

4. 現在，記住這項特質帶給你的禮物。譬如保險公司拒絕你的車禍申請，但你固執地周旋到底，你和負責的主管、經理或承辦人員爭論不停，說到臉紅脖子粗也不願意放棄，但最後你拿到應有的賠償。你將自己的固執特質重新定義為堅持。想要的話，也可以將這個事件寫進練習4-4的「心理韌性的標誌」。

選一個很有挑戰性的特質，找出它帶給你的禮物。這樣做可以全面改變你和它的關係，轉換你對它的看法與觀點，如今，它也可以讓你變得更加堅毅勇敢。

✦✦✦

練習 4-13
篩選與轉換心理特質

1. 花一整天或是更長的時間觀察自己的特質，你可以藉由內心的想法、習慣或行為觀察自己。
2. 留意所有特質，樂觀、沮喪、開明、活潑與容易煩躁等等，無論它們對你來說是正向或負面都無妨。
3. 注意每項特質停留的時間，幾分鐘？還是幾個小時？
4. 留意這些特質的變化，它們是如何出現與消失？有沒有哪項特質似乎占於主導地位，停留的時間特別久？
5. 有意識地轉換你的特質，目的不是否認、壓抑、討厭或鄙視它們，這是為了學習分辨不同的特質、提升轉換的功力。
6. 多做這項練習，觀察有哪些特質顯露，想要的話就去轉換它們。

每個特質能在你心裡自由來去與轉換。你要強化前額葉皮質的靈活度，才不會卡在某項特質太久，你要學著做掌管局面的主人，讓自己更為開闊、不受限。

✦✦✦

第三級：難以承受的打擊

重新制約的工具可以調整你和這些頑固、難駕御特質之間的關係，這些特質經常讓我們失控翻車。透過提高應變靈活度的反應和前額葉皮質的功能，可以調整你和心理特質之間的關係。我們在過程中必須謹慎、有同情心並有耐性地堅持下去。

練習 4-14

寫一封讓內在批評者退休的信[13]

你應該努力多久？
直到成功。

——哲學大師吉姆．羅恩（Jim Rohn）

行動的時候到了。在這項練習中，你需要運用前額葉皮質的專注力，改變最容易讓你變得懦弱的特質，也就是內在批評者。

1. 找出一個內在批評者說的負面評論，像是「你好懶惰」或「你的身材完全走樣！」寫下這句評語和批評的語氣，像是刺耳、生氣、嘮叨等等。並寫下神經系統在聽到評論時的反應，感到緊張？還是畏縮？
2. 寫一封信給一位你信任的朋友，真實或想像的朋友都可以（信不用寄出）。和朋友解釋生活中發生什麼情況會引起內在批評者說出負面評論。告訴朋友你聽到時的反應，包括身體的感覺，以及心裡的感受與想法。
3. 如果你擔心自己真的如同這些負面批評所言，可以跟朋友說說你的擔憂。
4. 請朋友寫信來安慰你，讓你知道他能理解這些煩惱，而他願意支持你度過這段和內在批評者互相抗衡的過程。
5. 把這封信放在一旁，然後以朋友的立場給自己寫封信，告訴自己我懂你的辛苦，要加油支持下去。
6. 請朋友告訴你：他們能理解你受到連續攻擊的痛苦，他能懂你的心情，也懂這個過程很煎熬。請朋友肯定你的優點和能力，他知道你一定可以妥善地處理內心批評特質的抱怨，也有辦法解決抱怨的情況和行為。

7. 請朋友傳達他對你的愛、他接納你就是你，不用理會內在批評者說什麼，不要怕它把同樣的批評嘮叨個不停。

8. 最後請朋友寫下真誠的祝福，祝福你擁有堅毅的性格、祝你能從中獲得更多的優點和領悟，成就完整的自我。讓他告訴你不用相信內在批評者說的話，不要被它困擾。

9. 把第二封信也暫時放一邊，幾個小時或幾天後，重新閱讀這封信。接收朋友傳達的理解和同理心，讓這份支持改變你對自己的觀點，扭轉你和內在批評者的關係。

依需要重複做這項練習，當內在批評者做出不同的負面評論時，就請朋友寫一封信給你，不要讓自己受到負面批評的阻礙，不要讓整顆心懸掛在這些評論上。當負面評論變少，也不會太難聽之後，你的內心就能有更多空間產生正面積極的評論，你會開始接納並欣賞自己，會慢慢建立起一座壓不垮的內在安全堡壘。

❖ 解除舊制約

你可能沒想到我們會使用這麼多的想像力來處理真實生活的挫折、困難，甚至是災難事件。讓我再次強調，想像對大腦來說再真實不過了（所以內心的擔憂和恐懼才會這麼難處理）。善加利用想像力來建立可靠的神經迴路，隨時隨地給你無限的支持。

第一級：小波折

我在本書不斷強調要培養靈活的應變能力，讓自己能夠改變觀點，以不同的方式回應挑戰與思緒，不再受限於過去的習慣。以下兩項想像力的練習，可以增加內心的資源、提高應變靈活度，但更重要的是，你能夠建立「應變穩定度」。你能安住在內心的安全堡壘，同時擁有更多心理資源。

練習 4-15

培養一位大智慧的我[14]

在這個年代，許多心理治療或心理輔導，在談到提升堅毅性格時，都一定會提到要培養一位「大智慧的我」。這是一個虛構的人物，他體現了正向積極的特質，幫助你建立更堅毅的性格，擁有更多幸福，培養出智慧、勇氣、耐心和毅力。這個大智慧的我真心關懷你、支持你，幫助你看得更清楚，引導你做出改變與成長。這個大智慧的我是個綜合體，結合了曾經幫助過你的人，以及從人生榜樣、精神導師和恩人等人身上找到的理想特質，把它們結合在一起。這可能是你對自己的想像，希望自己在五年、十年之後可以成為的樣子，擁有你想要的優勢、能耐與權力。你可以向這位想像出來的人物提出問題、拋出困難，然後傾聽他給你的答案，這個答案就是你的直觀智慧（intuitive wisdom）。

這項練習的開頭和第三章的「練習3－11」很相似，步驟雖相同，但會為你創造不一樣的資源。

1. 找一個舒適的地方，靜靜地坐著，輕輕地閉上眼睛。深深地呼吸，把氣吸到肚子，讓覺知更深入身體。舒服地呼吸，引導自己進入一種溫和、幸福的狀態。

2. 在準備好的時候，想像自己身在一個安全的地方，你在那裡很放鬆、安心、舒適和自在。這個地方可以是家裡的房間、樹林裡的小屋，池塘邊或是和朋友坐在咖啡館。

✦✦✦

3. 告訴自己現在要去拜訪大智慧的我，他也許是更年長、更睿智、更強壯的你，他成熟穩重，擁有所有你追求的特質。
4. 在他抵達時，想像他的細節，觀察他的年紀、穿著與走路方式，觀察自己和他打招呼的樣子，你有請他進來坐嗎？你們見面時是握手？鞠躬？還是擁抱呢？
5. 想像你們坐下來，或者一起去散步，感受他的存在與能量對你的影響。
6. 然後開始和他聊天，你可以問他是如何成為這樣有智慧的人？問他一路走來有得到什麼幫助？問他有沒有遇過阻礙？又是如何成功突破困境？
7. 你可以向他說說你現在遇到的難題或挑戰，仔細聆聽他給你的答案，從中找到解決方法。
8. 現在，想像你和這位大智慧的我合為一體，好好感受這個當下，感受大智慧的我在你心裡的感覺，感受你成為大智慧的我的感覺。然後，在準備好的時候，想像你和大智慧的我再次分離成兩個個體。
9. 想像大智慧的我給你一件禮物做為這次會面的紀念，這可以是物品、符號、一個字或一句話。把它拿在手中，然後放在衣服的口袋裡好好收著，大智慧的我會說出他的名字，你要牢記。
10. 在大智慧的我要離開時，輕輕地深吸幾口氣，記住你們之間的連結，知道你需要幫忙時，他隨時都會來到身邊。感謝他來拜訪你，然後道別。
11. 結束後花些時間想想這次的碰面與談話，觀察自己有沒有從中獲得不同的視野或改變？
12. 你可以將這些感受寫下來，整合到意識中，成為你的記憶。在你必須更堅強時，拿出這段記憶，再次從中獲得智慧的引導。

請經常練習，利用想像力獲得深層的直觀智慧，經常和大智慧的我見面聊天，在遇到困難和挑戰時，就更能依靠內在的智慧來幫助自己解決問題。

練習 4-16

看見每個層面的你[15]

「客棧」
人生，就像一家客棧。
每個早晨都會有新來的客人。
他們有的喜悅、沮喪、吝嗇，
某個瞬間的覺悟，
就像不速之客的光顧。
歡迎並款待每一位客人！
即便他們是一群悲傷之徒，
掃蕩你的客棧，
把家具清空，但誠敬地招待每一位客人。
他們會為你騰出空間，
以容納新的快樂。
陰暗的念頭、羞恥、怨恨都要站在門口笑臉相迎，
請他們進門。
無論是誰光臨，都心懷感激，
因為他們都來自天外，[16]
前來將你指引。

——十三世紀波斯哲學詩人魯米（Jalaluddin Rumi）

現在，你已經準備好要與大智慧的我連結，利用深藏的直觀智慧整合各個層面的禮物，包括正向與負面，接受自己所有樣貌。這個過程會幫助你鞏固內心的安全堡壘。

✦✦✦

1. 舒服地坐著，輕輕閉上眼睛，像獨自在家時一樣放鬆。
2. 在準備好時，想像自己站在劇院外的人行道上。想像四周的建築、大帳篷與路過的人們。走到其中一扇大門，打開它，走過無人的大廳，進去劇院。打開劇場的門走進去，這裡一樣空無一人，你一直走到前面第三或第四排，坐下來。空曠的舞臺安靜無聲。
3. 在這個想像中，讓各種層面的自己依序走上舞臺，和它們對話。
4. 第一個上臺的是大智慧的我，這是練習4－15想像出來的人物，這個角色是所有堅毅特質的化身（如練習4－1）。這個大智慧的我讓每個即將上臺的特質都感到安心。讓你的前額葉皮質暫時休息一下，不要出來掌控，請它放鬆，好好觀賞。
5. 現在，想像每個角色一個接著一個地走上臺，每個角色都代表你的一部分。這些角色可以由你認識的人演出，可以是你從電影、歷史或文學認識的人物，卡通人物或動物都可以，發揮你的想像力。
6. 第一個上場的角色是你非常喜歡的部分，它是你的一部分，你為此感到自豪，讓這個角色在舞臺伸展自己，記住誰上過場（你可以一邊做筆記）。
7. 邀請第二個角色上臺，他也是正向積極的特質，然後讓他站在舞臺中央，記住他是誰。
8. 接著邀請第三個角色出場，他代表的是你不太喜歡的特質，其實你甚至很希望自己沒有這樣的特質。讓這個角色站出來，仔細看清楚他，記住他代表的特質。
9. 讓第四個角色走出來，他代表的是另一個負面特質，觀察他，記住他代表的特質。
10. 現在，站在舞臺上的有大智慧的我，兩位你喜歡的正向特質，兩位你不喜歡、甚至是討厭的特質。你真心希望這兩個負面特質跟自己無關，但他們的確是你的一部分。
11. 讓他們依序送你他們帶來的禮物，和上場順序一樣，先從你喜歡的角色開始，再輪到不喜歡的角色。以開放的心態傾聽每個人的答案，感謝他們的回答，靜心想一想，這些回答裡是否有什麼真相或智慧？

12. 轉頭詢問大智慧的我，請他告訴你這些角色帶給你的禮物代表。傾聽他的回答，他講的可能和其他四個角色的回答不一樣，之前的答案可能是你自己對這四個角色的解讀。

13. 簡單地感謝每個角色與你一同參與這項練習，看著他們一個接一個走下舞臺，讓大智慧的我最後下臺。

14. 想像自己從座位站起來，通過走道，走過大廳，打開門走出劇院。轉身看看劇院，回想剛剛發生的事。然後慢慢拉回你的意識，回到安靜坐姿，在準備好時張開眼睛。

15. 觀察、反思這項練習，想想你得到的智慧，內心同時有沒有發生什麼改變？記住這五個角色帶給你的省思，特別是你不喜歡的特質。正負面都是不可分割的你，是你的整體。反思這項練習可以幫助大腦整合學到的課題，將它們轉成長期記憶。

在這項練習中，你釋放了被你壓抑或隔離的負面特質，此後再也無須壓抑自己了。你承認並接受自己有這些特質，現在讓這些能量幫助你成長茁壯。

第二級：錯誤與心痛、悲傷與掙扎

當人生變得有些難以忍受，你需要更多支持，這時你可以召喚一位有智慧的人來幫忙，或運用想像力創造需要的幫助。

練習 4-17

唱歌給自己聽

朋友知道你的旋律，當你忘記歌詞時，他會唱給你聽。

——艾利桑德（Shoshana Alexander）

朋友是那個知道你過去歷史的人，在壓力重得喘不過氣、找不到方向時，願意真誠拉你一把，幫助你找到自我。

1. 找一個你信任的朋友與你一起練習。這位朋友需要和你經歷過幾次低潮，或是至少知道你過去如何在迷失中重新振作的故事。
2. 把注意力拉到當下，放寬心懷並保持接納的態度，讓人際間的互相幫助喚起內心的安全感與信任感。
3. 請朋友回想你過去成功的事例，你以前曾經處理得很好、很靈活應對的事情，有些是可能你自己都已經忘了（可以像是練習3-14想起的事，任何小事也都可以）。
4. 一個記憶會引出另一個記憶，人與人之間的互助會讓大腦轉入「預設網絡模式」，開始探索之旅。
5. 整理一下想出來的幾項事件，想起你心中那首歌的「旋律」，知道自己是一個有能力與韌性的人，讓這種感覺成為你的自我核心。

隨著記憶恢復，「預設網絡模式」會開始運作，找回其他的記憶。即使這些記憶和現在的壓力沒有直接關聯，但是感覺自己堅強又有能力很重要。你需要將自己融入這種感覺，真心相信自己就是一個勇敢又打不倒的超人。

✦✦✦

練習 4-18

想像中的好父母[17]

這項練習稱為「心理劇」（psychodrama），這是團體治療方法經過許多修正所形成的治療方式。藉由演戲的方式達到心理診斷與治療。例如，當團體成員過去曾遭受父母的忽視、輕蔑或批評，就會透過此種戲劇的方式，幫助成員重新體驗與改寫內心的舊模式、舊劇本。某位成員可以扮演舊父母的角色，另一位飾演「新爸媽」；新爸媽有愛心，能同理孩子，回應孩子的需求。其他成員則扮演劇中所需的角色。在這次練習，你可以在自己的想像空間創造想要修復關係的角色，想要的話也可以請朋友幫忙，或是拿枕頭或家具當作角色。

1. 給自己十到二十分鐘的時間，在一個不被打擾的地方，安靜舒服地坐下來。專注當下，輕輕地深呼吸，釋放身體的緊繃。在練習過程中，可以將手放在心口，提醒自己帶入良善與愛的覺知。

2. 召喚大智慧的我，請他來見證這項練習，他會如同鏡子，將你的經驗映照於你。你也可以邀請富有同情心的好朋友（或用枕頭或布娃娃代替）坐在身旁幫助練習，他們不需要講什麼話，只需要坐在那裡陪你、支持你。

3. 可以用椅子或檯燈等物品代表想要處理關係的那位家長（爸媽、繼父母、祖父母、叔叔、姑姑或阿姨等），這位家長在你成長過程中曾讓你感到自己很不重要、沒出息。和大智慧的我分享你對這位家人的內心感受，他認真傾聽，完全理解你的感受，他回應你的經歷，讓你感受到安心與自在。

4. 把對這段記憶有幫助的角色也帶進來，你的兄弟姊妹、鄰居、朋友或老師。相信你的直覺，帶進來的人就是這場戲需要的角色，即使你不是很懂為什麼。

5. 現在，想像一位好父母，一位理想的好爸媽，他讓你感到安心，他接納你、懂你、欣賞你。花些時間慢慢建構這位好父母的角色，直到你覺得非常真實。這個想像出來的角色可以是你認識的人，感覺你在他身邊的感受，和大智慧的我分享內心現在的想法。一開始也許感受不強，沉澱一下，給自己一些時間，讓內心的感受浮現。當大智慧的我聽懂你的感受，回應你的經驗時，感受一下內心有什麼感覺？

6. 你可以想像和新父母的互動，觀察自己是否變得有自信、覺得被接納，和大智慧的我分享這段互動。
7. 花些時間和這位好父母相處，多久都可以，讓自己沉浸在被父母善待寵愛的氛圍裡。
8. 讓「舊父母」和理想好爸媽站在一起，跟大智慧的我聊一聊心中的感受，讓他見證你的努力，回應你的成長。
9. 當你覺得內心完整無缺了，讓所有的角色消失，大智慧的我是最後一位離開。靜下心來，想一想整個練習，觀察自己有沒有發生任何改變？

這項想像力練習需要創意，需要「預設網絡模式」發揮很大的力氣，新的想像情節對你的毅力與韌性會有很大助益。你可以再做幾次這個練習，讓劇情更加美好。

第三級：難以承受的打擊

若是經常感到挫敗、情緒失控或內心總是感到羞愧，這種情況會讓人很難維持勇敢與堅毅，甚至可以說是不可能。練習6-15和7-6會提供更多的工具，幫助大家在覺得迷失、困惑且無法承受時，不要脫離軌道。本章的練習旨在幫助大家跳脫因為失敗而產生的羞愧感，不管是太常失敗、失敗太久或在很年輕時失敗，導致放不掉心中的羞愧感都沒關係，你需要靜下心來好好做這項練習。

我們將經常感到被忽視、批評、拒絕、虐待、羞辱或遺棄而受傷的經歷，歸類為「兒童原型傷害」（**archetypal wounded inner child**）。這些痛苦經歷在你還不夠堅強或沒有人幫助你的情況下發生，讓你無法不心生羞愧。這個受傷的孩子在每個文化的神話故事和現代心理治療中都一再出現，而且大多數人聽到這類故事時，都會立即產生共鳴。

使用工具幫助內在的孩子找回心理韌性，讓他覺得被重視、理解、接納與喜愛，這些是他從父母親、同儕、同事、朋友或愛人身上沒有得到滿足的地方。這個內在的小孩不是你，大都是你過去的一部分。當我們想起被拒絕、尷尬或失敗等時刻，記憶中的痛苦就好像立刻在此時此地又重演一次。

修復內在小孩的心理韌性並非一定要透過心理治療，但是熟練「關係療法」（**relational therapy**）會有很大幫助。任何提供愛、理解、協調、接納的人際關係都可以調整並恢復心理韌性。當內在小孩得到年長、有智慧、強壯、堅毅的長輩重視和理解時，就能得到療癒。

在練習這項內在智能時，你要喚醒內心更成熟、更有智慧的我，讓他提供內在小孩愛與關懷、理解和接納，讓內在小孩從羞愧的情緒中解脫，提升心理韌性，擁有安定自在的內心是我們與生俱來的權利。

練習 4-19

大智慧的我和內在小孩聊一聊

讓大智慧的我（或內在好父母）與受傷的內在小孩進行一場對話，發揮你的想像力、覺察力和接納胸懷，幫助大智慧的我和內在小孩建立一段新關係。這樣的關係可以幫助你建立一個回應自我的新模式。

1. 召喚大智慧的我（或內在好父母）。想像大智慧的我和內在小孩坐在一個很安全的地方，可以是家裡的地板、公園長凳或沙灘的毯子上等等。
2. 在內在小孩感到有些困惑、迷失、沒有歸屬時，請他來聊聊天。我發現很多成年客戶都會回到小學三年級或國中。
3. 想像大智慧的我和內在小孩坐在一起，互相打招呼，並不一定要說什麼，互相陪伴就好。讓大智慧的我以開放、接納、信任與放鬆的態度與內在小孩相處。讓內在小孩做自己，他可以帶著讓自己安心的物品，像是泰迪熊、娃娃、玩具車或心愛的狗狗等，讓自己舒適地跟大智慧的我坐在一起。
4. 不管內在小孩多麼害羞或小心謹慎，你要想像大智慧的我和內在小孩之間產生連結，想像他們開始聊天，即使剛開始會有些猶豫，聊天內容很表面都沒有關係。想像內在小孩覺得安心、舒適，然後慢慢覺得熟悉，願意和大智慧的我更深入談話，聊聊他想要受到重視的事情。
5. 想像大智慧的我和內在小孩開始互相了解、熟識，說出「原來這就是你，真高興認識你」的話。這段對話無須完美，什麼話題都可以。
6. 讓大智慧的我和內在小孩分開一下，花些時間反思剛剛的談話（可以在兩者之間來回切換）。
7. 想像大智慧的我和內在小孩互相道別、分開，但內在小孩知道他們隨時都可以再相聚。
8. 回想整個練習，觀察你對自我的感受有沒有改變，你是否能夠更接納自己？

✦✦✦

帶著善意、好奇心和關懷接受這個受傷的內在小孩，與他產生連結，調整你幼兒最早建立的自我運行模式，建造內心的安全堡壘，儲存讓你感到安心、自在的記憶。這是你為心理韌性打造的穩固地基。

練習 4-20

賦予內在小孩召喚大智慧的我的能力

以上一個練習為基礎，運用你的想像力，改變內在小孩受創的情節，他在還沒有能力改變情況的時候，被拋棄、被大人遺忘，他沒有辦法不責怪自己。但是，現在你賦予內在小孩權力，隨時可以召喚大智慧的我，你要幫助內在小孩學會自我接納、喚起內心良善的特質，避免像過去一樣產生羞愧的感覺。

1. 想像大智慧的我和內在小孩相聚，開啟另一場談話。這次，讓內在小孩表達大人沒有保護他、重視他的憤怒。也許是大人忘了下課要去幼兒園載孩子，也許是老師沒有即時阻止其他小孩霸凌他，或是原本的好朋友突然變壞、不禮貌。那時，內在小孩沒有能力應付這樣的情況，也還不認識大智慧的我，沒有人可以幫助他。

2. 內在小孩在跟大智慧的我提及這段記憶時，可能會生氣地說：「在我需要你的時候，你在哪裡？」、「你現在才出現，我要如何信任你？」大智慧的我（或內在好父母）要帶著理解、同理的態度傾聽，告訴內在小孩：「你應該生氣，我完全可以理解。」大智慧的我要向內在小孩保證從現在開始，無論何時，只要你需要我，我就會來幫助你。

3. 你的內在小孩在得到保證後，全心全意地信任大智慧的我。內在小孩需要建立信任感，才能開始修復和調整，內在小孩需要知道自己可以隨時召喚大智慧的我，而大智慧的我也隨時都會趕來幫忙。

✦✦✦

---

4. 觀察內在小孩有沒有什麼改變，有沒有變得更強大、更堅毅？

這個練習並沒有改變過去的事件，但改變了內在小孩對事件的想法。歷史沒有被改寫，但大腦改變了。重複幾次這項練習，建立內在小孩的信心，讓他確切相信大智慧的我隨時會來幫助他。

本章介紹了許多提升自我覺知、自我接納和自我整合的工具，幫助你恢復和強化內心的安全堡壘，加強心理韌性。這些練習幫助你連結大智慧的我、發掘直觀智慧、培養更堅毅的性格，讓你得以從容應付日常生活的挑戰和壓力。

當內心擁有更多信任與安全感時，大腦就能更靈活、更堅強地面對挑戰，我們會在下一章更深入討論。

人際連結幫助你建立了更強大的心理韌性，獲得更多支撐力量。讓人際關係成為有用的庇護所、資源和模範，讓他們幫助你培養更強大的能力和勇氣。

CHAPTER

5

人際智能練習：
信任、共同的人性面、
互相依賴、庇護、資源

CHAPTER 5 人際智能練習：信任、共同的人性面、互相依賴、庇護、資源

人們會忘記你所說的、所做的，卻不會忘記你帶給他的感受。

——美國知名作家、詩人兼演員瑪雅．安吉羅（Maya Angelou）

人類是群居動物，人際連結是與生俱來的能力。[1] 我們在家庭、部落、社會與文化中出生、成長與受教育，我們在群體得到回報或遭受拒絕，無論好壞，一切都很難和他人脫離關係。

孩提時期建立的神經作業模式不在我們能控制的範圍，但是現在的我們能有所選擇，我們可以選擇看人的角度，選擇如何建立人際關係以及回應互動，甚至是分離的方式也都是在自己的掌控之中。我們都曾經歷過令人悲傷的人際關係，在人與人的相處之中受過傷害、被背叛或遭到不公平的待遇。在不同的人際關係中，我們可能是受壓迫、被歧視的族群，也可能反過來壓迫與歧視他人。臨床心理學博士及備受尊敬的佛學老師傑克．康菲爾德曾說過：「我們傷害人，也被人傷害，因為我們只是人。」[2]

然而，人同時也可以給我們最大的庇護與資源，為我們治療任何經歷過的痛苦，特別是從人際關係產生的傷害。現在，我們可以透過練習，提升人際智能，安全地和他人產生連結與共鳴，

幫助自己恢復心理韌性。我們學會建立新的神經通路，進一步改變並解除大腦裡的舊制約，不再讓堅強的意志受到阻礙。

自幼年時期，我們就從人際來往的經驗學習與人互動的「規則」，學習如何穩妥地與人相處或保持距離。[3]大腦在孩子一歲半便安裝好這樣的神經迴路模式（在學會處理人際關係之前便已完成）。除非我們想要改變，不然這樣的制約模式會持續運作一輩子。

如果能在幼兒期就學會健全的人際相處模式，知道運用人際資源、尋求庇護，就能穩當地與人來往互動，我們能做自己，也能尊重別人（這是大腦運作理論，你是你，我是我，我們雖然不同，但沒有任何妨礙）。我們知道自己是獨立的個體，可以脫離他人，回到自己的安全堡壘，享受獨處的時光。同時，我們也從人際關係學習，建立良好的相互依賴關係，我們可以參與並與人聯盟，也可以獨立自主；可以與人親密，也可以自力更生。健全的相互依賴關係讓我們能夠將注意力在自己與他人之間轉換。

這種健全的相互依賴性對心理韌性的幫助，包括以下重要的三項：

1. 信任：當我們相信自己，也相信內在安全堡壘時（幼兒期會相信主要照顧者），當我們學會妥當靈活地回應人事物時，在學會信任人際相處的過程，我們就能夠相信相互依賴的關係。知道如何與人互動和分離，就能承受信任他人的風險。我們能保持開放與接納的態度，體驗雙向的人際互動，滋養心靈，享受和人們的共同點、共同興趣與共有的人性弱點。當失去這樣的人際互動，或是不再信任這段關係，我們也能夠安全脫離，享受獨處時光。

2. 庇護：我們可以信任他人，接受他們提供的庇護，讓人際產生的痛苦或悲傷得到緩解。具備同理心的夥伴會懂得我們的心情，給我們力量重新振作，幫助我們恢復對自己與人生的信心，堅強地走出創傷。

3. 資源：在榜樣的身上，我們可以學到靈活應變，學會堅忍不拔，他們能從自身經驗給予明智的建議，提供財務、人力、時間等物質資源。人們在家庭與社會建立人際安全網絡，在困難或災難發生時，這些安全網絡就能適時發揮效用。

❖ 當人際智能不夠強大

有些人在幼兒期或整個成長過程，沒能培養出健全的人際相處模式，因此在人際相處受到挫折時便很難復原，他們也無法利用人際關係來改寫大腦過去建立的制約模式。[4]

大腦被人際關係困住，建立不健全的制約模式，變得必須透過付出自己來得到他人的注意或認同，也只有此時自己才會覺得安心。這時的我們不知道自我整合，不了解自己，因為總是在努力達到別人的要求，而不是做真實的自己，所以努力地迎合別人，卻對自己非常嚴苛。但是，我們終究要學會凝聚自我，不再被那些不重視、不尊重、不接納你的人所分心、受傷。也許，你可以學會遠離這些人來保護自己。

本章會幫助你從那些和你產生連結的人身上，學習他們健全的相互依戀和內在安全堡壘，調整你自己的制約模式。不論對方是否擁有健全的互賴心理，我們都能練習學會如何穩定、靈活地與人互動，或安全地脫離這段人際關係。並非所有人都願意在應變靈活度與心理韌性方面下工夫，即使是最親密的人也偶爾會失控。

你將在本章學會建立良好的人際關係，同時擁有親密與獨立，透過人際關係恢復心理韌性。

❖ 建立新制約

擁有成熟的相互依賴心理，才能擁有健康的人際關係。健全的人際關係可以幫助我們建立全新或加強現有的神經迴路，與人互動則可以提升我們的應變靈活度。

第一級：小波折

成功的人際互動基礎是信任，有了信任，人和人之間才能安心。首先，我們必須提升對自己的信任，信任自己在人際互動方面的能力，對自己產生了信任，才能發展良好的人際互動（第四章的練習可以鞏固內心的安全堡壘，建立自信），即使對方並不完全值得信賴也一樣。

以下的練習可以強化大腦迴路、建立信任。

練習 5-1

深入傾聽[5]

> 傾聽是最基本且最強大的人際互動方式，只要傾聽就能發揮效用。也許，我們能給予別人最重要的事物就是關注。比起帶著善意的言語，一個充滿愛的沉默常常還更有用、更能與對方連結。[6]
>
> ——專攻另類醫學的教授兼醫師瑞秋．瑞曼（Rachel Naomi Remen）

> 當我們將注意力轉為傾聽時，整個世界都變了。學會傾聽等於學會愛。[7]
>
> ——蘿絲．考克斯（Ruth Cox）

讓我們練習更深入的傾聽（練習4-2的延伸）、拓展對話的新主題。這項練習需要三十分鐘，這段較長的時間可以加強練習與學習的深度，還能調整制約模式。

1. 請夥伴（朋友或同事）一起進行這項練習。做完之後也可以對換角色。
2. 告訴你的夥伴，想要先回答下方列表哪一個問題。你也可以自己列出類似的問題表。

   什麼帶給你快樂？
   什麼帶給你悲傷？
   你現在有什麼煩惱？
   難過時如何找到勇氣？
   什麼值得你感謝？
   什麼讓你感到驕傲？

3. 請夥伴提問，安靜傾聽，不評論你的回答，只要謝謝你的回覆即可。請你的朋友在五分鐘的時間裡面，重複此過程，詢問以上相同的問題。

✦✦✦

4. 盡可能誠實地回答這個問題，感受被傾聽、受到重視的感覺。每一次的回答都是你深入探索內心的時刻。

5. 在回答完第一個問題後，暫停一小段時間想想這段練習，想想你對自己的感受。

6. 想要回答幾個問題都可以。接著也可以和夥伴互換問答的角色，一樣從他們想要先回答的問題開始。

7. 在你們倆都完成想要回答的問題之後，分享一下回答問題時的感覺？被傾聽是什麼感覺？聽到對方的回答時有什麼感受？

重複問題可以讓你一再深入，產生更豐富的答案。「少量而頻繁」的問答練習，會讓你開始注意大腦的處理過程，建立一個更新、更清晰的自我意識，同時提升堅毅的性格。這項練習很安全，可以強化問答雙方的社會互動系統。受到傾聽、得到回應可以提高你對自己、夥伴與人際互動的信任。

練習 5-2
遇見彼此

當兩個人一起經歷一段感覺之後，會產生一種「我懂你」的時刻，他們共同體驗了「深感經驗」（felt sense），共享一個相似的心理過程。他們看見彼此，知道互相經歷了什麼。

從這段共同感受旅程產生的回應同樣真實，他們建立了一個兩人世界，重新改造彼此的關係，這是一段不可逆轉的改變。兩人都因此如同有了新的開端，發現主體之間擴展出的全新空間，讓人際互動有了不同的可能。

這些共同感覺旅程如此簡單與自然，然而很難訴諸言語，詩歌也許是唯一的表達

✦✦✦

方式。「遇見彼此」的時刻是生命中最驚人卻又最平凡的事，它將逐步或甚至大幅度地改變我們的世界。自己改變了，也改變了彼此，兩人之間的連結也因此變化了。[8]

—丹尼爾·史丹（Daniel Stern），著有《現今心理治療與日常生活》
（*The Present Moment in Psychotherapy and Everyday Life*，暫譯）

「我懂你」的情形可以發生在與自己關係緊密的人，也可能發生在只有一面之緣的人身上。我的朋友羅伯·提米瑞（Rob Timineri）說這是「短暫外遇」，雖不是美好的性愛卻和對方產生了深刻的連結與共鳴。這個練習可以幫助你覺察當下，懂得回顧、感謝過去的經歷，並且提升你對人際連結的信任感。

1. 回想一下，有沒有曾經和人突然產生一種緊密連結的時刻，即使當下沒有發覺也沒關係。除了人與人的連結，和寵物也可以產生相同的感受。
2. 我們應該感謝這種時刻，讓身心深刻感受、細細品味。就像練習2-6：回憶當下受到愛與珍惜的感受，這樣的練習可以幫助你建立安全感與信任感。這次練習可以將安全感與信任感帶進人際互動。體驗與回想這些「我懂你」的時刻，可以在大腦裡創造一個安全網，讓你願意接受人際關係可能帶來的風險。

在你經歷過這樣美好的連結後，一定會想一再體驗。你會希望自己可以重回當時，甚至創造這種時刻。在心智理論中，「正念同理心」可以激發人際連結，讓它持續擴展與深化。

1. 在日常與人互動中，盡可能地留意彼此發生的事，觀察當下的變化。注意彼此的「氛

練習 5-3

共鳴的節奏

圍」，除了對方講的話，也觀察他的臉部表情、肢體語言，講話的音調和節奏。

2. 留意人際互動的節奏，觀察自己進入狀況的速度，此時是互相聊天？還是一方正在講話，另一方正在聽？
3. 需要的話，運用你的正念同理心與心智理論。平衡的互動節奏最好能夠一來一往地交流，開放深入地聊天，彼此傾訴、傾聽。
4. 依照你對這段人際關係的舒適程度，可以引導互動的方向，像是提出「我想要聽更多有關……」，或是「我想要跟你講更多有關……」。讓談話更加平衡。
5. 你可以分享這種交談方式給你的感受，這樣可以加強人際連結的緊密度。

同理心可以讓你們的連結更深刻，大腦會使用相同的神經迴路接收自己與他人的感受（你可以和對方確認你的感受是否和他們心理的感受一樣，這可以幫助你們更深入連結）。良好的交流節奏可以促進健全的人際關係，平穩地關注彼此，可以提高心理韌性。

✦✦✦

第二級：錯誤與心痛、悲傷與掙扎

在面對巨大困難，甚至懷疑自己能否解決時，通常會覺得尋找訴苦對象更加冒險，但是，研究人員發現人際連結反而對解決問題有幫助。

家人和朋友就像是安全的避風港，和他們相處會讓我們覺得受到保護，這種感覺會給我們力量，讓我們度過暴風雨。當然，我們也可以請對方給你實質上的幫助，讓自己能更堅強地處理問題。就像是在我們感冒時，會請家人為自己煮一碗溫暖的薑湯，或是房子在颱風時淹水，問朋友可否在他家借住幾個晚上。另外，研究也顯示幫助別人時，會感覺自己更堅強、更有信心。這些感覺不是來自展示自己比較有能力或更有愛心，而是一種人道分享的感覺，信任自己的人際關係。

練習 5-4

尋求與提供幫助

這項練習將調整你尋求與提供幫助的方式，讓兩者達到平衡。有些人不太能接受別人的幫助，也不願意幫助別人，他們會說「我可以自己來」，或是「你為什麼不能自己做做看？」獨立和自主很好，但是，坦誠展露自己脆弱的一面其實更有助益。接受別人幫助來應付人生的挑戰，孤立自己反而會因為力量不足而失敗。

或者你是一個不相信自己，也無法靠自己解決難題的人，那你很可能一遇到困難就習慣尋求幫忙，搞得親朋好友、鄰居疲於奔命。

心理韌性高代表你很穩定、也很靈活，你的內心安定，需要時也不會羞於開口尋求協助。

1. 回想最近五次需要他人幫忙的時刻。例如忘了帶鑰匙被鎖在門外的小事，或者是升遷失敗、不被孩子接受等更嚴重一些的問題。
2. 觀察這些時刻，你是傾向尋求協助、無法自己解決問題，還是完全靠自己、不想打擾他人或不願意讓人看輕。在這些影響你的因素之中，想想你信不信任自己、信不信任他人，以及信任與否是否會左右你的決定。
3. 想一想是什麼情況、價值觀或信念給你力量，或阻止你求助於他人。
4. 觀察自己尋求幫助的方式是否與你幫助他人的方式相應，這兩方面是息息相關的。
5. 做個實驗，當下次遇到困難時，試著反其道而行，改變一下解決事情的習慣，看看自己能否冒險信任自己和他人。

6. 觀察自己在這個實驗中學到什麼，實驗對往後的習慣是否產生影響？調整你的習慣，不過分依賴自己或他人，當天平兩端趨近平衡時，同時也正是平和地調整大腦，讓人際的相互依存能夠越加健全。

除了學習請求幫助，我們還可以利用想像力建立一個二十四小時隨身攜帶的個人支援圈。這個支援圈可以包含你認識的人，你信任他們，他們也願意幫助你。此外，還可以加入你想要認識的人，像是耶穌基督或達賴喇嘛等精神信仰。也別忘了邀請大智慧的我一起加入，讓真實和想像中的朋友都進入你的圈子，幫助你更加自在、堅毅地面對未知挑戰或令人膽寒的阻礙。

練習 5-5

支持圈

1. 花些時間找出二到三位一想到就覺得安心的人，你信任他們，感謝他們的支持，想要的話也可以加入更多人。你不一定要認識這些人，他們也不一定要是真實生活中會請求幫忙的人。真實或虛擬的人物都可以，只要他們讓你感到放鬆、安心、受保護。
2. 想像這些人聚在一起，在你前面坐成半圓形或站在你的身邊。在你遇到困難時，鼓勵你、支持你。想像他們就在你面前，專心地陪伴你，你不孤單。
3. 想一個你需要幫助的事件，像是和主管討論加薪；準備稅務審查；告訴親人今年沒辦法和他們一起過年；或是要求正值叛逆期的孩子丟掉藏在衣櫃的毒品，諸如此類，讓你感到棘手的境況。在內心練習，請這群人聚在你身旁，與你一起面對困難。支持的演練可以調整大腦迴路，在你真正面對困難時，給你滿滿的力量與勇氣。

4. 反覆多次練習，直到習慣成自然，在你需要時就能召集這批生力軍。圈子裡的人可以依你的想法改變而更換。

想像的親友團對大腦來說，就與真實人物一樣真實，這種利用想像力來改變大腦迴路的效果非常可觀。下次遇到意外或危難時，試著召集這群人來幫助你、給你力量，你會發現內心的安全感無形中提升了許多。

和他人傾訴我們的過失、錯誤、悲傷與糾結，會對人際關係帶來困難。這項練習在於訓練述說者為自己說的話負責，而傾聽的人能夠產生同理心。如此一來，在互動連結的過程中，彼此就都能感到安心自在，雙方都會知道我就是我，我接納自己、愛自己，心智理論也能同時運作，知道你就是你，你和我不一樣，我接受你的樣子，我們彼此不妨礙。這項練習需要傾訴者對自己的感覺負責任，不能因為對方的回應而造成自己的情緒波動，另外也需要傾聽者抱持開放、接納的態度傾聽，不要有防禦心態或試圖解決問題。

1. 找一位朋友、同事或另一半，一起進行這項練習。一方先講，之後也可以互換角色，讓發言的人至少有十五分鐘好好地傾訴。

2. 發言者提出一個在人際上遇到的難題（但不是和傾聽者之間的事），敘述的重點在於問題本身，而不是抱怨對方有多討厭、難纏。

練習 5-6

不帶羞愧或責備的溝通[9]

3. 發言者請以下列方式探討困難：「我發現自己做出……的反應」，也可以說：「當我發現傑克做了……」，然後要把重點轉回自己的反應：「當下我的反應是……」，或是「我覺得……」，「我很煩惱」等等。使用我「發現」這個字表示你對自己的感受負責任，你在探索內心的感覺，你在觀察自己對這些感覺產生的反應，你沒有羞辱、指責或批評讓你產生這些感覺的人。陳述保持簡短，可以讓聽者更容易記住或重複你說的話。
4. 除了傾聽，傾聽者還要能夠逐字重複對方說的話，如：「我聽到你說……」。只是傾聽和重複，但不能反應自己的意見，不能給建議、批評或判斷對錯，這其實是一項艱難的任務。在重複發言者的每項陳述之後，傾聽者請以溫暖、中立的方式問：「還有更多想講的嗎？」
5. 講述的人可以依自己的需求，繼續探討他們在人際關係遇到的困難，時間長短自己決定。有趣的是，當焦點集中在敘述心裡的感受時，需要的時間絕對比你想像的短上許多。如果是抱怨對方，可能會如滔滔江水停不下來。
6. 最後，請傾聽者總結聽到的話，發言者回答正確或哪些地方需要修正。
7. 傾聽者與發言者花點時間反思自己在這段談話中的角色，這對自己產生了什麼影響，但無須評論對方的練習表現。

這項練習有兩種延伸方式，你也可以嘗試看看。

延伸一：

發言者找出一個讓自己覺得不恰當的行為，可以是人際互動的困擾，或只是你覺得這樣做不好。敘述完之後，傾聽者要重複對方說的話，發言者回答正確或哪些地方需要修正。

延伸二：

發言者找出一個跟傾聽者之間的問題，發言者要把陳述的重心放在自己身上，傾聽者內心要鎮定，就像之前心智理論的練習，耐心傾聽與重複對方說的話。敘述完之後，傾聽者要重複對方說的話，發言者回答正確或是有地方需要修正。

過程中，發言者不要羞辱或責備對方，傾聽者也無須嘗試修正或自我防衛，雙方都有了安全感才能發揮效果。社會參與可以降低大腦對事情的反應程度。發言者在無須擔心傾聽者的反應時，就能自在地探索內心的經歷，傾聽者在過程中也無須對號入座，任何話都別往心裡去。這項練習可以提高人際互動與溝通的技巧，可以幫助你改善和對方溝通等問題，如練習5－10。

第三級：難以承受的打擊

談話療法只是在延長人際關係得到療癒的時間。

——「執著與心理治療」的演講重點

人與人的陪伴與連結才能產生療效，即使在最煎熬的時刻，只要你懂得運用人際智能，就能為自己帶來力量和安全感。人與人都有互通的一面，許多感受不是只有你會如此，人際間情感的共鳴可以為自己帶來安全感。一剛開始，可能會覺得很難相信，但多加練習後，你會懂得信任自己、信任別人，在遇到困難時能向他人尋求支援。

研究顯示大腦在與擁有健全人格的人際互動中學習效果最佳。如果你想要培養更多人際智能方面的能力，在能夠與他人安心且值得信賴的環境練習與他人互動會是最好的方式。

練習 5-7

人際關係研討會與支持團體

1. 尋找一個專門幫助與會成員建立人際智能的研討會或支持團體。可以請人推薦相關課程，或詢問當地心理健康顧問與自助團體諮詢。

2. 與主辦者深入討論，詢問他們將如何處理你的問題與需求，他們在這方面有什麼培訓與經驗。如果討論過程覺得安心，也想加入研討會，也許參與的成員也會讓你感到舒適自在。

3. 第一次參加時，可以運用在本書學到的練習：手放在心口、力量姿勢、心理韌性的特質、同理心等等。請別抱持觀望想法才決定要如何回應，你該主動積極地選擇應對方式。

4. 參與時，觀察自己在過程有什麼體驗。在你覺得不確定、不安心時，請主辦人給予幫助。如果你覺得在大家面前詢問不太自在，也可以私底下詢問。不過，根據我的經驗，一旦有人提出這樣的意見，其他人通常也會有相同感受。

5. 注意自己正在學習什麼，思考自己需要什麼人際關係技能。練習培養正向情緒，如善意、同情心、慷慨與感恩等，這些情緒可以改變你的大腦，將退縮和負面的情緒轉變成開放與接納，建立新的觀點與樂觀的性格。

6. 第一次研討會之後，想想有沒有產生任何正向的改變，注意自己對人際關係有沒有感到更加的自在、更懂得靈活應對？

你在人際關係碰到的阻礙，在支持團體活動時都有機會浮現，而你也將有機會從中學習，進而移除。在安全的環境中，用心練習人際互動，你會啟動大腦的神經可塑性，學到重要的人際互動技能，提升應對靈活度。

除了在研討會學習新的互動技能，你還可以透過幫助別人來提升自己的人際智能。

研討會中，輪到你扮演他人的夥伴時，要做的就是幫助對方不要陷在困難之中，專心地陪伴他，不要把心思放在解決問題，先給他走出來的力量，再給予幫助。

練習 5-8

同情心的陪伴

1. 在覺得有人需要支持時，靜靜傾聽，陪伴他們。他們不需要解釋或辯護，只需要有人聽聽他們的故事。
2. 拍拍他們的肩膀或互相擁抱，以同理心感受他們對你的陪伴接納程度多寡。然後，觀察自己是否心生一種我很棒、我很善良且願意幫助別人的感覺，有的話請放下這種心情。
3. 讓別人知道你很信任他，真心相信他能解決問題，即使需要很長的時間處理也沒關係。告訴他，你相信他一定有辦法從困境中走出來。
4. 提供建議的時間點很重要，若是對方堅持自己很好，這是他面對困難的方法，可能長久以來都是這樣走過來的。勉強他加快腳步不會產生效果，空洞的安慰，如「別擔心，你會沒事的。就忘了這件事，繼續往前看。」這樣的話除了毫無幫助以外，甚至讓人感到侮辱。要有耐心，不要催趕對方必須很快克服困難。
5. 在感受到對方已經準備好採取行動時，此時可以提供幫助，但盡量不要一次給太多建議，給對方時間和空間吸收你的建言。

在我們可以自在地分享人性共同的弱點時，心理韌性會大幅提高。當親朋好友陷入困境、心情鬱悶時，陪伴安慰他們也會讓你領悟到原來大家都是一樣的。

為了遠大的需求，我們牽手，
我們攀向高峰，

沒有任何愛會放手，
聽著，
到了這裡再放手已經太危險。[10]

——波斯詩人哈弗茲（Hafiz，1320-1389）

❖ 重新制約

將正反面兩方相反的經驗放在一起時，可以瓦解舊的神經網絡，重新整合、調整制約。只要反覆練習，新建立的神經網絡就會越來越強大，逐漸成為新習慣。若要改變人際關係的制約，可以先從改變行為開始，實行一段時間後，就能改變行為制約的神經迴路，建立更堅毅、靈活的人際習慣。

第一級：小波折

透過下面這些練習，你會越來越習慣人際間的親密與疏離，你可以很自在且很有能力地與對方協定改變。

我們會在這項練習利用與另一人的身體距離，探索自己對人際親密與疏離的自在程度。

1. 找一位夥伴和你一起進行這項練習。不同的夥伴會有不一樣的感受，和親近的人一起練

練習 5-9

面對親密與疏離的人際關係[11]

習會覺得自在，與不熟悉的人練習自然會比較緊繃。

2. 站在夥伴的前面，距離約六公尺，這樣的距離讓你感覺自在？還是不安呢？

3. 慢慢地走向對方，觀察你的自在程度產生什麼變化。到了什麼距離會從自在變成不自在？你可以決定什麼時候停下腳步，是在一個手臂的距離？還是已經碰觸到彼此的身體？走回到你覺得自在的距離，記錄下來。

4. 換你站著不動，讓夥伴慢慢地朝你走過來，觀察自己的自在程度有沒有產生變化。注意超過哪個距離之後，你開始感到不自在，你可以決定何時讓對方停下腳步，告訴對方：「請停下來，謝謝你。」把夥伴站在讓你感到最自在的距離記錄下來。

5. 這時，你可以和對方交換角色，讓他有機會選擇何時停下腳步，思考這項練習對他的影響。

6. 現在，兩人同時以相同的速度朝對方走去，觀察內心的自在程度有什麼變化。請你和夥伴指出自己感覺舒服的位置（兩人的感受可能會不一樣），把這兩種距離記錄下來。

7. 彼此討論一下這項練習的結果。

自律神經系統總是不斷地處理周遭環境與人事物，不斷地分辨現在是危險或安全。每個人對於身體距離的自在感受不一樣，神經系統的挫折復原力、原生家庭建立的制約、人際關係，以及伴隨成長的文化，都會對你造成影響。這樣的練習可以探索一個人對情感連繫的自在程度，我們將在練習5-12更深入說明。

當你覺得和某個人的互動有問題時，你需要和對方討論，希望他們改變自己的行為，讓這段

練習 5-10

討論改變[12]

關係能穩定發展。改變行為讓自己的需求得到滿足，可以提升自己的應變靈活度，這也是我們的責任。

這次練習是練習5-6延伸二的變化版

1. 探討發言者對於傾聽者某個行為的反應和感受：
   - 發言者希望解決的具體行為，例如希望彼此的連結更加緊密，希望對方更尊重、重視、感謝他。
   - 傾聽者可以做哪三件事讓發言者覺得自己的需求得到滿足，或是至少得到處理。必須是正面的要求，因為大腦建立新習慣比消除舊習慣來得容易，也必須是可以做得到的改變（少量而頻繁）。另外，這個改變是行為方面，而不是態度或性格，必須制定具體的行為，讓傾聽者明白必須做什麼，以及什麼時候該做這件事。新行為必須在設定的時間內完成，通常是一到兩週，這段期間內，發言者須做到不嘮叨或提醒。譬如你想要求對方盡量不要發脾氣，倒不如明確地說：「希望你在這週內說出三件感謝我的事。」
   - 發言者也要提出三個行為來滿足自己的需求，發言者必須對自己的應變靈活度負起責任。這些行為必須是積極正向，並且能在規定時間內做得到。
2. 發言者和傾聽者可以協商和修改這些要求，兩方各自選擇一項自己願意做的要求進行改變，在協議好的時間內做到。
3. 在規定時間快結束時，發言者與傾聽者要向對方報告自己的進度，說說自己有沒有做到協議的要求，如果有完成，那很好，若是還沒做到，可以嘗試簡單一點的行為進行改變。討論改變有沒有達到發言者想要的效果，發言者是否覺得需求得到了滿足？有的話，再次恭喜。沒有的話，請發言者想一想，更清楚地告訴對方哪些行為可以讓他的需求得到滿足。

強迫性的自我和互相依賴對人際關係的正向改變沒有幫助，協議好的改變才能產生健康的相互依存關係，施與受可以同時提升兩個人的應變靈活度，並且強化這段關係。「少量而頻繁」的原則能夠改變想要成功的重心，兩人都在一週內各自完成一項改變的話，對這段關係而言，就是同時達到了兩項改變，一年內，兩個人可以做到超過百項的改變，這是非常了不起的成就。

第二級：錯誤與心痛、悲傷與掙扎

人與人之間的相處有時難免會出現負面的互動，如果想要持續良好的關係，你需要糾正影響彼此的負面行為。練習5-11和5-12討論的就是如何處理人際關係中的負面互動，練習5-13會引導你為自己製造的困難負起責任。

練習 5-11

設定界限

設定界限對人際智能來說很重要，你要確保自己在人際關係中不被虐待或受到不公平的待遇，否則你會成為這段關係的門墊，總是在回應另一個人的需求，而自己的需求卻都沒有得到關注，若是如此，維持這段關係的代價便太高了。或是，你為了保護自己而犧牲這段關係，切斷彼此的連繫，收回情感，機械式地回應這段關係。這樣的互動大都發生在家人之間或結婚多年的夫妻，他們的關係不再為彼此帶來活力與成長。

1. 找一個你想要一起設定界限的人，先從簡單的人際關係著手，不要從最困難或最親密的關係開始，成功機率才會比較大。
2. 找一個你想要修正的地方設定界限，像是要求對方不要侵犯個人空間、尊重彼此的信仰或權利。

3. 提出正向的行為改變，如練習5－10。如果依舊無法得到滿意的解決，可以依照下列步驟試試看。

4. 設定一個可以滿足你需求的界限，你需要對方為你做什麼？怎樣做可以讓你感到安心、受尊重、被保護並覺得自己很重要？接下來，請對方停止做一項負面的行為，此時，對兩方來說困難度都提高了不少。

5. 如果對方持續違反你明確設定的界限，找出至少三種後果。例如。再不配合就尋找諮商師解決問題，或是從此以後不再理會對方。對方應該就能了解到不積極配合的後果，即使他們還是不懂，你仍舊可以決定要不要「設定界限、宣布後果，並且著手執行」。你必須很清楚地說明如果對方仍舊一再觸碰界限，你會強制執行後果，最後的結果手段可能就是結束這段關係。

6. 強制執行後果可能是練習中最困難的部分，尤其是女生，女性通常已經被社會教育洗腦，覺得自己必須負責維繫關係，讓彼此相處融洽。達到自我信任的重要步驟，就是明確知道自己該如何強制執行後果，這也是為什麼我們要先從簡單的挑戰開始著手。以下是我在研討會中教導學員如何設定界限，以我的客戶小南為例，她對丈夫經常出門和兄弟喝酒一事感到很挫折。她不介意先生和兄弟聚會，她也喜歡自己在家和狗狗讀書，享受安靜的時光，問題是先生總是不在答應的時間回家，每次都會遲歸至少二小時，而且不會打電話先說一聲。小南不喜歡先生一聲不吭就自己改變計畫，讓她覺得不受尊重，感覺先生不關心她、不重視她。

小南已經和先生討論過這個問題，她很清楚地告訴先生，撥通電話並不是為了得到她的允許，只是讓她不要擔心。每次提出要求時，先生都會答應，但似乎只要一出門就會忘記這回事，連續好幾個週末以來都是如此，小南覺得先生的行為讓她感到挫折且無能為力。從前，小南會威脅先生如果再忘記打電話，就要打到當地的各大醫院與警察局找人，這次小南告訴先生如果下次慢了三十分鐘打電話回來，她就要打給大姑請她一起幫忙找人。先生跟姐姐的關係很好也很尊敬她，不希望讓她看到自己的缺點。這種後果令先生下週開始就記得打電話回家了。

7. 第一次違反協議時就要執行後果，這種方式很有效果，對維持和諧的關係很重要。兩人都要知道發生什麼事，並且可以從中學習，請重複此過程直到建立新習慣為止。

8. 如果上述這些步驟都無法解決問題，可以重複練習5－10，幫助自己看清楚問題的根源，了解是什麼阻礙了改變。然後，設定新的界限，如此一來可以加深你對自己的信任。你可以和對方溝通，讓他一起承擔部分風險，提升你的應變靈活度，對這段關係也有很大助益。

練習 5-12
修復裂痕

即使在「夠好」的關係中，我們仍舊會有三分之一的時間花在互動（加深連結）；三分之一的時間產生破裂（錯誤或中斷連結）；三分之一的時間進行修復（恢復協調的連結）。[13] 修復是人際相處中最重要的部分，它可以加強我們處理問題的靈活度，建立自信。如此一來，我們會更願意在人際關係中冒險，不怕受傷，因為你已經知道自己可以從誤解與傷害中復原。學習修復破裂的關係，對調整自己的問題行為有很大的幫助。我們會在這項練習探討確認與修復破裂關係的過程。

在是與非之外，有一座花園，而我會在那裡等妳。[14]

——十三世紀波斯哲學詩人魯米

1. 接受兩人之間已經發生破裂，並且要求對方正視這個問題。目的並非讓彼此感到羞愧，而是要一起面對問題，不要避而不談，假裝沒有這回事。

2. 把注意力放在修復彼此的連結，小心不要陷入爭論對錯的情況。希望擁有什麼樣的關係才是進行修復的動力。把重點放在分享與理解彼此，而不是一直強調自己怎麼想。

3. 如果想要找出產生誤會的原因，可以透過練習5-6尋找問題。兩人都要試著使用正念同理心來了解問題，為破裂的關係負起責任。負責任的態度能讓雙方感到安心。

4. 你也可以使用練習5-6輪流表達自己在這段過程的感受，表達自己願意做出什麼改變來修復關係或進行溝通，讓兩人都能從中互惠。

5. 表達你的理解與關心，這能幫助兩個人產生共鳴，恢復人際關係的安全感。

6. 到了這個階段，兩人的關係應該已經和諧許多。這時，你要讓兩人重新融合，帶入正向的相互依賴。想一想自己還能從中學到什麼，從這裡向前出發。

除了修復問題，我們也需要透過成功的修復關係建立自信心，知道自己有解決問題的能力，雙方也更有能力承擔互動中的風險。當你相信自己可以修復關係，你就不會害怕在人際關係中保持開放的態度，不會擔心讓對方看到你脆弱的一面。人在感到脆弱時，會主動尋求建立關係，希望從中得到關心與安慰，進而化解自己的脆弱感。因為相信自己，你就能提高人際關係的健全與活力，也能夠變得很堅強、有韌性。

和另一個人產生健全的連結很難，想要在團體進行關係的討論更加困難。人類的祖先在大草原求生存時，必須懂得分辨敵友，大腦天生就能自動分辨對方是否是自己的族群，這個過程無須思考。

當人類變得文明的痛苦之一，就是大腦學會快速自動地對這些差異做出反應。「心智理論」就是認識與接受人與人之間的差異。但是，「心智理論」的能力卻常常被層層的負面刻板印象、信念與行為系統所扭曲，基本的神經生物反應因此變成區分與壓抑。

我自己最近也有這樣的困擾，某次我在家附近的街道散步，正在經過轉角時，看到一位皮膚黝黑的人快速朝我走過來，心裡瞬間起了一個念頭：「咦，這裡又搬來了更多墨西哥人嗎？」就在這一瞬間，我也馬上體悟到這正是種族歧視。接著，我發現迎面走來的那人其實是每隔幾週都會幫我處理電腦問題的維修大師。整個心路歷程不到十秒鐘，但內心的羞愧感卻持續很久，我還必須進行許多調整，少量而頻繁的微調過程很漫長。

種族多樣性專家查哈瑞（Shakil Choudhury）在其著作《深刻的多樣性：超越你我》（*In Deep Diversity: Overcoming Us vs Them*，暫譯）提到自己在內隱聯想測試（implicit association test）的「失敗」經驗，這是心理學的測試方式之一，用於檢測人們下意識的偏見。查哈瑞住在加拿大的多倫多市，他是巴基斯坦後裔，他在做了這項測試後，很懊惱地發現，自己在白人與黑人之間竟然殘留著對白人下意識的偏好。他設計了一套練習來糾正自己（重新制約）。以下的練習就是他的修改版本，你可以反省自己對哪些族群有負面偏見，下意識地覺得他們是「其他人」，像是男人、女人、老人、兒童、少數群體、特定的性向、足球運動員或企業總裁等等，都可以當作修正練習的對象。

練習 5-13

我們 vs. 他們[15]

1. 首先，找出自己懷有偏見的族群。
2. 想一想當你遇到這些族群時，通常會產生什麼負面觀點，特別是他們有哪些地方讓你覺得危險。
3. 列出幾項正面的看法抵消負面偏見，最好是讓你感到安心的特點，例如善良、慷慨、勤奮與務實等等。
4. 當你遇到這些族群時（想像的也可以），請在腦海裡重複這些正向觀點，直到你覺得自己已經改變了對這些人的看法，觀察自己舊有的負面觀點是否變淡且較少浮現？
5. 持續練習，直到你遇到這些人時，就會自動浮現正向觀點。成功之後，請換下一個懷有偏見的族群練習，一樣列出他們的正面特質，改變你的舊有想法。

數年後，查哈瑞又重新進行了內隱聯想測試，結果顯示他已經「打破了」舊有的偏見習慣。他有意識地要求自己改變，成功調整了下意識的制約偏見，這是一個深化人際智能的良好範例。

✦✦✦

第三級：難以承受的打擊

有時，我們會陷入一段完全無法動彈的人際關係。最常見也最難突破的人際問題，就是「受害者、迫害者與救援者」的三角關係。四十年前，某項人際溝通分析（transactional analysis）指出，人們在人際互動中會進行「角色扮演」，甚至有時在內心也會進行扮演。[16] 卡普曼（**Stephen Karpman**）提出了戲劇性的三角關係，他認為這項三角關係尤其容易造成人際問題，而且歷久不衰。

受害者會表現出被他人傷害、遺棄、背叛與無助的感覺，他們容易任人擺布。受害者展現的某些特質，其實正是外在不公平與壓迫的真實呈現。但是，我們此處的重點會放在「可憐的我」的態度，他們無法解決自己的問題、無力做出改變（大致就是內心那個受傷孩子的模樣）。

迫害者的表現則是吹毛求疵、評判、強大、權威與支配。對迫害者來說，靈活應變或表現任何脆弱的一面都是失敗。迫害者（可以對應到內心批評者）會將行為施加在受害者身上，不允許受害者或救援者脫離他們的角色。

救援者（如同內心的好父母）在遇到受害者時，會想要出手拯救，只要受害者一直停留在無助且受迫害的情況，他們就會一直付出努力。救援者靠著拯救受害者的使命，產生自我價值的感受，他們認為唯有透過幫助他人，自己才是好人。他們成了殉道者，無法建立健全的心智理論，對自我負起責任，更無法從三角關係中脫離。

這三種都是很原始的角色，很容易辨識，但很難從大腦消除，也很難阻止自己不投入角色。同時，情況還可以變得更複雜，人們會在三角關係的角色中變換。其實，我們的內心便很常交替地扮演這些角色。不論三角關係是在內心演出，或是和其他人聯手合演，又或是兩者皆有，都會綑綁住我們，令我們動彈不得、堅強不起來。

落幕的唯一方法就是跳脫三角關係，召喚內心堅毅的真我，運用成熟的心智理論，將毒害你的角色放在一起審視，如此才能真正改變神經迴路的制約。

練習 5-14

拆散三角關係

仔細思考受害者、迫害者與救援者三個角色。也許你會發現自己內心也擁有這些特質，或是看到別人正在扮演這些角色，甚至有可能自己正在與他人合力演出。如果你希望自己可以從束縛解脫，你可以依照下列步驟練習：

1. 喚起內心的堅毅性格。可以回想自己曾經很堅強的時刻，想起當時的感覺、提高記憶的彩度，盡可能讓它生動鮮明，好像自己又重回到當下。

2. 從三個角色選出想要優先處理的一個。建議可以從問題最少的開始，成功調整制約的機率會最高。

3. 告訴自己：內心存在的每一部分都是為了保護並提升自己。不用覺得羞恥或責備它們，它們的存在是因為演化、基因、原生家庭與文化的塑造。神經可塑性雖然有自我指導的力量，但你必須負起「選擇」的責任，哪些對你有幫助？哪些已經成為問題，讓你無法堅強而失去幸福快樂的機會？

4. 想像堅強的我邀請第一個角色加入討論，請抱持接納與同情的態度，讓這個角色做自己，忍耐它的存在，感謝它為了你的生存與成長所做的努力，不論它為你的人生帶來什麼樣的禮物與……課題，你都要心平氣和地接受。

5. 請在堅毅的自我與這個角色之間來回切換，想像堅毅的我比這個角色強大，因為這才是你的真實樣貌。此時，你可以讓前額葉皮質管理這個角色的來去，不再受到劫持或迷失在這個角色之中。

6. 接著，放下這個角色，不要再對它產生感覺，加強你對堅強的覺知，感受當一個堅毅的人是什麼感覺。

7. 需要的話，可以重複同樣的步驟處理另外兩個角色。一旦發現自己有正在上臺挑樑演出的跡象，就可以進行這項練習。

除了我們內心會上演這三個角色，人際關係也經常實際演出黃金戲劇三角，以下練習可以幫助你解散這個團體。當有人跳出來當你的救援者時，他們其實是在幫你思考，而不是信任你有思考的能力。當你抗拒時，他們會說：「我只是想幫忙。」希望你能繼續扮演依賴他的受害者，而他們也才能從幫助你的過程中得到力量，覺得自己很棒。你也可能對別人這樣做，即使那不是你的本意，或並不經常如此，但聞雞起舞的情況還是會偶爾發生。

如果你不希望在現實人際關係中扮演這三個角色，或是希望他人停止演出，可以試試以下步驟：

1. 找出三角模式：在人際關係中指出受害者、迫害者與救援者的關係模式。
2. 堅定自我，停止扮演正在演出的角色（你一定做得到！）。
3. 一旦再次發現自己啟動了三角模式，或是被人誘發出這樣的關係時，就要強化自己的心智理論，告訴自己：你就是你，你不用變成他們需要的樣子，或是滿足他們的期望。透過內心的自我肯定，你會覺得和對方的關係和以往大有不同，而且請記住，你不需要對方的允許才能改變自己。
4. 以不同的方式回應對方，觀察自己的反應，對方也可能會因此做出不一樣的回應，因為你已經打破了遊戲規則。
5. 當你退出戲劇三角時，已經創造了一個改變雙方關係的機會，你可以在這個當下深入探索彼此的互動（當然，想要之後再思考也沒關係）。如果需要重新調整這段關係，可以運用練習

5－10、5－11與5－12進行（你可以自行決定想不想進行）。

重新制約並不會去除這些角色，這些角色可能會在與他人互動的過程中又再度被喚起。但是，你會透過練習提升自信，讓堅毅的我強過這些角色，不再認為自己就是這樣的人，他們不是你，你不用聽從他們的指令行事。

請記住，即使只是單方面改變自己的行為，也能夠帶你脫離三角關係。你不需要其他人的許可才能改變，也不用說服他們改變的好處，重點在於你自己想要改變，你須願意面對並處理改變後的結果，最後，就能慶祝改變後帶給你的自由。即使只是一次的成功，也能夠帶給你力量繼續改造人際關係，進而逐步引領自己進入一個人際智能的新世界。

❖解除舊制約

將注意力放在重新制約與建立新制約時，可以利用特定的人際互動安裝或調整神經迴路的模式。運用大腦休息狀態的「遊戲空間」來練習解除舊制約。打開你的心，讓自己歸屬更大的人類社群。在社群中感到歸屬、擁有相互依存關係是帶給人類長壽與幸福最重要的因素之一，換句話說，美好的友誼讓你幸福快樂。

第一級：小波折

透過鍛鍊想像力，從人際互動深化共通的人性面，加強心理安全網。

練習 5-15

穿上他人的鞋子走一哩路

想像自己穿著別人的鞋子走一哩路，這項練習可以提升你對共通人性面的感受。

1. 找一個你不認識的人，例如公車上的陌生人、在超市排在你前面的人，或是在電影院坐在你旁邊的人。
2. 發揮你的想像力，想像他們過著什麼樣的生活，你可以自行創造關於他們的出身、工作、家庭與理想抱負的畫面。想像自己成為這個人，面對他們的煩惱與壓力，感受一下，時間不一定要很長。
3. 想像你們過著類似的生活，兩人可能有所互動。想像你在這個充滿挑戰的世界也有相同的煩惱。
4. 想像你和他擁有一樣的性別、種族、階級，一樣擁有或缺乏某些機會。這些情況會如何塑造你的心理韌性？你會擁有哪些不同的優勢或弱點？你該如何應付這些狀態？
5. 挑選不同的人重複這項想像力練習。觀察在不同的情況與人生機會下，你是否看到人生挑戰似乎存在巨大的差異。

在這項練習中，你的大腦會努力挖掘你和他人之間的共同點，也努力探索彼此之間的差異。

這項練習可以消除造成人我之間的差異或隔離，專注於共通的人性，能讓你清楚地感受到與人產生的連結。

1. 下次在開會之際，或是在咖啡館或街道看著來往的人群，或是在家長會與其他的家長互動時，請在心裡複誦這段話：

就像我一樣，這個人想要快樂。

✦✦✦

練習 5-16

就像我一樣[17]

就像我一樣，這個人希望不再帶有痛苦與壓力。

就像我一樣，這個人的身體也會疼痛和衰老。

就像我一樣，這個人也有很多歡樂與成功。

就像我一樣，這個人也會感到悲傷、失落與痛苦。

就像我一樣，這個人渴望愛與被愛。

就像我一樣，這個人希望能活出最好的自己。

就像我一樣，這個人想要擁有和平與幸福。

2. 你可以對不同的人進行這項練習，你會慢慢感受到不同的外表之下，我們都擁有共同的人性。

在你和他人發生衝突或關係緊張時，對自己複誦這些話也非常有用。當我們越能感受到人我之間的相似，就越能與他人產生連結。

第二級：錯誤與心痛、悲傷與掙扎

多數人都曾經歷過傷害、不公、失望或背叛等令人難過的事。困在這些事件將阻礙人際智能的發展，讓自己變得軟弱、不堅強，而不斷地批評、責備或怨恨他人，我們會無法放下內心的痛苦，到頭來傷害的只是自己。

人與人的互動並不一定總是正向，有時是別人傷害我們，有時是我們傷害他人。學會寬恕，將讓大腦脫離憤怒、怨恨、敵意、關閉與退縮等困境，讓大腦擁有更廣闊的視野，了解每個人都有喜怒哀樂、愛恨情仇。當心胸寬闊，人才能堅強有韌性；原諒別人的同時，我們也學會原諒自己造成的傷害。諸如動不動就抱怨、批評、不滿與好辯等負面行為，都可以靠著理解、同情、哀悼和寬恕來化解，化解負面行為可以提高自己的人際智能，讓自己能更靈活地應對生活的大小事。

寬恕並不代表赦免、遺忘、虛假和解或姑息遷就。這是我們每天，也是我們一輩子的功課，寬恕可以持續提高自己的安全感，讓我們知道這個世界不是只有自己一人感到痛苦，我們可以重新設定自己的道德指南針，即使在面對不公、背叛和傷害的時刻，都能心存良善。

我們需要學習原諒人生，原諒生活拋過來的每顆變化球。想要治癒被背叛、受創的心靈，光靠學會寬恕是不夠的，但寬恕仍然是非常重要的一環。以下的寬恕練習可以幫助我們重建自信心，重新與他人連結。

> 寬恕不是偶發行為，它是一種永久的態度。
>
> ——美國民權運動領袖小馬丁．路德．金恩牧師（Martin Luther King Jr.）

---

1. 舒服地坐著，閉上眼睛，身心放鬆。自然地呼吸，把氣輕輕吸到心口，感受因為無法原諒而聳然的障礙與情緒，感受緊閉心房而帶來的痛苦。
2. 輕輕地呼吸，練習以下步驟，帶進寬恕感。念出以下句子，在內心帶入療癒的畫面，在

練習 5-17

寬恕[18]

讀念的同時，讓寬恕的感覺慢慢流入內心。

3. 以讀念這段話請求他人的寬恕：「因為我自己的痛苦、恐懼、憤怒或困惑，在有意、無意間，我做了很多事傷害、背叛、拋棄他人，造成他人的痛苦。」

4. 在腦海裡想像你傷害他人的方式，觀看因為自己的恐懼或困惑而造成的傷害，感受自己的悲傷與遺憾，告訴自己可以放下這種負擔，請求原諒。回想造成你心煩意亂、至今仍舊無法釋懷的事件，慢慢來不用趕，柔和地跟自己說：「我請求你的原諒，我請求你的原諒。」

5. 以接下來的話原諒自己：「我傷害了他人，同時也以種種方式傷害自己，我在有意、無意之間，在腦海裡、言語與行為中背叛且拋棄了自己許多次。」

感受自己珍貴的身體與生命，看看你是如何傷害自己。回想並記住這些事，感受這些事件帶來的悲傷，告訴自己一定可以放下這些負擔。原諒每個造成傷害的行為，告訴自己：因為自己的恐懼、痛苦與困惑，我做了很多事傷害了自己，或在內心傷害了自己。現在，我對自己表達全心全意的寬恕，跟自己說：「我原諒自己！我原諒自己！」

6. 透過下面這段話原諒傷害過你的人：「其他人在有意、無意之間，透過思維、言語或行為傷害、拋棄、侮辱或出賣了我很多次。每每回想，我承受了許久悲傷。」

現在，想像你可以放下這些痛苦的重擔，讓原諒慢慢地充滿整個心靈，告訴自己：我記得很多別人帶給我的傷害與痛苦，我知道他們因為害怕、傷痛、困惑和憤怒才會這樣做。我已經承受這樣的痛苦太久了，現在我準備好了，我原諒你們。對那些傷害過自己的人說：「我原諒你！我原諒你！」

輕輕地複誦這三段寬恕文，直到你覺得內心放下了這些苦痛。有些痛苦太過巨大，不是一下子就能放下，在進行這項練習時，你很可能再次體驗承受的重擔、痛苦或憤怒，輕輕地觸碰這些傷痛。原諒自己還沒準備好放下，還無法向前邁開腳步，寬恕是勉強不來的，無法造假。我們只要持續練習，讓這三段寬恕文與想像練習為你帶來放下的力量，你可以在日常生活進行寬恕冥想（loving-kindness meditation），或稱為「慈心禪」。放下過去，敞開心扉，為自己的心帶來智慧、愛與良善。

第三級：難以承受的打擊

有時候，我們需要把自己拉遠一點才能看得清楚，才能心平氣和地與人互動。拉遠練習可以在面對挑戰時，啟動大腦休息狀態時產生的「遊戲空間」。

練習 5-18

彼此共有的人性[19]

這項練習會運用四種人際互動方式，也就是佛法的四無量心：「慈、悲、喜、捨」，這是佛教通往明心見性的方法之一。這項練習很有效，你能很快了解什麼是從相互依存的關係體驗到的共同人性。

> 然後，我突然如同看到他們藏於心中的美麗，在內心深處，在罪惡與欲望或自知之明無法觸及的地方，那是他們真實的核心，神看到每個人。如果人人都能看到自己的真實面目，如果我們隨時看得到彼此的真實面目，這個世界就不會有戰爭、仇恨、殘忍、貪婪。我們會跪在彼此面前，互相禮拜。[20]
>
> ——美國天主教作家湯姆士．默頓（Thomas Merton）

✦✦✦

邀請一位朋友一起進行這段導引式冥想。兩個人面對面坐著，輕鬆地看著對方的眼睛，決定誰當A，誰當B，整個練習過程是安靜無聲的。

1. 首先，彼此凝視對方的眼睛，讓自己看見對方高貴的本性、善良的天性與光輝的靈性，還有他們誠摯希望和平、喜樂與幸福的願望。

2. A先閉上眼睛，B安靜地祝福他，傳送真誠的慈心：「願你知道最深的喜樂，願你心靈安詳自在。」A要知道夥伴正在傳送慈愛的祝福，接收對方傳達的善意。

3. B閉上眼睛，兩個人都靜靜地坐著，反思這些給予與接受的感受，彼此傳達愛、喜樂、和平與自在的感覺。

4. 接著，B繼續閉著眼睛，A打開眼睛，在靜默中祝福對方，傳送真誠的歡喜心：「願你知道最深的喜樂，願你心靈安詳自在。」B知道夥伴正在傳送慈愛的祝福，請接受對方傳達的善意。

5. 結束後，A閉上眼睛，兩個人都靜靜地坐著，反思這些給予與接受的感受，彼此傳達愛、喜樂、和平與自在的感覺。

6. B打開雙眼，A繼續閉著。B開始想像A可能經歷過什麼悲傷、失去與痛苦等的情感。B在靜默中祝福A，傳送真誠的悲心：「願你知道悲傷被愛包圍；願你的悲傷減緩，願你的悲傷停止，願你不再痛苦，願你不再造苦因、不再受苦果。」A接受對方傳達的關懷與情感。

7. B閉上雙眼，兩個人靜靜地坐著，回想這段傳達與接收同情及關懷的體驗。

8. A打開眼睛，B持續閉著。A想像B可能經歷過什麼悲傷、失去與苦痛。A在靜默中傳送的慈憫心：「願你的悲傷被愛包圍；願你的悲傷減緩，願你的悲傷停止。願你不再痛苦，願你不再造苦因、不再受苦果。」B接受對方傳達的關懷與情感。

9. A閉上眼睛，兩個人靜靜地坐著，回想這段傳達與接收同情及關懷的體驗。

10. B打開眼睛，A繼續閉著。B想像A可能經歷過什麼快樂，得到什麼成就與能力，獲得多少豐富的愛與祝福。B在靜默中傳送他的隨喜心：「願你充滿歡喜，願你得到深刻的喜悅。」A讓自己接受對方真誠的祝福。

11. B閉上雙眼，兩個人靜靜地坐著，回想這段傳達與接收快樂及喜悅的體驗。

12. A張開眼睛，B繼續閉著雙眼。A開始想像B可能經歷過什麼快樂，得到什麼成就與能力，獲得多少豐富的愛與祝福。B在靜默中傳送他的隨喜心：「願你充滿歡喜，願你得到深刻的喜悅。」B讓自己接受對方真誠的祝福。

13. A閉上眼睛，雙方都靜靜地坐著，回想這段傳達與接收快樂及喜悅的體驗。

14. B張開眼睛，A依然閉著眼睛。B開始想A可能經歷過什麼起伏與波折。B在靜默中傳送他的祝福，希望對方擁有捨心，內心平衡且平和，在遇到波折時能保持專注與泰然的心境。A要打開心懷讓自己接受對方真誠的祝福。

15. B閉上眼睛，雙方都靜靜地坐著，回想這段傳送祝福、希望對方平和且安詳的體驗。

16. A張開眼睛，B繼續閉著雙眼。A開始想像B可能經歷過什麼起伏與波折。A在靜默中傳送他的祝福，希望對方擁有捨心，內心平衡且平和，在遇到波折時能保持專注與泰然的心境。B要打開心懷讓自己接受對方真誠的祝福。

17. A閉上眼睛，兩人都靜靜地坐著，回想這段傳送祝福、希望對方平和且安詳的體驗。

18. 兩個人都閉著眼睛，覺察這段施與受的體驗，在四無量心的傳送與接收過程中，對自己與對方的看法有沒有什麼改變？

19. 雙方都張開眼睛，凝視著彼此的眼睛，互相鞠躬感謝，謝謝對方為我帶來這麼美好的體驗。

這些短語可以讓練習擁有聚焦的重點，主要目的是要讓雙方都能感受到大腦在內觀時，啟動了預設網絡模式的正向功能，想像對方的人生體驗，並且從內心深處發出祝福。這個過程會加深我們尊重人性的能力，並且更懂得信任人們，接受他們給予的庇護與資源。

因為人類是群居動物，我們的家人、朋友與同事，我們加入的社會、政治與心靈團體都能給我們力量，讓我們更加堅毅。大腦與其他大腦互動時的學習效果最好，有共鳴的人際互動是強化挫折復原力的關鍵因素。本章介紹了許多強化人際互動的工具，包含尊重彼此的人性面，請求支援、不帶羞辱或指責的溝通、討論改變、設置界限、修復破裂關係、寬恕與反思等練習，都能提高我們的心理韌性，讓我們有足夠的能量應付一生的挑戰。

下一章將會引導大家靜心反省，找出削減堅強意志的習慣模式，以及如何改變。

CHAPTER

6

省思智能練習：正念，望之清明，待之沉著、智明

CHAPTER 6

省思智能練習：正念，望之清明，待之沉著、智明

透過前面的練習，我們學會了省思智能的重點。這是心理韌性的核心力量，讓我們能夠靜心觀察、看清情況、做出明智的抉擇，在處理的過程中磨練我們看事情的觀點與應對方式。一旦心理韌性提高了，我們便更能靈活應對人生的大小事，這是明白事理、運用智慧做決定的關鍵。

本章將教你許多正念靜觀的方法，幫助你省思、覺察大腦裡會害自己失控的複雜思緒，一旦希望改變，就一定做得到。我們能學到改變大腦運作的方法，從容地運用聚焦與離焦處理模式。「聚焦處理模式」意指有意識地覺察大腦內製造的各種模式，進而改變。「離焦處理模式」則是讓我們能夠覺察各種大腦產生的心理模式（神經激發的產物），而不再被囿困或不堪重負而失控。

鎖定這樣的正念覺知，我們能獲得平靜喜捨的心靈，我們將看得更清楚，並領悟到事物的本質原來就是不斷變化。[1]當我們懂得「每件事都會過去」，就更知道如何靈活應對人生，我們便能在一生中不斷進行改變、成長和進化。就如同美國發明家富勒（Buckminster Fuller）所言「我自己就是動詞」，在需要時可以重新塑造自己。

我的朋友安迪．崔瑟（Andy Dreicer）在長老會擔任牧師，他說：「我們可以態度認真，也

可以同時保持心情輕鬆。」這就是以平靜喜捨心面對人生的態度。讓我們的道德指南針（前額葉皮質的另一個功能）指引方向、做出明智的選擇，就如瑟曼（Howard Thurman）所言：「以平靜之眼看人生活。」我們將會更加茁壯成長。

❖ 正念靜觀

許多人認為正念靜觀是一種思考或認知，這並不完全正確。正念覺知是直觀，而非思考，它在我們經歷的過程知道正在經歷什麼。對經歷中的覺知、反思和反應會讓大腦產生選擇。當我們知道自己有所選擇時，就能一步一步地靈活面對當下的事件。

現在，就讓我們看看該如何將正念靜觀運用在心理韌性。[2]

1. 停一停，活在當下

不論是因為缺乏經驗、防禦或危機意識而引起的動盪，人們在遇到困境或災難時，往往無法退後一步，思考一下自己有什麼選項。我們的反應通常是「不要光坐著不動！做點什麼也好！」有時，我們的確必須快速行動，再慢慢思考。但是，若能在行動前思考一下，大腦反而有時間與空間提高反應的靈活度。

遇到心情糟糕時，拒絕接受只會讓注意力分散，使得思緒無法集中在當下。我們這時反而要專注並集中心力處理眼前的狀況。

2. 覺察和承認

開始認知當下經驗能以這句簡單的句子開頭：「現在發生了……。」也許無法立刻明白到底是什麼發生了，但不會飽受驚嚇，做出「發生什麼事！我好困惑！我好害怕，我承受不住了」的反應。先承認自己情緒起伏，並且指出情緒是些什麼，困惑、無法承受或恐懼等等。此時，我們才有向後退的空間，這是應變的首要步驟，有了距離，才能觀察，而不會隨之起舞。這個步驟會啟動我們的前額葉皮層，控制反應，讓我們有辦法思考當下發生什麼事，選擇明智的反應。

3. 容許、容忍和接受

本書中，我們不斷練習的就是這個步驟：先是「容許」當下的事件和自己的反應，然後能「容忍」有這樣的事件與這樣的反應，一旦能夠容忍，情緒就不會一觸即發，最後，則是「接受」，接受不表示我們喜歡這些事件，或是縱容自己隨意反應。「容許、容忍和接受」是給自己製造空間，讓我們有轉圜的餘地，可以明智地處理問題。

> 按照事情的原貌接受它，因為接受是克服不幸後果的第一步。[3]
>
> ——美國哲學家、心理學家威廉・詹姆士（William James）

4. 觀察

接下來，要讓自己從事件脫離，退一步觀察它，不要被它困住，就像是坐在高處觀看籃球比賽。整場狀況一覽無遺，我們會知道自己對比賽進度的情緒反應，但不會因為這些反應就覺得自己就是這樣的人，永遠改變不了。我們無須指控自己愛生氣，我們會觀察到：「我現在覺得很生氣。」或覺得「當下的憤怒很強烈。」一旦能夠說出這樣的話，就能立刻從情緒中脫困，此時我們給了大腦一個選擇點，不會再和以前一樣，像匹野馬，鼻子一噴氣就不受控地反應。

5. 反思越漸複雜的事件

我們在之前練習過有意識地感受身體的感覺、呼吸、觸覺與動作；覺察複雜細微的情緒；發覺接連產生的情緒；覺察內在發出的訊息，分辨這些事件會提高我們的挫折復原力，還是讓自己一蹶不振；覺察自己和他人的互動是有所幫助還是損害。

本章我們會學到如何使用「心靈內容」：包含思想、信仰、假設、價值觀、觀點與身分等，因為這些複雜的心理結構是雙面刃，一面讓我們更加堅強，另一面也可能害我們失控。我們須能夠覺察心理正在提高耐受力，還是困住自己，當我們能看清楚這些心理演變過程，就能知道哪些心理內容需要改變。我們會開始懂得如何提高自己的反應靈活度，可以深入內心調整最深處的執念，例如「我就是這樣啊！」的想法。

6. 明辨選項

應變靈活度不僅需要看清可能產生的反應，還必須覺察這些反應可能帶來的後果。若能做到這個階段，便已經擁有正念靜觀的思考能力，此時的我們會開始結合前額葉皮質的認知能力，思考「這是什麼？」這兩項執行能力是我們能夠分析、計畫、判斷的源頭。利用正念靜觀整合這些功能，讓我們能夠「監控和修改」對事情的反應，一旦成功培養出這種覺知能力，就能持續一輩子。

7. 明智的抉擇

能不能做出靈活的選擇取決於內在的價值觀與道德信念。每個部落、文化、哲學與宗教的價值觀與美德，都經過深思，為了引導後代學會應付人生挑戰，創造幸福。我們從原生家庭和文化學到的價值觀，也都是從過去經驗吸取的教訓而演變。

道德觀是前額葉皮質的功能之一。雖然定義道德標準已經超過本書的範圍，但我們可以簡短討論一下。當行為和內心的價值觀相違背，我們就無法產生毅力，也無法靈活應變，因為人在內心失去平衡時，無法向前行。

我們並非要討論是非對錯，是為了讓自己成為能夠成熟思考、彈性變通且心理健康的人，才須培養「容許、容忍與接受」的習慣。正念靜觀可以幫助我們覺察和思考自己的決定是否和內在價值觀背道而馳。

❖ 覺知

聚焦處理模式能讓我們有意識地覺察正在發生的事，離焦處理模式則是內心如何琢磨事件。當我們學會如何將聚焦處理模式轉換成離焦處理模式時，這些看法、事件或事實會開始自動轉變。

我記得曾在多年前參加一個長期靜修課程，一週的冥想練習過後，我的覺知能力開始進入一個很穩定的狀態。某天中午，我正在排隊等著取餐，我懊惱地發現桌上的花椰菜已經被拿完了，發現這個負面情緒後，我在排隊的當下便放下它了。

那天下午，我坐在庭院外面一排低矮的石牆上，遠眺前方平緩的丘陵山谷，眼前的景色是一望無際的金色草原、清澈的藍天、溫暖的微風，這是一個安靜且令人滿足的加州夏日。一段時間後，我的注意力開始放在一片銀杏葉上，它正在二十英尺外的樹上迎風搖曳。我覺得自己就是這片樹葉，在微風中輕輕地搖著。

內心的覺知將我從這片樹葉轉到掛著這片葉子的大樹，它用力向土裡扎根，它強壯地支撐著數百片樹子，我和在微風中翩翩起舞的銀杏葉融為一體，我成為承載萬物的大地，我成為開放的天空，我和樹、風、大地與天空徹底融成一體。我感受不到自己，我與萬物合而為一，我只剩下感受這一切的覺知。那真是一場太美好的體驗了！

我在那裡待了一個小時，直到要進去室內的鐘聲響起。然後，我意識到這個體驗也是一種模式，即使是一個全新且令人愉快的模式，但依舊是一種心理模式，它並非永久的，它來、它去，發生和消失，就如同所有的心理模式。

我了解到了所有體驗都是短暫的，它們來去匆匆。模式終究只是模式，它們打聲招呼又自行離去，不管是快樂、討厭或中立的模式都一樣。而我可以選擇放下這些模式，讓自己停留在更大的覺知之中，這個覺知能將這些模式的來去看得一清二楚。我知道在我需要時，我就能自行創造改變。我們在本章就會告訴各位如何創造改變，不用和我一樣去上一週的冥想課程就能學到。

❖ 平靜喜捨

> 正念靜觀能讓你立即覺察當下，但不會期待事情變得不同；享受愉快，而不會執著愉快將改變（任何境遇都會改變）；接受不愉快，而不會害怕它永遠不變（絕對不會永遠存在）。[4]
>
> ——禪修老師詹姆士・巴拉茲（James Baraz）

人生的真相就是所有事情都會改變，一切都不斷地改變，沒有任何事情是固定或永久不變的。接受了這樣的事實就能學會放下，不再執著事情一定要按著自己的期待進行。我們可以容許當下，可以相信自己能夠靈活應變，解決問題。平穩的神經迴路可以激發大腦的神經可塑性，辨別能夠掌握在手中的選項，找到勇氣做出決定。

❖ 建立新制約

穩定大腦注意力的神經迴路，就可以學會在選擇之前接受事物的原貌，有意識地思考整個事件的實相，進而改變自己對事情的反應。

第一級：小波折

接下來的練習著重在培養正念靜觀，穩定覺知的基本步驟。這可以提高當下的覺察力，看清楚自己正在經歷的事情，幫助自己時刻抱持著清澈的內在與一顆平靜喜捨的心。

練習 6-1

穩定覺知

1. 專注於呼吸，把注意放在鼻間的吸吐之間，聆聽呼吸的聲音進入意識、離開意識。把注意力放在膝蓋的疼痛，感受它，然後不去感受它。
2. 透過注意日常生活的小事訓練你的專注力，安定自己的覺知。觀察洗碗的整個過程：裏在肥皂泡沫中的雙手，盤子放到瀝水槽時的重量；洗碗時，心思有沒有跑去想等等要煮什麼？此時觀察的正是大腦在聚焦與離焦處理模式之間的轉換，當注意到意識分散時，請把意識拉回當下的洗碗，這是在訓練大腦專注的能力。洗澡、梳頭髮、開關窗戶、換衣服等日常小事都可以用來訓練大腦。
3. 專注在覺知可以提高你對周遭的注意力。你會知道自己正在做什麼，而不會常常恍神。培養覺察自己的覺知，在遇到困難或面對壓力時，覺知就會是喘口氣、補充能量的空間。
4. 在進行這項練習時，觀察自己有沒有產生什麼評論。內心的變化跟外在境遇都是觀察的重點，只要發現自己產生其他想法時，就放下它，把專注力拉回當下正在綁的鞋帶。

覺知的目標是呼吸、當下正在洗的碗、穿衣服或綁鞋帶的動作。動作是舞臺；知道自己在做

✦✦✦

什麼的覺知是後臺，但你也可以學著把部分覺知放到舞臺上。尤其是在遇到很具挑戰的事件時，你必須有這樣的能力幫助自己靈活地應對進退。

練習 6-2

覺知的進出

人類總是不斷在覺知進進出出，這只是大腦的工作方式，沒有對錯。當你沒有刻意專注某件事時，大腦就會自動恍神，進入休息的預設網絡模式。

觀察自己什麼時候能專心於當下正在做的事情，什麼時候無法。這可以加強大腦專注的迴路。這項練習聽起來很簡單，但做起來才會知道很不容易！研究顯示這樣的專注訓練會有很棒的成果，他們發現長期冥想者在大腦負責專心的區塊能夠生成更多腦細胞。

將注意力集中在呼吸，輕輕地吸氣，輕輕地呼氣。

將每次吸氣、呼氣循環算成一次呼吸，請做十次。完成十次吐納之後，維持專注，從頭開始再做十次呼吸。

也許到了第五次或第七次呼吸時，思緒又開始到處亂跑，捉回念頭就好，重新安住呼吸，從頭再做十次呼吸。第一次嘗試這項練習時，很難超過三次呼吸，因為我們的大腦總是東想西想，很難安靜下來。不用覺得羞愧，也不用責備或評判自己，只要從頭開始就好。

這項練習的重點不是練就很會呼吸的技能。呼吸只是培養專注與穩定覺知的過程，它能夠提升專注能力，提高處理艱難挑戰的能耐，這才是無價之寶。

隨著覺察能力的提升，你可以更輕鬆地注意到覺察目標的變化。

1. 選一個想要覺察的目標。第一週請追蹤一天，第二週追蹤一個小時（要改成兩分鐘也可

練習 6-3

追蹤變化

以）。追蹤的目標可以很簡單，顏色或形狀都滿適合，可以選藍色或圓形。

2. 選定追蹤目標後，也請追蹤目標的變化，或是你對它的感受與反應。
3. 同時，注意覺知後臺的變化，意即觀察自己在追蹤的過程中，覺知穩不穩定。
4. 當覺知越來越穩定之後，你可以選擇一個難度較高的覺察目標，像是怨恨、恐懼的情緒。留意目標的情緒產生與消失，觀察心裡有沒有其他情緒或感受出現。當目標情緒出現時，有沒有在內心流連不去？觀察情緒產生的當下人際互動有沒有受到影響，自己與他人有什麼樣的心情起伏？

專注力提高之後，你能夠留意到更多變化。你能關注更多事物，對它們的變化也會自在許多。如果在觀察情緒的過程感覺受到阻礙，可以轉而觀察自己的覺知，很單純地覺察就好。

正如我的禪修老師詹姆士所教導的：「覺察恐懼，但是不要心生恐懼。」你是否也發現到提高覺察力的同時，也加強了性格的堅毅。

✦✦✦

第二級：錯誤與心痛、悲傷與掙扎

有時，我們幾乎快被自己的想法搞得發瘋，無法好好思考，也無法靈活應變。我們的想法還可能引來更多想法、判斷、批判和譴責，這些思緒會降低我們的心理韌性。雖然這是過濾現實的思維模式，但可能會產生反效果。

學著覺察自己的想法，啟動大腦的預設網絡模式，大腦在這種模式之下很有創造力，特別是當大腦停止思考時，我們可以感受預設網絡模式的開啟與關閉。即使是忠實捍衛一輩子的信念都可以扭轉，人生的實相就是一切都會改變，融會貫通了這本書的內容，就能夠了解大腦創造、安裝和保衛大腦結構的過程。

問題不在於有問題發生，問題是在於我們希望事情不是如此棘手地發生。

——薩多爾・羅賓

以下這幾點是人們經常用來過濾經驗的思考過程：[5]

1. 假設：我們從經驗中學習，有時會因為過去的經驗而以為自己懂得許多。我們透過這些假設而產生看法，但這不是真的看清事情的真相，也不是當下所需的想法。

2. 預測：我們以為學到的東西對自己是好的，對別人也是如此。我們將自己的假設投射在別人身上，而且通常沒有告知也沒有得到別人的允許，這是違反心智理論且不尊重他人的做法。

3. 物化：失去了可以改變經驗的自主性，喪失了自我支配的權利，把他人與自己當成了物品，無力改變自己的經驗和反應。

4. 讀心：不和對方確認，自己假設知道對方的想法、感受或需求。或是自認為不用和對方明說，他們就應該知道自己的想法和需求，也就是人們常說的：「如果你愛我，你就能懂得我的感受。」

5. 忽視正面特質：我們看不到自己和他人的正面特質，小看自己、貶低他人，不感謝自己或他人。

6. 過度概括：我們可能會誇大某項經驗的屬性，看事情的角度過於普適，以為某種觀點適用於所有人事物，以為事情只有「總是」或「從來沒有」。不管真相如何，這樣的想法都是過度在乎自己，太自以為是，以為事物永遠不會改變。過度概括有三個特點：以偏概全（pervasive）、對號入座（personal）、永久化（permanent）。

7. 災難：事情一旦發生，我們總是立即往最壞的地方想像，打個噴嚏就覺得自己感冒了，必須請假三週不去上班，然後失去工作，繳不出房貸……。從打個噴嚏到失去一個家的時間，花不到三秒鐘。

8. 非黑即白：用絕對的角度看世界，非黑即白，沒有灰色地帶，幾乎沒有選擇，也沒有妥協的可能性。思維僵化就無法靈活應變，我們稱之為水泥神經。

9. 無法證明就不成立：主觀意識非常強硬，任何新的訊息都無法改變。

以上幾點有沒有和你的思維模式相符呢？

練習 6-4

破壞心理韌性的過程

1. 看看以上所說九點中，自己或認識的人有沒有出現相同的思維模式。不用覺得羞愧或責怪對方，我們將在練習6-12討論如何調整這些模式，現在只須找出想要調整的思維模式即可。
2. 選擇一個你願意進行調整的模式，先不要從最困難的著手。
3. 給自己一週的時間，追蹤這個思維模式，觀察它在何時開始執行，又在什麼情況停止。

觀察自己常用的接收與反應模式，讓自己承認並接受它們的原貌，唯有接受才有調整的空間。請讓覺知目標的難度越來越高，以穩定自己的覺知，提高心理韌性。

我們的心情通常非常穩定，變化不大，就像是氣候，而情緒就像是經常變動的天氣，變化的時間短暫，但是，情緒（天氣）也可能轉變成心情（氣候）。再者，人們想要調整的通常都是負面的心情，像是沮喪、消沉或絕望等等，很少有人會想要調整愉悅或滿足等正面情緒。

身為人類，每個人都有一套由偏好、優先順序與目標集結而成的模式，我們用此模式過濾感受、塑造想要的反應。家庭與工作的取捨決定於內心深處的價值觀與信念。我們建立了一套完整的生活哲學、信念系統與身分來過濾我們對真實世界的感知與反應。制定生活價值是培養心理韌性的一部分，這是引導我們做決定的道德指南針。但是，一旦這樣的價值觀反過來令我們束縛、僵化而無法靈活應變，這就不是挫折復原力了。

在建立新制約的階段，我們只需要加強覺知的提升，了解任何想法都只是大腦運作下的產物，我們有能力可以改變任何想法。無論多麼複雜，整個思維模式都可以被改變，包括我們扮演的角色、偏好、輕重緩急的順序，甚至是整個信念系統都可以隨時間被改變，這是無庸置疑。

1. 找一個像氣候一樣長期在心裡盤踞的思維模式、心情、信念或身分。你怎麼看自己的？一個稱職的經理人？或是無能的父母？我們對自己的看法就是每天用來看待事物的濾鏡，透過

練習 6-5

氣候變遷

這片濾鏡，會決定自己該做出什麼反應。這片濾鏡就像是每天呼吸的空氣，即使這是一片看不見的濾鏡，但它對你的生存如水之於魚。

2. 你要開始覺察並反省這個思維模式、信念系統，它在你的生活中存在多久了？你曾經不透過這片濾鏡看待世界嗎？它有沒有隨著時間改變或演化呢？

3. 持續反省，盡可能地觀察所有盤踞在心頭的思維模式。觀察自己在指認思維模式的過程中，有沒有產生驕傲或遺憾的感受？無論如何，請盡量以好奇的心情探索自己的內心。

能夠覺察到這種「老」心理模式，就有機會改變它，打破常規可以幫助大腦學習與改變，提高你的應變靈活度。

✦✦✦

第三級：難以承受的打擊

若是不好好觀察心理變化、不知道當下正在發生的事、對自己做出的反應也漫不經心，雖然不會馬上造成大災難，但終究是會造成問題。總是不注意外界發生什麼事，不回想自己做了什麼回應，或是該如何處理，最後一定會帶給自己麻煩。

在危機中，我們很難每分每秒都能留意自己的心念言行，這時只需要躲到避風港休息一下。休息的目的是幫助自己重返當下、找回覺察力、看清狀況、考慮是否改變處理方式，最後才能做出明智的回應。

練習 6-6

向自己報到

1. 在日常生活養成隨時隨地和自己報到的習慣，每五分鐘報到一次也無妨，慢慢地變成幾個小時一次。每次報到問問自己以下這幾個問題的同時，也要一面覺察身體的感受。

• 我在這一刻正在經歷什麼正向的事件嗎？

• 我正在經歷困擾或痛苦的事嗎？

• 我正在經歷任何興奮、焦慮、孤獨或其他的感覺嗎？

不須覺得羞愧或責備自己的答案，也不用立即做出改變或修正。只要觀察，清楚明白之後再決定有哪些想法、心情或行為需要改變。

2. 如果覺得有需要改變的地方，花些時間反思自己和事件有什麼樣的關係，有沒有更好、更有效的回應方式呢？

養成經常和自己報到的習慣，你會看得越來越清楚，做出的決定也會越來越正確，靈活應變的神經迴路也會同時不斷被強化，這正是「少量而頻繁」的工夫。

✦✦✦

練習 6-7

你相信哪個版本？

除了時刻留意自己的感受，也要觀察自己正陷入什麼思維之中。我們的靜坐圈有個玩笑話，我們常說當你開始留意自己的念頭時，就會發現自己有一張十大精選播放清單，前十名的念頭總是不斷在腦海裡循環播放，只要能夠察覺這個現象，就能夠改變它們。

1. 每天定期檢查自己正在想什麼？更重要的是，你是如何思考這些事情？輕鬆自在？還是擔心地反覆思考？有沒有陷在某個念頭無法自拔？

2. 用日記記錄這整週的觀察結果，不用為這些念頭感到羞愧或自我責備，現在要做的就是

✦✦✦

「看清楚」。

3. 本週結束時，看看自己是否能找出最常播放的五種念頭，或是五種思維模式（可以參考第二一二頁的思維清單）。

4. 選擇一個重複的念頭練習，觀察這個念頭的來去。你可以接受大腦傳達的訊息，但其實不會想要陷在無限的循環中。只要這個念頭產生了建設性的效果，促使你做出回應，就可以放下它，停止思考。

放下一個念頭或思維模式對你來說可能是一種新鮮的體驗，你可能會思考這樣做的意義何在。但是，當你無須解釋就願意打開心胸接受其他的可能性，就是在提升自己的應變靈活度了。「這是我的故事，我就是這樣的人」，這樣的想法會過時，當它不再合時宜時，就要放下它，接受其他的選擇與應變方式。

❖ 重新制約

當你領悟到念頭和思維都是會改變的事物後，還會發現它們原來更是變化快速。一旦了解此事實之後，決定改變思維模式讓自己過得更好，便完全是明智的抉擇。

第一級：小波折

透過提高正念覺知的神經迴路，你會學到覺察和創造改變那些會限制我們靈活應變的思維模式。

練習 6-8

創造改變

1. 觀察那些你已經做到的改變，某些甚至是還沒意識到的改變，例如以下二個例子：
- 你坐在辦公桌工作，沒有特別留意自己的思維過程。然後，你站起來走到外面呼吸新鮮空氣。你注意到自己剛剛一直卡在思緒中，走出來休息一下反而能讓思考更有效率。
- 你覺得有些焦慮，因此打電話給朋友、拍拍家裡的狗、出門散步、泡一杯茶、吃了幾塊巧克力，心情似乎因此改變了。

2. 找出你沒意識到，但是經常做出的轉變，列出五個寫下來。

3. 寫一張你想達到的改變清單，然後決定自己想要達成這些改變，例如：
- 每次想到要與話講個不停的哥哥打電話就覺得很煩，也許你可以在很忙的時候打去，這樣就不用講太久了。或是在心裡想著講完電話就要做一件你很想做的事，轉變自己的心態也是一種改變的方法。
- 一早醒來覺得煩躁焦慮，因為今天要處理的事很多。你先花五分鐘想想可以感謝的事後起床，或是在確認待辦清單之前讀一首詩、一段激勵小語，再開始一天的行程。

4. 花一週的時間練習改變，觀察這些練習對生活有沒有幫助。「少量而頻繁」的方法很管用。創造改變的同時其實也正是在加深自信心、提高能力、改變人生中更困難的人事物。

當你觀察到自己已經打破許多舊有的模式，不管是自發或特意的改變都無妨，你會變得更容易接受更多變化，接受改變是提高應變能力的必要條件之一。

練習 6-9

看到過去的改變

找出你在成長過程中學到的五個信念或習慣，但現在的你已經不再遵守了，把它們寫下來。

逐條思考，什麼原因讓你不再遵守這些習慣？這是刻意改變？還是隨著時間自然而然地改變了？

這項練習可以幫助我們看清楚過去被你視為真理的事情，並不是永遠的真理，你也因此不會被限制住改變的力量。

✦✦✦

練習 6-10

把「應該」轉變成「可能」

我們都會以一套自己習慣的語言模式過濾對人事物的感受，這是無意識的，但會直接影響我們的反應。「我應該」和「我必須」就是常見的僵化模式，因為不管大腦的判斷是否正確，一旦使用這兩個用詞時，就會暗示自己這是我的義務與責任，然後大腦就會執行。把每個「應該」都改成「可以」，就能擁有更多可能性與選擇，進而帶動你的應變靈活度。將「我必須」改成「我要去」能將原本很有負擔、壓力的想法轉變成這是我的權利。藉此讓自己更能靈活應變。

不要把這項練習想成是另一個「應該」做的事，你只需要在聽到自己說這「應該」是……的時候，提醒自己把句子的開頭改成「這可以是……」。告訴自己把每個應該替換成「可能、可以」，觀察自己的思維模式有沒有產生變化。

同樣的，每次聽到自己說：「我必須」的時候（你也很常聽到吧），就換成：「我要去」。這樣的改變會讓你對自己擁有的生命與機會心生感謝。留意你對事情的反應是否也跟著產生變化。

如果仍然放不下義務與責任，你可以問問自己這時有沒有正面的事發生。大腦在看到正向的事時，會變得樂觀、願意學習。「我可以在週末完成報稅的工作。」、「我這週要每天載孩子上

✦✦✦

學。」而不是我必須在週末完成報稅的工作。

「應該」會創造一種無意識的期望，一旦做不好、「失敗」了，就得接受批評。另外，「可以」則能給你希望，你會為自己的學習與成長感到驕傲。留意你和自己交談的方式，選擇跟自己講話的方式，你和自己的關係良好就能做出有智慧的回應。改變自我交談的方式會大大提升你的心理韌性。

第二級：錯誤與心痛、悲傷與掙扎

以正念靜觀為基礎的認知練習，方法在於看清楚「自動」產生的負面想法，創造「自動」產生的正向思維，來化解習慣性的消極自我對話。[6]改變制約以調整限制自我的信念、心理模式及所有會阻礙挫折復原力的心態。雖然這些工具都是使用想法來調整想法，但其實運用的都是目前所學到的工具，包括身體、情緒與人際智能，以幫助自己調整大腦的設定。點亮的神經網絡越多，就越能徹底地改變舊有思維模式。

練習 6-11

從負面轉變成正向

1. 找出五種內心習慣貶低自己的聲音，把這些讓你覺得自己很差勁的訊息寫下來，例如以下幾種例子：
   - 你太懶惰了！
   - 這件事你從來沒有成功過，現在又怎麼會成功？
   - 真的嗎？他們對這個點子真的會感興趣？

2. 在每個負面消極的念頭旁邊，寫下至少一個正向想法：
   - 我對很有興趣的事充滿熱情。
   - 我一直在學習，也很努力觀察別人怎麼做，我已經準備好捲起袖子試試看了。
   - 我喜歡這個點子！我想做做看，我會找到同意我的人。
3. 你覺得可行的自動正向想法才能最有效地調整自動負面想法。練習的第一步就是每天重複多次向自己傳達正向想法，直到你覺得不用「思考」，正向念頭就會自動自發地跳出來。
4. 然後，將配對的正向與負面想法大聲念出來，每天重複多次。
5. 逐漸減少念負面想法的次數，但正向念頭依舊重複多次。
6. 一旦下次觀察到腦子跳出負面想法時，觀察正向念頭是否自動產生。有的話，恭喜你！你成功調整了思維模式，沒有的話也別氣餒，你只是需要多加練習，直到成功。

這項練習是相當精細的制約調整，經過刻意選擇就能得到自己想要的改造，你會覺得自己越來越有能力，而這種感覺會持續調整你對自我的感受，讓自己越來越堅毅勇敢。

練習 6-12

破除負面思維

你要觀察的不僅是單一的想法，更重要的是心理歷程（mental processes）；這是內心產生可以調整負面念頭的過程。要注意的是正念靜觀與思考兩者並不相同，若是你對自己產生念頭的過程有深刻的覺知，就有能力監督並修改自己的想法。

這是奧運等級的大腦訓練，你需要投入很多的時間和鼓勵練習。

1. 從第二二二頁的常見思維列表中，選出一個你認為自己也有的慣性思維。這裡我們用以下最常見的三種做為解說範例：

- 忽視正面
- 過度簡化
- 災難化

2. 尋找你的慣性思維過程的線索。

- 忽視正面：「等等，我剛剛是不是沒有接受別人的讚美？我是不是光顧著別被地上的玩具絆倒，沒有注意到女兒要來抱我？」
- 過度簡化：「我在五分鐘內說了三次『絕對不』或『我發現自己很常對號入座，把事情往心裡放，覺得自己被排除在外，我看不到重點。』」
- 災難化：「我想到廚房拿點東西，走進去了卻想不起來自己要拿什麼，我是不是得了阿茲海默症了？唉。」

3. 找出破除這些思維模式的解藥：

- 忽視正面：「找一找五個正向事。第一，我還好好活著，我想做什麼就能做什麼。第二，家人愛我。第三，只要停下腳步，我就能看到陽光、雲朵、樹木和鳥叫。第四，我可以記得很多正向的事，像是莉莉說我穿這件襯衫很好看，我還特別記住這件事，沒轉身就忘。第五，我今天早上很正向，從光明面的角度看世界。」
- 過度簡化：仔細想想過度簡化的三個特點：以偏概全、對號入座、永久化，我很以偏概全嗎？我不能因為一個態度差的客服就以為所有客服都是如此。至於對號入座，他也許是對我口氣差，但可能一整個早上都是這樣兇客人，我不要過於認真看待。另外，關於永久性，電話講完之後，問題就解決了，下次再有問題應該不會這麼倒楣又遇到同一個客服吧，別把這件事放在心上。

• 災難化：「喔！退一步想，我只是忘了走到廚房要做什麼，這是因為我在想別的事情。只要再回想一下就能記得我要做什麼了。我身心健康，不用擔心什麼阿茲海默症。」

4. 每當你發現負面思維模式又出現時，你可以寫下破除的解方，觀察這些解方能否幫助你更快捕捉和停止這些思維繼續進行。

請透過觀察與練習，看看自己在調整慣性思維做的努力，你又是如何提升了自己的應變靈活度。觀察自己如何調整思維過程，也是建立新思維的方式，大腦制約也能因此改變。

「少量而頻繁」就是最好的利器，這是舊思維模式可以成功調整的關鍵。想要調整負面思維歷程不簡單，你需要長時間的努力，反覆練習，多下工夫。

把每個「應該」改成「可以」，別煩惱多久才能做到，而是想著我會做到。別告訴自己做不到，你只是「還沒」做到，堅持下去一定能達到目標。隨時鼓勵自己的小技巧，可以讓你更加堅強、更有力量。

停泊在港口的船很安全，但船的用途並非靠岸。

——美國海軍少將葛瑞絲．哈波（Grace Hopper）

心理學家德薇克（**Carol Dweck**）提出了兩種相反的心態，固定心態（**fixed mindset**）與成長心態（**growth mindset**），這兩種心態用在預測人們能否成功實現目標有相當高的準確率。[7]固定心態的人相信成功與否早就預定好了，如果一個人生來聰明、有能力，那他就容易成功，相反的話就不值得嘗試，因為我們永遠不會成功。固定心態的人很難接受自己可以做得更好。遇到困難或是遭受失敗就容易放棄，不願意繼續努力。甚至會責怪環境的人事物害自己無法成功。固定心態的人會躲避挑戰，他們不願意冒失敗的風險。

另一方面，擁有成長心態的人願意相信成功是靠努力而不是憑藉天生的智商或能力。他們覺得自己只要多加練習，終究會進步，最後達到成功。擁有這樣心態的人在遇到挫折時不會指責他人，他們會尋找失敗的原因，改變自己的做法。不容易因為事情變得困難或發生錯誤就放棄。你猜得沒錯，擁有成長心態可以提升心理韌性，而固定心態則相對很低。

練習 6-13

改變心態

以下練習可以辨別與改變自己的心態，你可以跟著下列步驟練習：

1. 想想曾經遇過的挑戰或面臨自己不熟悉的狀況。回想你那時的思維過程和行為。有沒有因為固定心態，而感到退縮、猶豫或不願意嘗試某些稍微超過自己能力的事。有沒有抱持著成長心態來面對挑戰，內心是否對挑戰感到好奇，有興趣與信心去嘗試，至少願意努力看看。大多數的人都曾經有過這兩種心態。
2. 抱持成長心態時，想想是什麼讓你決定嘗試和堅持不放棄，找出內在與外在的原因。
3. 在你陷在固定心態時，想像你以不同角度看待事件，想像周遭的人鼓勵自己，想像自己有勇氣嘗試突破不同解決方法，最終獲得成功。成不成功是一回事，但一定要為自己的努力感到驕傲。

從目前生活找出一個你希望自己以成長心態面對的事，讓自己跳脫固定心態。最好選擇一個可以順利完成的事，來增加自己的信心。你可以利用之前的練習來調整心態，如「把應該改成可以」，記得自己心理韌性的特徵，記得他人給予的真心讚賞。回想在改變心態之後，行為有沒有跟著改變？

改變心態能大幅度地提高反應靈活度，對於自己擁有的心理韌性也會有不一樣的自信心。

第三級：難以承受的打擊

有了本書的練習，即使是人生最困難的事，都有辦法調整事件對你的影響。重新架構是刻意的反思過程，讓你可以「重新編寫」錯誤，即使是可怕的災難也能夠成為另一種成長機會。如美國神經科學作者喬納．雷爾（**Jonah Lehrer**）所說：「改變遺憾事件留下的記憶，改寫對事件的感受，某種程度上，結局對你而言已經不一樣了。」在黑暗中找到一絲曙光，給自己帶來希望，從錯誤中學習，透過反省得到經驗的教訓，讓自己可以看得更清楚，未來遇到類似的情況也能更加靈活地應變。

練習 6-14

因禍得福

失敗不會要人命，但執著不變就不一定了。

——籃球教練約翰．伍德（John Wooden）

1. 從小事開始著手。回想一下曾經遇到事情出了差錯，但陰錯陽差地促成了對你或他人而言的好事，或結果因禍得福的經驗。例如，因為錯過班機而在機場遇到老同學；因為找錢包而發現小孩丟在床底的泰迪熊。也許這樣的幸運不一定能與犯的過錯對比，只要這件小事最後讓你得

✦✦✦

到意外驚喜或上了一課。讓你發現原來即使看似一場災難，也可能因禍得福。

2. 接著，想一個你覺得完全找不到好處的錯誤。請你好好思考可以從中學到什麼，再想想當時是否有其他處理方式。如果能以更靈活的方式處理，能否改變結果？或是對這件事的感受有所改變？從非常懊惱的錯誤中找到可以學習的道理，然後相信自己一定可以因此有所領悟。即使無法改變已經發生的事，但你可以改變對這件事的感受，你會因此對自己有不一樣的看法，讓自己變得更有信心、更堅強。

人們總是藉由訴說故事，了解世事發生的意義。人們也經常以述說內心的挫敗與絕望，從創傷恢復。人們也需要置身於能夠改造自身故事之地，需要能夠展望未來，以有益的角度看待事物。[8]

——史蒂芬．約瑟夫（Stephen Joseph）

世事難料，人生總是可能會遇到衝擊至深之事，如親人離世、因天災失去家園等。研究發現，日記是治癒創傷很有效的方式，因為大腦在書寫、述說或思考時，會以不一樣的方式運作。書寫讓我們變成觀察者，以更大的角度看待人生的事件，我們會從中發現這只是人生故事之一，而不是人生的全部。我們不會遺忘，不會否認、掩飾或假裝它從未發生。在發生這件事之前，我們有自己的生活，發生之後，仍舊要繼續過生活，雖然影響極大，但它無須支配我們往後人生的一切。

練習 6-15

寫一篇故事[9]

寫下一篇曾經發生的故事，即使這是一篇容易書寫的小故事，也給自己至少三十分鐘的時間慢慢完成。給足充裕的時間，大腦才有空間產生意料之外的領悟與洞見。

1. 選定一個想要練習敘述的事件，你在其中學會了某些道理，也成功解決的事件。我們希望的是提升心理韌性，而不是揭開傷疤再度受創（多加練習，往後就能進一步處理任何你經歷過的創傷）。

2. 依照以下要點寫下你的想法，不要急，慢慢想。

- 描述事情的發生、經過和結果。以正念靜觀與自我同情的角度，重新認識與接受這起事件。盡可能用客觀的態度來看待。
- 描述當時你的應對方式，有沒有用過書裡的練習？你無須感到羞愧或責備自己，只須誠實且清楚地寫出來。我們要做的是重新再度堅強。
- 如果能夠再經歷一次，你會運用什麼資源？使用什麼策略？畢竟從當時到現在，你可能有所成長、有所學習，現在的你可以將後來學到的寫在這裡。
- 描述你的心得與成長，是否有從中得到啟發？不要急，慢慢想，這是整個練習的轉捩點。
- 列出你現在對此事件的感謝。心理韌性關係到的並不全然是處理事情的能力，而更關乎於因事件找到新領悟的道理、新的可能、新的機會，以及對於人生方向與目標感受到的嶄新意義，而不僅僅只是埋怨、悔恨。

3. 寫完之後，放在一旁二、三天的時間。然後重新再讀一遍，看看自己有沒有產生更多領悟與啟發，也可以再加進去。

4. 在一個月或一年後，再次重讀這篇故事，觀察你對這件事的看法有沒有持續變化。

5. 寫下生活中有挑戰的事，完整地描述並記錄你的心得。你的大腦漸漸就會懂得這個思考的過程，此後便能用更快、更輕鬆的方式重新架構任何事件。

這項練習可以引導你放下對自己沒有幫助的事情，讓你變得更加堅毅，相信自己能夠更勇敢地面對人生各種挑戰。

省思智能（reflective intelligence）泛指解決問題、學習和完成任務的策略，包含自我監視和自我管理。在專注的狀態下，運用省思智能改變舊制約、建立新制約、提高應變靈活度。美國作家奈爾森（Portia Nelson）的〈人生五章〉（Autobiography in Five Short Chapters）[10]這首詩清楚地表達了這個調整過程：

一、

我走在路上。
路上出現了一個深深的坑。
我掉了進去
我不知身在何處、我無助。
這不是我的錯
我彷彿永遠爬不到出口。

二、

我走在同一條路上。

路上有一個深深的坑。

我假裝沒看到。

我掉了進去。

真不敢相信我又落進深深的坑。

但這不是我的錯。

我又花了好久才爬出來。

三、

我走在同一條路上。

路上有一個深深的坑。

我看見它了。

我還是掉了進去。

習慣了……很難改……。

但我的雙眼沒有閉上。
我知道我在何方。
這是我的錯。
我隨即爬了出來。

四、
我走在同一條路上。
路上有一個深深的坑。
我繞了過去

五、
我改走另一條路了！

❖ 解除舊制約

正念靜觀的練習可以培養穩定的覺知，專注心念在正改變或想要改變的事情上。這種有意識的反思可以讓你看到大腦運作和發展的方式，你會發現大腦有時能清楚地明辨並下決定，但有時又不行。透過有意識的反思可以強化前額葉皮質與相關大腦結構，產生一種快速成長的應變靈活度。

透過解除舊制約，我們能暫時中止前額葉皮質的職權，不再專注在單一特定思維模式或自己某個特定面向。解除舊制約就是讓我們的大腦進入預設網絡模式，產生不同的反思，就是進入白日夢或空想的狀態，此時的大腦才有空間產生直覺與領悟。你能覺察，也知道自己能覺察且擁有這些覺察。

有時，正念靜觀老師會將覺知比喻為廣闊的天空，它承載雲朵，也承載了暴風雨，我們經常只看到雲朵的形狀、暴風雨的大小，而忽略了承載它們的天空。禪宗認為人在專注時，就像從一根水管窺天，然而隨著覺知擴大，我們就像放下手中的水管，直接看到整片天空。

第一級：小波折

放下不是隔離、刪除或不知情；「放下」是能夠意識到出現的任何事件，例如剛才打了一個噴嚏、幻想到夏威夷旅行、煩惱沒錢買新車等等，但你放下它們不執著。專注在這個可以承載一切的廣闊意識，然後練習放下，幫助自己放下那些會造成僵化與不堅強的想法、憂慮、抱怨和怨恨，執著無法幫助我們成長。放下轉個不停的思緒，釋放大腦的頻寬空間，才能看清當下，知道自己有什麼選擇，然後做出明智的決定。放下了，就不會認為事事針對自己，不用把每件事都往心裡去，無須築起關注個人自我感受的牆（希望第四章的練習有幫助你建立內心的安全堡壘，不會因為外在的變化就輕易失常）。

練習 6-16
放下思維模式

1. 這項練習需要大約三十分鐘，找一個不被干擾的地方，舒服地坐著。拉回你的意識，讓自己專注於當下，感受你在身體裡面，在這個當下，在這個地方。
2. 把覺知放在呼吸，當思緒開始恍神亂跑時，把注意力放在呼吸，拉回你的思緒。
3. 專心於呼吸時，請注意自己正在呼吸的覺知，專注在這個更開放、更寬敞的覺知。
4. 把心專注在當下的覺知，覺察特定的思緒，「喔，不要覺得別人針對我，我要繼續加油。」、「我一頭栽進災難中，沒錯我真的這樣做了。」、「嗯，我的假設不正確，我要再試一次。」這些都是思緒，只需要留意但不要執著，把注意力拉回你的覺知。
5. 依自己的需要，重複這項練習，「只是」留意，然後放下。不執著的練習可能需要堅持一輩子，不過隨著練習的時間拉長，會變得越來越容易。持續觀察自己的思維模式，反覆練習，直到真正覺知這些都只是思維模式，不是你！

✦✦✦

進入更大的覺知之後，不用煩惱，只需要在察覺念頭產生時，讓它們離開。你的神經系統仍舊工作著，下意識地掃描環境，注意是否有危險發生。需要時，前額葉皮層會在瞬間啟動監視功能，讓我們能重新集中注意力。即使思維模式重複、僵化，更大的覺知會讓你們以友好的方式連結：「喔，這是因為害怕而不贊成，我很了解這個想法。」而不會直接把思維模式當成自己。藉由認知的改變，你知道這些思維模式不是真正的你，你能看得更加清楚，性格也會越加堅毅，在需要時做出明智的抉擇。

第二級：錯誤與心痛、悲傷與掙扎

前額葉皮質功能發展成熟，人才能堅毅有韌性，遇到事情懂得靈活應變。本書許多練習工具都是為了加強這個功能而設計。當前額葉皮質能夠有效運作時，就能建立一個穩定、真實的自我感受。我是一名心理治療師，我在輔導人們提升心理韌性的領域工作了二十五年，我非常清楚任何人都需要建立一個健全、強壯且運作良好的自我感受。這點很重要，因為如此才能打從心底變得堅強，真正地茁壯成長。

我在正念靜觀領域也學習了二十年，同時是學生也是老師。學會「放下」，人生才會快樂，我們不需要把任何事都往心裡放，讓它們在更大的覺知意識中消失。不被思緒左右，我們才能減輕痛苦，活得自在。

放下自我可以啟動神經系統警報，我們也會因此發現這個警報並不重要。以下的練習很溫和，能用安全的方式放下思緒、享受自由。

練習 6-17

放下自我

1. 舒服地坐著，眼睛輕輕閉上，將意識專注在呼吸上，慢慢吸氣、吐氣。呼吸時，要把意識拉到當下，知道自己正在呼吸，覺察自己專注在呼吸的意識。

2. 心緒穩定後，開始留意旁人的呼吸，或想像旁邊有人在呼吸。你不用做什麼事，只需要留意或想像其他人在你旁邊呼吸，在你專注在這個覺知的當下，觀察你的覺知，觀察你覺察到什麼？

3. 專注在呼吸的覺知，將這個覺知擴大到認識的人，但他們不一定要在現場。把覺知放到每個人的呼吸，在專注的當下，觀察自己的覺知。

4. 將意識放在自己的呼吸上，將你的覺知擴大到建築物外不認識的人，擴大到整個社區、整座城市。覺察到所有人一起呼吸，知道自己當下很專注，知道自己的意識放在哪裡，放掉一切，專心致志地待在這個當下。

5. 繼續擴大意識，涵蓋整個國家、整個地球的人類，你們一起呼吸著。擴大你的意識，納入公園、森林、地底下、湖泊、河流、大海與整片天際下的有情眾生，大家一起呼吸著。覺察自己的存在，很純粹地待在這個當下。

6. 擴大你的意識，涵蓋宇宙萬事萬物，會呼吸的有情眾生、不呼吸的空氣、水與石頭等。覺察自己的呼吸，心無外物地待在這個當下。

7. 將你的意識擴展到地球以外的星系，涵蓋行星、恆星與星系之間的空間，到達想像中最遠的地方，專注在正拓展的覺知。在這個廣大的空間意識中舒適、安心地休息，想待多久就待多久。

8. 將你的意識輕輕帶回坐著的地方，帶回到這一刻，專注在呼吸。然後，花一點時間沉浸在這項感受自己存在的練習。你可能會覺得身體輕盈，心海無限寬闊。

✦✦✦

練習後，你可能會發現自我有時似乎不存在了，需要的話，當然隨時可以把自己拉回來。你專注於內在的模式時，你不需要自我意識，只需放由自己進入廣大無邊際的覺知中。

第三級：難以承受的打擊

讚美與責備、獲得和失去、快樂及悲傷總是像風一樣來來去去。讓自己有如一棵大樹安住在風中不動搖，快樂隨之到來。[11]

——傑克．康菲爾德，《佛陀的法音》（*Buddha's Little Instruction Book*）作者

任何人在被人生丟出安穩的小船時，都會擔心自己永沉海底，再也無法浮出水面；身在悲傷的暴風雨中，真的很難做到如大樹般安定不搖。接下來的練習會幫助你放下想要掌控事情走向的欲望，幫助你堅持到底、看清情況、冷靜思考，並做出明智選擇。放下控制欲、思維模式與自我意識，都一樣困難（如練習6－16與6－17）。我鼓勵大家明辨情況，做出有智慧的選擇，勇敢面對無慮或恐懼。放下控制欲不等於放棄思考，而不做選擇、不付出，它真正的意思是放下想要控制與支配結果的欲望。人生的龐大超乎想像，我們無法隨時都能看清或了解背後力量。放下控制欲就能找到堅持不放棄的勇氣，讓你在無法控制人生時，能作為一個有韌性的人，一步步走下去。

「我要」或「我必須」開頭的句子會在無形中產生期望和壓力，我們須調整成「我可以」。雖然，「我可以」看似過於溫和、無法應對挑戰，或阻擋不了危機的發生。但研究人員發現使用「我可以嗎？」能帶來允許而非強迫，對於激勵人們堅持不放棄，效果更顯著。[12]

練習 6-18

放下控制，堅守本意

1. 想想目前生活中有什麼無法控制結果的棘手情況，但你希望可以妥善處理，也想管理自己對此事的情緒反應。請參考以下範例：

   你的保險公司拒絕了索賠。

   父親剛被診斷罹患前列腺癌。

   服務了七年的公司剛被惡意併購，你在這家公司的前途變得難以預料。

2. 先確認處理此事的目的，包含你的意圖和情緒反應。

   我可以趕緊找到負責的保險人員，讓他聽聽我的意見。我會記得平穩心情，在交談時堅持到底。

   我可以幫助父親找到需要的治療，接下來幾個月我想專心照顧爸爸。

   我可以快速了解工作會受到什麼影響，我要保持警覺心，接受現況，並控制好我的反應（包括憤怒、恐懼或羞愧）。

3. 在接下來的這一週，每天早晨醒來的第一件事就是想一下你的打算。觀察自己在這一整天有沒有按照意圖或打算進行？也許「我可以照著計畫進行」就可以是另一種意圖，或是「在忘記時，可以對自己有同情心」也可以是另一種意圖。

4. 隨著情況變化，重新調整或修改打算，「少量而頻繁」的原則在此也適用。堅定不放棄能提升你的心理韌性。

設定好意圖或打算，然後觀察自己如何執行，如此可以強化你對自己和人生的信心，即使在

✦✦✦

晦暗不明的歲月仍舊如此。

信念，就是即使看不清楚階梯，仍然能踏出腳步。

——美國民權運動領袖馬丁．路德．金恩

你要堅持、持續前進，管理自己的反應，不論事情的發展為何，至少都能做好自己的部分，在混亂中處之泰然。這份泰然讓你能以「安靜」的雙眼看待人生。

我們在本章做了許多正念覺知的練習。幫助我們看清楚情況，調整可能會阻礙應變的慣性思維模式。我們學習重新定義錯誤，找到黑暗中的曙光，從中學習成長，並培養內心的平靜得以靈活應變。我們還練習了如何提高明辨與抉擇的能力。這些覺知反思的練習對於提高本書所有智能而言，都扮演至關重要的角色。

下一章的重點在於學習多元智能，從根本處加強大腦的應變靈活度，以面對處理任何人事物。

CHAPTER

7

心理韌性全力發揮：應對所有人事物，目光所及的一切事物

CHAPTER 7

心理韌性全力發揮：應對所有人事物，目光所及的一切事物

生活的藝術並非消除煩惱，而是透過煩惱成長。

——金融家伯納德·巴魯克（Bernard m. Baruch）

我們在本書已學到利用「少量而頻繁」逐步調整大腦。我們不僅提高了應變靈活度，同時也強化了心理韌性，讓自己有能力面對人生各種程度的挑戰。

在前面的章節裡，我們了解了身體智能、情緒智能，內在智能、人際智能和省思智能。雖然各個智能分開討論，但它們其實息息相關，彼此配合才能發揮作用。這些功能的整合由前額葉皮質完成，這裡也是本書一直與大家一起鍛鍊的大腦區塊，當這些智能良好配合時，我們便能事事處理得圓滿美好。

我們將在本章練習如何整合這些智能，提高自己的心理韌性，變得越來越穩定、可靠，今後能更快速且有效率地處理越加困難的挑戰。

讓我用一則發生在我身上的故事，為各位描述一下智能整合的關鍵。其實，我是在寫這篇的

前幾週才真正懂得整合的意義。

某次，我參加了一場在巴哈馬舉辦的研討會，地點是以心靈持修為走向的瑜伽會館，抵達巴哈馬時，天色已晚，但我必須從碼頭坐船到會場，就在踏上船之際，因為沒看清楚腳步就一頭栽進水裡。我的第一反應是趕緊浮出水面，捉住船的邊緣，大喊：「我還活著！我還活著！」

落水的瞬間，我想到電腦還在一同下水的背包裡。我知道電子產品一泡到海水大概也就報廢了，即使是短短的幾分鐘也可能救不回來，我的電腦與手機大概都毀了。

然後，我想到離家四十哩外最近發生一場森林大火，十萬人被迫離開家園，五千棟房子和辦公大樓被燒成灰燼。我告訴自己：「想想這個，你只是損失一臺電腦和資料，你還活著，你可以處理這件事。」

工作人員把我拉上船時，我說：「這裡真熱，我迫不及待想要泡泡水涼快一下。」每個人聽到都笑翻了。

舉辦研討會的瑜伽會館是一個致力於服務、和平與愛的人道社群，讓我想起家鄉支持我的朋友。抵達後，舉辦單位提供了一臺電腦和手機給我使用，但我拒絕了。四天中，我沒有使用任何電子設備，整場研討會我將重點放在引導學生進行書中的練習，我希望藉由這次的落水事件提高自己的挫折復原力和應變能力，完成了四天的不插電練習。

那次經驗之後，我的確學到許多保護電腦的小技巧，像是電子設備要放在防水塑膠袋，登船時要注意腳步，上船前可以先把行李放上去，電腦和手機分開放，就像某些父母會選擇帶孩子坐不同的班機，如果飛機墜毀至少還有一方活著。這次落水事件我選擇用自我同情與感恩的態度，我沒有責備自己或感到羞愧。至少我還活著，我有能力可以處理，我很高興自己做了明智的抉擇。

被救起來之後，我還是必須穿著濕透的衣服坐船到會館。幸好時間不長，我在二十分鐘後就換上了乾淨的衣服，坐在舒服的餐廳吃晚餐，我的內心當時油然升起了一股強烈的敬畏感。我知道自己經過多年的訓練，已經很能夠應付突發狀況，這樣的心理韌性訓練對於我、我的客戶和研討會的學生都有很大的幫助。不過，那次經驗讓我深刻感受到人們的確可以透過訓練來提高心理韌性，我已經不再像以前一樣一旦發生事情就爆跳如雷，我做的甚至比我能預期的還要好，這都是因為我練習了「自我同情」、「不責備、不羞愧」和「感恩」，才能夠把大事化小，小事化無。我現在很有韌性，很懂得如何從挫折中跳脫出來。

儘管如此，我依舊是人，我會擔心回到家後該如何在少了電腦的狀況下，處理忙碌的工作？該如何完成這本書的最後兩個章節？要如何回覆這四天沒回覆的郵件（我一天大約會收到二百封郵件）？然後，新電腦要多久才會送到？所有的文件是否都有備份成功？一堆密碼我都還記得嗎？

我該如何處理這些擔憂？我做了一份非常詳盡的步驟清單，我會在回到家的當天早上七點半開始執行。接著，我就把煩惱暫時放在腦後，畢竟我在國外的這四天什麼都不能做，那就不要再擔心了。

當天晚上我睡得很好，在這幾天中，只要煩惱的念頭一出現，我就將它寫到回家後的待辦清單。接下來的三天，我把心思放在教學研討會，引導學生練習心理韌性、正念靜觀、自我同情、創傷後的成長與大腦照護。一直以來，我總是很不想使用任何電子設備，但一直無法做到，這次我在被迫的情況下以沒有投影片的方式演講，我發現，沒有任何人想要看投影片，精彩的演講內容才是重點。某天吃早餐時，會館負責人對我說：「你的人生幫你決定了一段不插電練習。」

的確，這是一個幫助我深入練習的好機會，我在這四天好好與自己相處，感受自我的存在，享受內心的幸福感受，讓美好的平靜心態幫助我靈活地處理了一段危機。

我在前往研討會之前查過天氣預報，我知道這幾天會一直下大雨，所以我在電腦裡準備了幾份工作，準備長時間待在室內可以打發時間，但這幾天竟然陽光普照。沒了電腦的這幾天，我除了享受戶外陽光，還讀了三本臨床醫生的書。什麼時候我會有這樣的閒情逸致閱讀三本書？而且，我還保持了寫作進度，你相信嗎？我是用手寫的！能夠臨場發揮創意教學，我感到踏實又欣慰，而且看到每位與會同學都是認真學習、追求成長，這趟旅程真的讓人打心底開心起來。我體會到朋友柯思（Doug von Koss）在其著作《感恩燉牛肉》（*Gratitude Goulash*，暫譯）說的：「詩歌與食物，人生最好的解藥。」

雖然沒多久我就感冒了，落海時撞到的地方也出現了一大塊瘀青，不過我可沒有因此躺在床上浪費時間，我在加勒比海游泳，晚餐還和這裡的修行者愉快地聊了好久。

四天的旅程很快就結束了。我在週一深夜才回到家，星期二早晨七點半，我就到了電腦公司（我和他們合作了十年，關係良好）。三個小時之內，我洗了衣服，到診所領回了家裡的貓，然後暫時借用的電腦也處理好了，電子郵件、作業系統全都下載完成。家裡的備份是最新資料，因為隨身碟有用夾鏈袋包起來，裡面東西都沒有受損，不出幾天，他們就會把一切的資料都灌到新電腦。

我再次深刻領悟心理韌性可以依靠學習而提升，透過時間與持續練習的累積，我因此靈活應變地處理了這段危機。我在這次經驗運用到的練習如下：

1. 正念覺知：知道自己正在經歷什麼，觀察當下每一刻心理與外在的變化。
2. 先安撫自己的神經系統（可以運用手放在心口與感受腳底的練習），讓大腦可以快速恢復運轉，辨別事理。
3. 以下是我辨識與改變內心反應的好方法：
    - 反覆練習自我同情，不讓自己陷入因犯錯而自我貶低的情況。
    - 把注意力放在值得感恩的人事物，只要願意去看一看，絕對有許許多多事物值得感恩。
    - 拒絕小題大作（能有這樣反應，我真心覺得是個奇蹟）。
    - 練習將對未來的焦慮安放在未來，並且相信未來。

- 放開心懷，相信仁慈的無邊宇宙（參加心靈持修的群體對我有很大的幫助）。

4. 告訴自己，我很堅強。這會成為心理韌性的源頭，「我很好，我做得很棒，事情終究會成功。」

5. 尋求他人的協助。接受別人慷慨的幫助，你會覺得自己並不那麼孤單。不管事情最後如何發展，接受別人的支援會喚起內心深刻的安全感。

6. 接受自己還在學習。想想現在可以做些什麼改變？以後要怎麼做才能更好？

對失去親人、健康、工作與家園，或人生活得沒有目標及方向的人來說，我的落水小災難絕對不是最糟糕的情況，他們面對挑戰所需要的心理韌性是我遠遠所不能及的。整合本書所教的練習，可以幫助自己提早做好準備，即使遇到非常大的難題，也不會被擊倒。

❖ 創傷後成長的練習

研究人員建議人們在創傷後可以做五種練習，[1]這些練習可以幫助自己處理創傷、療癒內心，不被創傷困住，放下過去向前走，還能化創傷為力量，提高自己的應變能力，找到新的機會，從中獲得成長，建立更深入的人際連結，對生命意義有更深刻的認識。

本書不斷鍛鍊的，就是如何運用這些練習。

1. 接受事實

某些事情的發生不僅不公平，也可能根本不應該發生，但是，還是發生了。我們的第一步就是先接受事實，使用學到的正念覺知與接納自我、同情自我的練習，改變我們對事件的觀點與反應，告訴自己：「我還活著！我得解決這個問題！」

2. 尋求幫助

當我們覺得脆弱時，可以伸手尋求援助，將手伸向認識的人、記憶中的故人，甚至是想像出來的人物。讓他們提供安全的避風港，我們可以在那裡歇息一會兒，不用一直想著要照顧其他人。喘一口氣，恢復內心的平衡，直到凝聚足夠的力量療癒自己、處理問題。人們可以是我們的資源，給予鼓勵、實質的幫助與溫暖的安全網。無論需要多長的時間來解決問題，都可以尋求人們的幫助，直到脫離困境。

3. 找到光明面

練習感恩、仁慈、同情、愛、喜樂、祥和與滿足，提高正向情感最直接的成果，就是變得堅毅勇敢，眼界變得更寬廣，對未來看得越加清楚，內心也能更加樂觀正向。以成長的心態面對人生的挑戰，相信自己可以從中學習，就能大幅度地提高自己的心理韌性。「保持正向」，半杯水其實是半滿，而非半空，學習樂觀看待事物並非陳詞濫調，而是實際執行的智慧，科學已經證實此做法能帶來可以計算的效果。

4. 學習人生課題

一旦將遺憾視為學習，大腦就會開始改變看待事物的觀點，產生不一樣的反應。在黑暗中看到曙光，在絕望中找到希望，在錯誤中找到禮物，這是創傷後能夠成長並走出來的轉機。從事件中學習能夠發揮很大的作用，不僅能夠在未來擁有更好的應變靈活度，當下就能提升自己處理事情的能力。

5. 人生故事的一環

我們在練習6－15曾練習過，不要執著在一件事上，把它放到整個人生，看看它對你的過去、現在和未來是否帶來什麼意義（延續也是前額葉皮質的整合功能之一）。人們往往在創傷後領悟到更深刻的生命意義，內心將變得更加堅強，茁壯成長。

當你可以結合本書的練習，在大自然中散步時，邀請有同理心的朋友緩解內心的痛苦，同時在內心提高對一切的感恩心，你的心理韌性便幾乎不可動搖。你會相信自己有能力解決，也有能力可以應對任何事情。

❖ 建立新制約

整合應變靈活度的神經迴路，鞏固大腦裡心理韌性的基地。那麼，在需要的時候，就可以隨時存取最強大的支援來面對各種挑戰。

第一級：小波折

建立一個可以同時啟動各種智能的「套裝」練習，創造新制約，讓它們一起整合大腦的神經迴路。

練習 7-1
套裝練習

學了這麼多訓練方式之後，現在請大家為自己設計一套「套裝」練習。請將以下步驟視為連貫的流程，不分開看待。

1. 和朋友在美麗的景色中散步，靜靜感受腳下的青草、土壤，呼吸新鮮的空氣，聽聽樹梢在風中搖動的聲音與小狗輕聲的吠叫。讓躁動的情緒因大自然而緩和下來。感受和朋友之間的連結，互相分享想法、感受和能量。花幾分鐘的時間分享你對生命的感謝，任何讓你感恩的事情都可以，讓你感到自在、激勵或開眼界的時刻，都值得提出來分享。花幾分鐘想想這段過程，感受自己運用所有的智能得到的豐富感受。這個練習會持續給你能量與信心，知道自己可以不斷在大腦裡整合學到的各種智能。

2. 當你發現自己正失去平衡時，觀察內心哪些地方需要關心、安慰與鼓勵。找到這個心理層面，了解它的壓力或不舒服的原因。你可以帶著它拜訪那位關心你的朋友（需要的話，你可以想像自己回到安全堡壘，見練習2－19）。讓這個失衡的心理層面與關心你的朋友開始對話，想像這位朋友以接受和同理的態度專心傾聽。思考發生了什麼事，把它寫下來，留意內心有沒有突然產生什麼領悟，讓你覺得「對，就是這樣」的感覺。

3. 規畫自己的練習套裝，使用至少三種不同的智能，可隨著每次的練習調整，設計出最適合自己的套裝練習。

整合不同智能的同時，就是正在創造與強化大腦的神經迴路，讓它越來越懂得如何自行整合，讓整合的過程越加順暢，成為心理韌性的基石。

第二級：錯誤與心痛、悲傷與掙扎

醫學博士兼禪修老師瓊恩．卡巴金設計了一套以正念為基礎的減壓課程，他在課程裡解釋了強化心理韌性的重要性，他說：

「我們都能接受人類無法控制天氣，經驗老到的水手懂得如何細心觀察，謙遜地尊重大自然的力量。可以的話，他們會盡可能地避開暴風雨，但如果躲不了，他們會拿下風帆、封上艙口、放下船錨做好準備，把可以做的事控制好之後就放手休息。他們會在各種氣候下訓練，收集第一手資料，培養自己的應變能力，在需要時就不用擔憂。培養自己面對各種生活中的『天候』，這就是我們說的『有意識的生活藝術』（深層地覺知自己的身心靈與周遭環境）。」[2]

練習 7-2

期待意外

訓練自己接受意外之事，讓自己靈活應變，不會一下子就被擊垮。你需要製作一份確認清單，也需要事先練習，讓這些行為連接到神經迴路，讓身體記憶執行的步驟，真正遇到事情時不用回想該怎麼做，就可以更快速且自然地回應，依照儲存在身體裡的記憶應變。你也可以用同樣的方法訓練各種智能的聯合神經迴路。

1. 找一個需要快速反應的危機情節。小小的危機就可以了，像是車子發不動，但急著載孩子上學、見客戶或到車站接家人等等。後車箱有跨接電線嗎？手機有叫計程車的電話嗎？和隔壁退休的鄰居關係好不好，能否跟他借車？這不僅是一項確認清單，也是提前練習遇到危機時的應變能力，儲備自己的安全網和資源。練習正確使用跨接電線的方法，查一下叫計程車的電話，找個理由先問看看鄰居的借車意願。當你預先練習了這些事，在真正需要的時候，不用多想就知道如何行動。

2. 換一個更具挑戰的練習情節。假設你的另一半踩到丟在樓梯的玩具而摔倒，你聽到破裂的聲音。這時，你可以提前練習應變的方法，安撫自己的神經系統。事先演練打電話給救護車時該怎麼說，或是請求鄰居、家人或朋友幫忙時，該如何說明才能清楚表達而不顯慌亂。事先想好到急診室要帶什麼東西，如錢包、身分證或住院用品等等。我們無法把生活的每一件事都掌控得樣樣如意，意外的發生常帶有許多不確定性，但只要事先做好準備，就能提高應變的挫折復原力。

3. 找一個更困難的情況。例如公司縮編、嚴重的疾病、自然災害等等，別把這樣的練習當作病態，這只是事先演練遇到時的應變方式，想想自己有沒有辦法沉著處理危機，不被擊倒。

建立一個經濟方面與人際關係等外在安全網，這些資源可以增加你的心理韌性。當然，大腦裡也要準備一個安全網，把應變步驟儲存到神經迴路，內在與外在的安全網同等重要，替自己想好各種「人生天候」的應變方法，讓自己更加堅強、懂得靈活應變。

即使處在狂風暴雨，仍舊要堅強面對危機，啟動所有智能，保持頭腦清醒。

練習 7-3

至少我還可以……

1. 找出身體還可以做的事，像是醒過來、起床、走路、吃東西、上廁所（這不是開玩笑，這是維持身體健康的基本功能）。你一樣看得到、聽得到，能分辨冷熱，也記得該怎麼泡杯咖啡。也許這都只是一些很基本的小事，但至少你還做得到。

2. 接著，提高你的情緒智能。例如，半夜鄰居家的孩子嚎啕大哭讓你覺得很心煩，但是，心煩表示你還活著。你對這個世界還有反應，如果你進一步對今晚一被哭聲吵得無法入睡的人也心生同情，那麼，其實你已經運用了應變處理的能力，你已經懂得用不同的觀點看待人生。

3. 然後，增加人際智能，以剛剛半夜哭嚎的小孩為例。當你聽到鄰居家的孩子哭成這樣，開始替他擔心孩子是不是生病了，想想其實自己不是今晚唯一睡不著的人，世上還有許多因失眠而苦的人也還醒著。這樣想想也許就沒那麼惱火了，能夠稍微原諒這位害你夜不成眠的孩子。

4. 你甚至可以啟動你的省思智能，觀察你的努力是否讓自己更懂得靈活應變。如果你能說出「至少」我還能……，表示你真的有在面對問題，並沒有完全放棄，你要拍拍自己的肩膀，鼓勵自己繼續努力下去。

觀察自己仍舊在這個世界中活著，這正是維持頭腦清醒而不放棄的方法。雖然，你沒有做出什麼偉大的英雄事蹟，也不特別勇敢，只是努力地踢著水，保持身體繼續往下沉，但你知道自己一定可以游到岸上的。

✦✦✦

❖重新制約

我們在練習6－14學習了重新制約。從錯誤與災難中學習，把壞事重新定義為成長的機會，在災難中找到希望。現在，讓我們進一步深入探討。

第一級：小波折

我們將在這些練習中養成反問自己的習慣：「我在錯誤中學到了什麼？」你將啟動各種智能讓自己能在未來更加堅強與靈活地處事。

練習 7-4
因禍得福

1. 尋找三、四個值得信任的朋友一起進行這項練習。跟朋友說明這項練習的目的是幫助大家培養在黑暗中看到曙光的能力，幫助我們從憾事成長。
2. 首先，設定討論的基本規則，包括分享、傾聽、集思廣益，但不批評、不互相指正。有了這些規則，參與成員就可以安心地分享自己脆弱的一面，表彰自己的優點，不怕受到言語攻擊。
3. 每個人用大約十分鐘的時間分享自己犯的錯誤，或那些令自己跌倒、失常，甚至是爬不出來的困難。然後，分享自己如何解決問題、你從過程吸取到了什麼教訓、如何讓自己重新強壯。如果事情能夠重來，是否能有不一樣的處理方式？其他朋友請以同理的心情傾聽，不做任何評論。
4. 在分享時，每人都要坦誠無私地分享自己的經驗，其他人則要專心傾聽，留意自己從中學到什麼、獲得什麼體悟。

5. 每個人都分享完之後，大家互相分享從別人的故事得到什麼感想。

6. 每個人都須靜心思考，且敞開心懷地接受他人的支持。你可以請大家都寫下這個練習的步驟，請每個人想一想自己是否從這項分享練習變得更加勇敢堅毅。

與信任的人互動可以建立安全感，並且促進大腦學習和成長。集中注意力在分享的過程與自己當下的體驗，讓每個人都可以安心地分享自己的強項與脆弱之處。專心傾聽他人的故事可以讓大腦進入休息的預設模式，內心會自然產生新的領悟與見解。

第二級：錯誤與心痛、悲傷與掙扎

我們在練習3－20曾想像事件照著理想的方式發展，藉此調整對事件的情緒，放下糾結的羞愧感。當發生人際互動的問題時，也可以想像一個令你感到滿意的解決方法，把原本錯誤的結局與想像中的理想結局放在一起，一同化解內心執著的情緒。你可以運用同樣的練習調整負面的情感記憶，任何讓你感到遺憾或後悔的事，都可以利用想像不同的理想結局，引導大腦重新建立正面的情緒。

練習 7-5

放下對自己的失望

1. 找一個讓你安心的地方進行這項練習，閉上眼睛，想像自己來到一個安全舒適的地方；也可以請好友坐在身旁陪你進行這項想像練習。

2. 將意識轉到正念自我同情，覺察並接受自己和這段經歷。

✦✦✦

3. 回想一段過去曾遇到的困難，你總覺得當時的自己不夠堅強，一直遺憾自己沒有再多堅持一會兒。
4. 在回想這件事時，你會喚起儲存這段回憶的神經網絡。你會感覺到自己放不下哪個部分，以及內心有什麼負面情緒等等。盡可能地深入回想這段經驗的所有細節，但別讓自己陷得太深，走不出來。
5. 暫時放下這段負面回憶，開始在腦海裡想像自己做了正向積極的改變，想像你以更堅強、更靈活的方式處理問題，即使現實生活永遠不會發生也無妨，然後，將正負兩面的結果擺放在一起。
6. 讓新的結局在想像中延伸發展，直到滿意。觀察這個理想結局帶給自己的感受，這種感覺是從身體的哪個部位產生。當想像自己以更成熟、更堅強的方式處理問題時，是否有對自己產生不一樣的觀點？盡量讓這種感受和想法更生動、更真實。
7. 喚回原本負面的回憶，來回在正面與負面的兩段經歷切換幾次，切到正面時請用力地感受它，讓它生動且強大，轉換到負面時，就輕輕帶過，讓它慢慢地從心裡消失。
8. 完完全全地放下這段負面的記憶，讓內心停留在正向的新體驗。
9. 回想這段練習，觀察你對自己的感受有沒有產生變化？是否覺得自己其實是個堅強有韌性的人？
10. 如果你邀請朋友陪伴你進行這項練習，可以和他分享練習的結果。也可以把這段過程記錄下來，每天讀一到兩次，看看是否有新體悟。

這項調整遺憾的練習效益非常強大，其他練習的效果很難與之匹敵。人生中也許還有許多課題必須學習，也還有很多困難必須解決，但是，你的觀點已經改變了，你選擇了以不同的角度看自己。這些觀點讓你能用更堅強且果敢的態度面對人生、處理問題。

第三級：難以承受的打擊

我們在練習6－15曾經試著將一個創傷事件放在完整的人生中。當把單一事件放在範圍更遼闊的人生裡，過去、現在與未來將變得更為生動。現在，讓我們再一次練習體會這樣的時間軸。拉出一條時間軸，把所有曾經經歷過的怯懦都寫下來，記錄自己當時如何面對這些事件，再用更為宏觀的人生角度，想想如今的自己是否已經變得更加堅強？（也許沒有，這也可能就是你正在閱讀本書的意義。）

除了強化我們的心理韌性，還須相信自己擁有韌性，以下這項練習能讓你相信自己真的具備強健的韌性。

練習 7-6

挫折復原大事記

1. 你需要建立自己此生挫折復原力的整體狀況。可以找出一捲黃皮紙，或是用紙膠帶把紙黏在一起也可以，給自己足夠的長度記錄人生的重要事件。選幾支不同顏色的原子筆、色鉛筆或螢光筆。
2. 從出生那天開始（如果有子宮醫療創傷也可以回溯到更早之前）。每年或每五年畫下一個標記。
3. 開始寫下每一次你無法堅強解決的挫折。將它們分為三級，第一級對你的破壞性最小，中間程度列為第二級，破壞性最強則放在第三級。你可以選擇先著重於第三級的事件，但是同時寫下程度一、二級的事件將能讓你對於自己的心理韌性有更全面的了解，也會更有信心。用不同的顏色、字級大小和形狀表示每起事件的重要性或嚴重性。給自己足夠的時間回想，當下無法想到細節也沒關係，在幾天或幾星期之內想到什麼就可以寫下來。

4. 在這份大事記中寫下你當時的處理方式，哪些應對技巧已經純熟應用？哪些必須多加練習以改進？當時使用的應對方式和本書的練習是否相似？還是完全不同呢？觀察你的應對模式，也記錄處理每起事件的感受。是否有讓自己恢復身心平衡、情緒安穩，並且安全感再度滿盈嗎？有沒有應用人際資源？有沒有恢復能辨別對錯、做出明智選擇的清楚思維？想一想，然後好好運用本書學到的各種智能來幫助自己。

5. 一個月後，再看一次這張大事記。你對自己的挫折復原力有沒有不一樣的觀點？

6. 你也可以把這張大事記分享給信任的朋友，從他們的回應吸取有所助益的觀點。

這是一項艱鉅的任務，現在的你已經能夠平心靜氣地了解自己何時擁有良好的心理韌性，又是何時無法安妥地應對人生。請打開胸懷，以尋根究柢的態度想想自己該怎麼做才能讓事情有不同的走向？

把這張大事記當作學習工具，不要評判自己，專注思考哪些方法對自己有幫助，哪些會害自己失常？你目前又掌握了哪些應變技能？還有哪些需要多加練習？讓學習帶著你往前躍進，在下一個挑戰來臨時，你就能帶著強大的堅定意志，靈活面對。

❖ 解除舊制約

面對自己離世，可能是人生最大的挑戰，尤其當我們在不談論、不規畫生死議題的家庭或文化中成長，生死課題可能更是讓人盡力迴避。然而，一旦我們能夠平靜面對此問題，就有更大能力可以處理人生各種困難。

第一級：小波折

練習 7-7
晨間隨筆

卡麥隆（Julia Cameron）在《創作，是心靈療癒的旅程》（*The Artist's Way*）一書中，設計了一套晨間隨筆練習，讓自己在沉澱的思緒中，消除阻礙創意的各種原因。[3]這是一種意識流（**stream-of-consciousness**）的日記，意識流指的是尚未訴諸語言的心靈活動，這時，人的心理意識將像瀑布般流動，這樣的寫作方法可以有效清除心理和情緒的碎片，讓充滿創意的想像力再次流動。

我們可以將自由流動的意識流日記應用在任何主題，像是我該結婚嗎？我該離婚嗎？我是否可以順從我的心，選擇一個沒有錢賺但可以獲得很多其他地方沒有的經歷、想法和見識的工作？在這項練習中，我們會把焦點放在死亡主題，打開你的直觀智慧，看看能得到什麼領悟。

卡麥隆建議，早上起床第一件事就是先寫晨間日記，因為大腦還沒開始思考今天要做的各項大小事務，還處在預設網絡模式。你可以將日記和筆放在床邊，一醒過來就可以開始書寫。如果你選擇晚一點寫，請盡量在每日的同一時間點撰寫，規律習慣會對無意識的大腦創造一個指令，讓它在固定的時間開始運轉。

1. 自由隨意的寫三分鐘，不要計畫、思考自己要寫什麼，不要回頭檢視內容，也不要停下來。讓大腦自由發揮，三分鐘後闔上日記本，放在一旁請勿重讀內容。

2. 連續兩週，每天寫三分鐘，在內心種下這個念頭：「我想知道自己對生命與死亡有什麼看法。」然後不要思考，讓這個念頭進入無意識，只要保持每天自由書寫三分鐘。一開始的內容可能毫無意義，所以才請大家寫完之後別重新閱讀內容。內容的意義在這個階段並不重要，目前只須疏通管道，增加自己書寫的自在。然後，你會慢慢開始注意自己寫出有意義的內容，這不是事先在心裡思考整理的東西，在寫出來之前也不知道自己有這樣的想法。清晰的洞見會在書寫的過程自然產生。

3. 兩週過後，寫下你對這項練習的反思，觀察你對自己離世這件事的觀點有沒有改變。你對生命與死亡可能有些想法，也可能沒有，但這個階段的你應該會有更豐富的想法。留意自己對生活有沒有產生任何重要的觀點？

這項書寫練習是很棒的練習，讓你獲得更深刻的直觀智慧，可以提升你的應變靈活度，讓你有能力面對各種程度的挑戰。

第二級　錯誤與心痛、悲傷與掙扎

智慧告訴我，我什麼都不是。
愛告訴我，我就是一切。
我的生命，在兩者間流動。[4]

——印度智者室利．尼薩加達塔（Sri Nisargadatta），
《我是那：一位悟道者生命及行事的獨特證言》（*I Am That*）

練習 7-8

我在這裡，我不在這裡

想像自己不存在了，反而讓你更有生命力，更能感恩自己還好好活著。當你意識到自己在這座星球存在的時間其實是有限的，自己在人生中有無限可能，你對人生的先後順序便會產生變化。如果你讀過史蒂芬・拉維（Stephen Levine）的《今生：若只剩一年可活，你要做些什麼？》（*A Year to Live*）[5]，想必你對本練習會很熟悉。這次的練習能在任何地點、任何時間進行。

1. 把注意力集中在自己身上，知道你在你的身體裡，知道當下正在做的動作，知道你是在走路、站著或坐著。
2. 觀察身體周圍的環境，坐在房間？正在走到鄰居家的路上？走去附近的商店？
3. 想像周遭一切事物安好地存在著，但你消失了，世界依舊正常運轉，但你和一切人事物不再有任何關聯。
4. 然後，將意識拉回自己身上，發現自己依舊存在，呼！
5. 發揮想像力，想像自己存在，再想像自己不留下任何蹤跡地消失無蹤，不論自己如何變化，世界依然安好地存在著。

在「存在與不存在」兩者之間切換，讓心裡浮現平靜祥和的感受，把心定在這裡，能夠越挫越勇、有能力面對各種境遇與挑戰。你獨一無二，你可以創造各種可能。

✦✦✦

第三級：難以承受的打擊

本書的開頭便說了：「如何應對問題，就是問題的所在。」我們也曾討論前額葉皮質就是掌握應變靈活度的地方，這是大腦管理、改變和調整應變模式的部位。神經系統的加速、減緩或停止運作都會啟動各種反應，透過情緒的產生獲取你的注意力，讓你知道有大事發生了。透過內心強烈的慣性反應，透過人們賦予的後盾與支援，透過自己清晰的正念省思，你可以分辨自己擁有什麼樣的選擇，然後做出明智的決定。前額葉皮質會整合各種不同來源的資訊，然後以成熟、一致、堅毅的方式面對各種人事物。接下來，為各位介紹最後一項強化大腦整合靈活度的練習。

練習 7-9

俄羅斯娃娃

這項練習的設計靈感來自於我奶奶放在壁爐上的俄羅斯娃娃。娃娃內藏著另一個娃娃，精緻可愛地層層套成了三層。我們可以把內心複雜且多層次的我，也想像成一個套住一個的俄羅斯娃娃。基本上，我們的內心擁有三個層次：內在小孩、成熟的我與大智慧的我，而前額葉皮質就是層次之間的導航系統。

內在小孩：幼兒期建立的行為表現與應對模式，已經深深編碼在神經迴路中，是我們的一部分。我們可能會很喜歡某些早期養成的模式，有些則甚至有點討厭，某些是覺得丟臉而不願意承認的特質，還有一些部分不好不壞地介於中間，幾乎已經讓人遺忘。

成熟的我：成熟的心理特質，它懂得學習自我與各種人事物的運作方式，以最好的一面應對進退。成熟的我懂得利用前額葉皮質調整早期建立的內在小孩模式，它既穩定又能活潑應事，它知道要利用大腦的神經可塑性提升心理韌性，它還懂得調動大智慧的我來引導自己。

大智慧的我：這是我們想像出來的角色，它強壯、充滿愛心、同情心，它慷慨又有彈性，這是我們內在最好的一面，它天生善良，以直觀的智慧引導我們做出選擇。（我自己還另外增加一個層次，這是我的更高意識，它涵蓋了上述三個心理層次，它體現於所有的存在之中。這項練習對我來說很有效果，但這次的練習會先著重上述三個層次：內在小孩、成熟的我與大智慧的我。）

1. 找出經歷三個自我層面的時刻。也許是擊中棒球的那一刻，內心的小孩興高采烈，也許是因為不能在公園多玩一會兒，或因為得了麻疹而不能跟班上同學去戶外教學。

你可能記得在跑完馬拉松或獲得理想工作時的自豪，或是擔心薪水不夠付帳單的憂慮，這些心理反應則來自成熟的我。

耐心考慮是否再生一個小孩，或能否提早退休時，則是來自大智慧的我。即使你發現自己經常使用某一個層面的我，還是可以在生命中找到其他層面的體現。

2. 觀察自己從一個層面跳到另一個層面的時刻。譬如，成熟的我發現自己以內在小孩模式反應，覺得這種反應對事情沒有幫助，因此選擇了另一種行動方式，這可能是大智慧的我協助做出的選擇。或是，大智慧的我觀察到成熟的我無法正常發揮，而開始進入戰逃的生存模式。觀察自己在這些層次之間的轉變。

3. 現在，在腦海裡想一個這陣子急需處理的問題，觀察自己的三個層次產生什麼反應。譬如，成熟的我注意到剛喪偶的父親健康狀態急速下降，正在考慮該把父親接來同住、安排看護或養老院，或是先觀察一陣子再行決定。父親和其他家人都有各自的看法，三個層次的我也是意見此起彼落。內在的小孩很掙扎，它還記得小時候跟爸爸下棋的情景，很希望與爸爸同住，再次重溫兒時回憶。但是，又想到爸爸工作忙到連高中畢業典禮都無法抽身參加，想到這件事在心裡留有很大陰影的事，內在小孩又不想讓爸爸搬進來了；另一方面，成熟的我考慮到爸爸的健康，很希望能夠親自照顧他，以免病情加重，但同時也尊重老爸不想造成子女負擔，希望獨立生活；而大智慧的我引導你耐心思量，它接受每個層面的想法，信任你一定會在思考的過程中找到答案。

有意識地在三個層次之間轉換，可以幫助你看清楚每個層次對這個事件的反應。知道是哪個層次的我正在反應也是相當重要的一環。

4. 花些時間思考整個練習過程，特別要觀察管理角色轉換的前額葉皮質。顧著思考三個層面的需求與煩憂可能無法幫助自己解決問題，而且可能還需要納入其他人事物一同考量。你的前額葉皮質會不斷整合各項因素，讓自己可以做出最後的決定。前額葉皮質的主要功能就是進行決策，它會考慮每個層面的觀點，如此將能提升你的應變靈活度與心理韌性，讓你做出最明智的選擇。

我們整本書中不斷強調「少量而頻繁」，經常進行本書的練習，是成功改造大腦的方法。這些小小的成功會給你信心，提升你的心理韌性，幫助你越挫越勇，越來越堅毅。

「少量而頻繁」的原則也可以應用在為自己設計的練習套裝，整合你所需要的所有練習，反覆鍛鍊自己。即使人生難免遇到無法突破的難關，即使你無法接受生命終有結束的一天，仍舊可以利用少量而頻繁的方法，幫助大腦的神經可塑性，整合所學以提高應變靈活度，靈活處理生活的一切人事物。

設計練習套裝的過程可能很複雜。你將需要新的東西幫助自己，因此，下一章我們要介紹七種生活方式，幫助你照顧大腦的需求，畢竟所有調整和治療都還需要大腦完成。除此之外，我們一樣要依靠少量而頻繁的原則，逐步邁向成功。

CHAPTER

8

照顧神奇的大腦：提升心理韌性的生活風格

CHAPTER 8

照顧神奇的大腦：提升心理韌性的生活風格

人類的大腦是整個宇宙已知最神奇、最複雜的結構，大腦除了擁有八百億個腦細胞，還有更多神經細胞遍布全身。[1]每個神經元透過突觸間隙（synaptic gap）連結數千個神經元，產生上萬億個連結，負責處理大腦內部溝通與外在行為。神經學家將這些大腦神經元連結繪製出圖像，即是神經連結組學（neural connectome），這就如同分子生物學家繪製人類基因染色體一樣。一個立方厘米的腦組織中，神經元連結就與銀河系中的星星一樣多，我的同事韓森常將大腦暱稱為一顆椰子中放了一點四公斤的豆腐（大腦的平均重量），但這一公斤多的豆腐卻是人類整體心力意志。

保護和培育大腦功能對促進身心健康很重要。保護、鍛鍊和強化大腦，可以拓展情緒、人際關係與認知功能，提升我們的挫折復原力。

第八章和之前的章節不同，我們將在本章學習提升大腦健康與功能的七種生活風格：

運動

睡眠與休息

營養
學習新知
歡笑和玩樂
和健康的大腦遊玩
零數位假期

建立新制約、重新制約、解除舊制約是大腦進行改變的過程，也是最佳方式，接下來的練習就是以此設計，培養出可以應付任何挑戰的心理韌性。一樣，我們先從少量而頻繁的方式著手，享受大腦在提高應變靈活度和活力的過程。

❖ 運動

根據近十年的研究，我們已經很清楚身體需要活動，才能維持心臟、肺臟、肌肉和關節的健康，當然，大腦也一樣。[2]對大腦來說，飆汗的有氧運動是最好的選擇，強烈的運動可以釋放腦源性神經營養因子（brain-derived neurotropic factor，BDEF），這種生長激素因子，可以讓大腦生成新的神經元，特別是海馬迴，這是大腦將嶄新經驗轉為長期記憶的地方。腦源性神經營養因子也會刺激新的神經元，增加神經元樹突的長度、密度和複雜性。樹突是神經元的延伸，是神經元用來接收與傳遞訊息的管道，大腦網絡因此能夠進行更複雜且精密的運作。此外，腦源性神經營養因子還能加速神經元的成熟，使其成為功能完善的腦細胞。大腦相關結構（如前額葉皮質）可以因此得到保護，降低腦萎縮和認知功能下降的機率。運動可以讓你變得更聰明，幫助你在老年期還能擁有清楚的思維能力，人的記憶力會隨著年齡而下降，但我們能依靠運動反轉。

成人大腦平均只有一點四公斤，卻占了身體氧氣消耗量的兩成。經常運動能夠刺激心臟帶動更多血液流向大腦，增加大腦的含氧量與葡萄糖，這是大腦活動的能量來源。此外，運動會增加神經遞質的釋放，像是血清素（serotonin，譯註：又稱「幸福荷爾蒙」）可以消除不安情緒，帶來安心感）、多巴胺（dopamine，譯註：又稱「快感荷爾蒙」。大量分泌時，人們會有快感、身體更活躍，內心產生幸福感）和去甲基腎上腺素（noradrenaline，譯註：又稱為「憤怒荷爾蒙」。讓人感到興奮、欲望、不安與恐懼），它們是腦部的三大神經傳導物質，刺激大腦進行各項活動。腦內啡讓人感覺愉悅，這就是跑步之人會感到欲罷不能的原因。乙醯膽鹼可以提高人的警覺性，在臨床試驗已證明運動的效用和抗憂鬱症藥物（如百憂解）一樣有效。

運動可以重新生成位於細胞染色體末端的端粒（telomere），這個蛋白質複合體有保護的作用，可以保護染色體的完整性，就像鞋帶末端的塑膠套，可以防止鞋帶的線頭解開。[3]運動可以防止染色體發生複製錯誤，還能夠延長身體健康的時間。運動促進健康的範圍很廣，它就像消炎藥，可以直接消除造成全身性疾病的起因，還能夠延緩退化性疾病的發作。身體需要連續運動至少三十分鐘，大腦才能釋放讓你感到愉悅的腦內啡。一週運動三次剛剛好，當然能夠運動到五次更好，少量而頻繁的原則也適用於運動領域，連續幾天的適度運動比一週一次的強烈運動，來得更加有效，也更為安全。

跑步、快走、騎單車、游泳或健身的階梯運動，都是能同時運動到身體兩側的運動，交替活動身體的兩邊，能刺激左右大腦。這樣的運動可以產生鎮定神經系統的作用，同時還能滋養大腦。跳舞、網球、籃球和排球等與他人一起進行的運動，可以啟動大腦內的社會互動系統，建立心理安全感，改變神經連結。這類的運動可以啟動讓人感到快樂的多巴胺，滋養較低層次的大腦，讓你保持活力。混合個人與社交性的運動可以讓你日常運動更加有趣。找個好朋友一起運動或上健身房，除了運動選擇因此更多以外，還能提高動力。

假若有氧運動超出身體負荷，可以參考練習8-2的溫和運動，幫助你活動身體，滋養腦袋。

建立新制約

建立新習慣會比覆蓋或消除舊習慣容易許多，運用接下來的練習建立運動習慣，並培養滋養大腦的健康生活型態。

練習 8-1

四分鐘的腦部與身體運動[4]

如果沒有足夠的時間可以去健身房或游泳、爬山、騎單車等等，你可以試試看這項四分鐘的運動，刺激大腦的成長與健康。如果有餘裕，每天都可以做個幾回。

1. 選擇一首你喜歡的動感歌曲，搭配爬樓梯的運動，歌曲的長度約四分鐘。
2. 在上班的休息時間，做搭配桌面的伏地挺身與深蹲。可以找個朋友或同事督促彼此一起做。

3. 刷牙時，做一套深蹲和側彎的運動。面對鏡子，慢慢將身體往右傾斜，然後換左邊，同時將肋骨挺向相反方向。

4. 和孩子玩四分鐘的鬼抓人遊戲。用孩子的心情開心地玩呼啦圈，連續搖上四分鐘，這樣的有氧運動對腹部與核心肌群有很大的幫助。

5. 碼表設定為四分鐘，以最快的時間打掃家裡或辦公室；加快動作刷浴缸、吸塵或拖地，只要四分鐘，既能流汗又能換來乾淨的家。

雖然四分鐘的運動不能激發腦內啡，讓你感到愉悅，但大腦還是可以得到很多運動的好處，可以保護腦部健全的長期運作。

練習 8-2

生活即是健身房

我的醫生在診間貼了一張海報，海報畫著一位提著兩袋超市雜貨的女士，走在人行道上，標題是「生活即是健身房」。不論你的生活型態如何，每天都需要活動六十到九十分鐘，好讓大腦充電。你可以將運動融入日常生活，維持大腦的健康，這樣做並不難。

1. 如果你是長期坐在辦公桌前的人，提醒自己在固定時間站起來動一動，在大廳或街角走一走，我們常因為工作壓力大或時間不夠而忘記站起來走一走，但定期休息其實可以提高大腦的活力，讓它恢復精神，避免大腦疲勞或注意力不集中，疲憊的大腦就像被一層迷霧籠罩。

2. 走路去上班。還沒到辦公室就先停車，然後走去上班。有樓梯就走樓梯，可以的話，也走路去吃午餐。記住，活動身體就是滋養大腦。

3. 專心做家事：把鋪床、洗碗、折衣服、撿玩具、丟垃圾、修剪花草或洗車的每個動作都當成運動。感受身體的伸展與下彎，肌肉的收縮與平衡之間的變化。雖然這些家事不是有氧運動，也不足三十分鐘，但仍舊有效果。很多研究都顯示專心動作可以給大腦帶來好處，幫助大腦保持清醒，這對大腦而言的確是運動。

4. 森林浴是一個練習專注在身體動作的好方法（詳見練習2-14）。漫步在大自然，感受陽光照在身體或微風吹拂過皮膚的感覺，聽一聽鳥叫聲，聞一聞花香或松樹清新的味道，摸一摸石頭、葉子和樹皮，觀看光影形狀與顏色的變化。十到六十分鐘的步行就能療癒你的大腦。

5. 如果身體可做的動作有限，也可以在家裡練習瑜伽或太極，這兩種運動也需要很大的專注，對大腦有很大的效益。固定時間進行溫和的運動，同時專心呼吸，這比強烈運動但沒有注意呼吸，或練習呼吸的靜坐但沒有活動身體，還更有效果。

身體靈活輕快就能幫助大腦保持敏捷的速度，隨時都能準備迎接不斷變化的生活挑戰。

重新制約

我們可以運用正向經驗來調整或反轉負面的經驗，如此便能改變制約。臨床心理學家安耐特・丹妮爾（Anat Daniel），依據費登奎斯法〔Feldenkrais Method，費登奎斯在膝蓋受傷後，潛心研究動作與身心關係，開創出身心學（Somatics）三大學派之一的「費登奎斯法」。此法旨在開發還未使用的大腦與神經系統，建立新的連結，進而恢復受損的身體功能，並發展出全新的自我意象。他的工作方法分為兩種取向，一種是以口語進行的團體課程：「動中覺察」，意為透過動作覺察；另一種是一對一透過觸碰與互動的個別教學：「功能整合」。取自《費解的顯然》（*The Elusive Obvious or Basic Feldenkrais*）〕，設計了一套神經運動練習，以非常小的動作來調整大腦模式，幫助大腦開發新的神經通道習慣。

我們的大腦是藉由動作進行組織，當我們專注學習新動作模式時，大腦會開始產生上千、上百萬，甚至是上兆的新連結。這些改變會快速地轉化成思維，讓你看得更清晰，新動作變得更簡單。

——安耐特．丹妮爾，《投入生活：一生活力的九大關鍵》（*Move into Life: The Nine Essentials for Lifelong Vitality*，暫譯）

練習 8-3

神經運動[5]

1. 坐在椅子前端邊緣，雙腿打開與臀部同寬，平放在地板。手心向下，雙手放在大腿上，這個姿勢就是此次練習的中立位置。將頭轉右邊，在覺得舒服的角度即可，不需要勉強自己，觀察自己可以舒服地轉到多遠，你可以找一個視線可及的東西測量轉頭的角度。現在將頭轉向左邊，一樣找一個定點測量自己轉的角度。
2. 一樣坐在椅子的邊緣，然後將右手放在臀部後方的椅子上，手和身體距離幾公分，上半身往後傾，讓椅子承擔部分體重。頭轉向右邊，再轉回來正視前方。所有動作都要在自己覺得舒服的範圍內，注意角度可以轉到多大，也就是可以往右後方看過去多遠，重複這個動作二到三次。然後回到中間，把手放回大腿，休息片刻。
3. 坐在椅子的邊緣，把右手放在臀部後方的椅子上，身體往後傾，伸起左手，彎曲手肘，把下巴放在手背上。然後，頭和左手一起轉向右邊，再回到中間。轉身時，下巴要一直貼在手背上。重複這個動作三到四次後停下來，回到中立位置，休息一下。觀察現在坐的位置或感覺有沒有變化。
4. 再做一次第三步驟的動作，右手放後方椅子上，身體後傾，下巴放在左手背，轉向右邊，

✦✦✦

在舒服的範圍內盡可能伸展，然後停在這個位置。現在，輕輕地把眼球轉向右看，再向左看。重複這個動作三到四次，然後停下來，回到中立位置。

5. 和第四步驟的動作一樣，轉向右邊，在舒服的範圍內盡可能伸展，停留。現在將你的左臀抬離椅子約二到三公分，再坐回椅子上，做三到四次。抬離椅子時感受一下左肋骨的移動方式，感覺抬起臀部時，肋骨會靠近；坐回椅子時，各個肋骨會放寬彼此的距離。做完後回到中立位置，感受兩邊臀部的坐姿有沒有不一樣。

6. 再一次，將右手放在後方的椅子，將頭轉向右邊，感覺脖子有沒有變得活動更順暢？有沒有辦法看得更遠？

7. 現在回到中立位置，手心向下，兩手放在大腿上。輕輕地將頭轉向右邊，再轉向左邊，轉動時會感到脖子更好轉動嗎？「專心做動作」的想法會刺激大腦，讓腦迴路重組，學習動作的新模式。

8. 等待三十到六十分鐘，讓剛剛右側身體學習到的加大轉動範圍的神經運動確實地安裝在大腦裡。然後，換左邊進行相同的動作流程。

我們依靠大腦的運動皮質區下指令，告訴身體如何動作，但也可以反過來用身體教導大腦，利用微小的動作和大腦溝通新的訊息，藉由「逆向工程」來創造新的大腦迴路，開發新的神經通道，讓大腦更容易指揮身體。

解除舊制約

當身體開心地活動時，大腦也會跟著運作起來，這是替大腦充電的方法，讓你可以從新的角度看待自己和生活的一切人事物。

練習 8-4

帶著大腦迎向健康

跳舞是自我的超越，讓自己變得更宏大、更美、更有力量。

——美國知名舞者及編舞家艾妮絲．狄米爾（Agnes de Mille）

任何形式的舞蹈對大腦都有很好的效益，自由發揮的舞蹈動作可以讓大腦開心地運作。無論你是自己放音樂跳舞，還是和其他人一起跳舞，或是單純地在腦海想像自己跳舞，大腦產生的快樂和喜悅就像在休息時間喝杯咖啡一樣，讓大腦可以恢復活力。

1. 你可以在任何地方跳舞，在客廳、臥室、停車場、公園，甚至是躺在沙發上都可以快樂地扭動身體。讓身體隨著心情自由跳動，透過動作表達內心的悲傷與憤怒，這是改變情緒、改變身體感受的有效方法。

2. 建立自己的播放清單，用喜歡的音樂幫助自己表達或處理各種情緒和心情狀態，不論是輕微、嚴重、開放或退縮的情感，即便是激動或平和等情緒都能得到出口。即使在面臨困難，甚至是災難性事件時，還是要讓自己有些時間跳舞，舞動身體不是奢侈品，這是人生必需品，它可以提高應對靈活度，對心理韌性的養成也占舉足輕重的角色。

音樂和舞蹈比語言更古老。幾千年來，人類透過音樂和舞蹈傳達內心最真實的感受、面對最困難的挑戰。挖掘身體的能量，跳舞可以為大腦騰出呼吸的空間，讓它有機會喘口氣、恢復元氣。

✦✦✦

❖ 睡眠與休息

充足的深度睡眠對大腦與身體的健康至關重要，很多人經常因為忙碌又緊張的生活而無法好好睡覺。[6]年輕人特別需要足夠的睡眠，大腦在這個階段尤其需要八到九個小時，才有好好成長發育的時間，但很多年輕人每晚可能只睡五到六個小時。睡眠不足會影響新陳代謝、免疫系統和健康，特別是腦部的健康狀態。如果每晚只睡五到六小時，只要持續一週，就有等同於喝醉的認知障礙。

睡覺時，「無所事事」的大腦正進行重要任務：

1. 鞏固白天的學習和記憶，並且將它們轉成長期記憶。睡眠可以提高認知功能，恢復處理與檢索訊息的速度，讓你白天醒著的時候，能好好處理事情。
2. 恢復神經系統的平衡。[7]睡眠會吸收壓力荷爾蒙，快速動眼期是大腦唯一不受腎上腺素干擾的時候，此時沒有情緒的影響，可以好好處理白天的記憶，這就是相較於其他時刻，我們早上起床時比較不容易感到焦慮的原因。
3. 定期清掃。睡眠是大腦清理死亡和萎縮神經元的時間。
4. 給前額葉皮質休息的時間。讓它不用分分秒秒地執行任務，休息後的第二天才能有更好的運作。你應該有發現自己在很累的時候，判斷力和自制力都相對比較差。

壓力荷爾蒙與海馬迴的腦源性神經營養分子結合後，會殺死新形成的腦細胞。在你感到壓力時，管理情緒、面對挑戰的腦力會減少，腦細胞的減少會讓人感到沮喪，而睡眠不足會使得排除沮喪情緒的時間加倍。在第二章談到許多管理壓力的練習，幫助你不被壓力打倒。你可以利用夜晚的降壓來提高自己的心理韌性。在《為什麼斑馬不會得胃潰瘍》（*Why zebras don't get ulcers: an updated guide to stress, stress-related diseases, and coping*）一書中，作者薩波斯基（Robert Sapolsky）指出，大腦不像汽車引擎，擁有隨時可以開關的引擎。[8] 大腦比較像是需要長跑道的噴射客機，起飛和降落都需要時間。這就是為什麼大腦需要在夜晚降落，好好地睡一覺。

練習 8-5

獲得充足的良好睡眠

以下是能改善睡眠的方法：

1. 在睡前一小時停止日常活動，消解心裡的壓力。你可以看一部好電影，不要看夜間新聞讓自己精神緊繃。關閉電腦和手機，因為內容太刺激了，螢幕的藍光就像白天的日光，會抑制褪黑激素的釋放，褪黑激素是告訴你該睡覺的荷爾蒙。

2. 制定睡前的規律活動。放輕鬆，可以和家人聊聊天、讀本書，舒服地洗個澡，讓大腦知道要放鬆，開始進入休息狀態。

3. 在睡覺之前，做一些可以放下焦慮與消極偏見的練習，你可以參考練習2-11，做一下肌肉放鬆的漸進式運動。練習3-8的感恩訓練、練習3-10的感受他人善意、練習5-10的遇見彼此，都能讓美好的時刻在心裡發酵。另外，練習2-6的把手放在心口，回憶這些讓你感到安心、被愛、被珍惜的時刻。運用這些練習，放下白天裡的煩惱。你需要解決的問題白天仍舊得面對（大腦有時會在睡著期間進入預設網絡模式，為你找出解決方法），晚上煩惱也無濟於事，倒不如先放在一邊，讓自己好好休息，明天會更有力氣為問題找答案。

4. 可以的話，抱抱另一半或家裡的寵物，溫暖、安心的觸感會釋放催產素，催產素可以中和壓力荷爾蒙對大腦的毒害（和伴侶之間擁有安心的關係會更有幫助）。

5. 每晚在同一時間睡覺，早上在同一時間起床，週末一樣保持規律時間。這可以訓練大腦知道什麼時候該睡覺，何時該起床。給自己七到八小時的充足睡眠時間。

6. 在涼爽、黑暗且安靜的房間睡覺，可以安裝雙層的隔音玻璃、厚重的窗簾和地毯來減少噪音，也可以使用耳塞。床只用來睡覺和做愛。

7. 監控自己的咖啡因（興奮劑）和酒精（抑制劑）的攝取量，避免在下午六點後攝取。假如你習慣使用安眠藥，可以嘗試不要服用。你可以改用褪黑激素或Y－氨基丁酸（GABA）引發睡眠反應，這都是天然的助眠食品，可以平和壓力反應，健康食品店都可以購買。

8. 偶爾一、二次睡得不好，也不要太擔心，在《睡眠的祕密》（*The Secret Life of Sleep*，暫譯）一書中，作者卡特．戴夫（Kat Duff）分享了一則故事，他說有一位睡眠科學研究人員，起床時正要跟太太抱怨昨晚睡得很差，然後發現胸口竟然躺著一大塊石膏片。原來昨晚半夜發生了地震，部分天花板甚至掉落在他身上，而他都沒有被吵醒。

在建立新的行為習慣時，大腦會產生用來支援新習慣的神經迴路。只要花些力氣培養良好的睡眠習慣，就會發現自己越來越容易入睡。

重新制約

很久之前，睡眠相關領域的研究人員便知道大腦有兩種主要睡眠形式。其中的快速動眼期是交感神經輕微活動的時期，我們會在這個階段做夢，惡夢大都是因為神經太過活躍所造成。另一個慢波期則是深層的無夢睡眠，是副交感神經系統的作用。透過實驗室的成像技術，科學家發現大腦其實有第三種睡眠形式。[9]如果大腦在白天過度疲勞，它會自動關閉一小段時間，這個時間也許是短到難以注意的一秒，然後，它會再度開啟正常運作。

練習 8-6

給大腦一小段休息時間

在漫長的一天之中，我們可以找個時間讓大腦休息一下。

1. 在需要的時候，可以休息十個呼吸的時間。深深的吸飽一口氣，這可以啟動交感神經，喚醒大腦。慢慢的呼氣，把氣吐完，可以放鬆大腦，把整個肺部的空氣都吐完，再吸一口新鮮的空氣。
2. 停下手頭的工作，給大腦五分鐘的時間，想想完全不相關的事情，像是晚餐要煮什麼或是做做白日夢也可以。然後起身做別的事，像是去洗碗、上個洗手間或是做做填字遊戲。在午休時間和別人聊聊天，下班後抱抱家裡的狗寶貝，或是去散步，能在大自然裡散步是最好的。密西根大學研究顯示對促進認知能力來講，在公園散步十分鐘，會比在市中心或是超市十分鐘來得更有效果。
3. 在下午二點到四點之間，睡個二十分鐘的午覺，這樣的時間就夠讓大腦恢復活力，而且也不影響晚上的睡眠品質。

即使是短短的休息也能夠重置大腦，在工作時更有活力、更敏銳。

✦✦✦

解除舊制約

儘管許多夢境都很有趣，可以幫助我們處理白天或過去未解決的事情，但大腦需要慢波期的睡眠，以恢復活力且保持內心的平和。

練習 8-7

最深度的睡眠

1. 為了提高體驗深層慢波睡眠的機率，讓我們先以練習8－5降低大腦壓力，讓自己可以好好睡一覺。首先，專心於入睡，不想其他的事，然後完全放鬆，接著慢慢連專心也不想，相信身體會帶領自己進入最深的睡眠。
2. 如果你半夜醒來，也不用擔心或焦慮，你可以做之前學過的感恩練習，把手放在心口，讓自己感到祥和，相信自己會得到最好的睡眠，第二天醒來活力飽滿。
3. 早晨醒來時，給自己一些時間，感受深層睡眠的美好，這些美好感受可以加深練習效果。相信自己可以創造良好的睡眠條件後，對失眠的焦慮就會逐漸減少，而你將能調整大腦，養成良好睡眠的習慣。

✦✦✦

❖ 營養

英文有句諺語，「人如其食」（You truly are what you eat），我們擁有什麼樣的身體，源自於吃進什麼樣的食物。滋養身體與大腦的養分都是從飲食而來，《食物無罪》（*In Defense of Food: An Eater's Manifesto*）一書作者麥可・波倫（Michael Pollan）說：「吃食物，量不要太多，以植物為主。」

建立新制約

研究人員已經確定哪些食物能夠促進大腦健康。[10]對大腦有益的飲食最具代表性的即是能夠延遲神經退化的「心智飲食」（Mediterranean-DASH diet Intervention for Neurodegenerative Delay），可以預防、降低和逆轉因為老化和老年癡呆所引起的認知障礙。飲食包含了大量蔬菜、深色綠葉蔬菜、堅果、漿果、豆類、全穀類、魚類、家禽和橄欖油。魚類中的 omega-3 脂肪酸、堅果和種子對大腦是尤其重要的營養素。

練習 8-8

吃出健康的大腦

1. 如果你已經懂得選擇健康的食物、適當的分量，請好好恭喜自己，並盡可能地讓這個好習慣更穩定。
2. 要是目前的飲食模式並不理想，也別驚慌，我們不需要一夜之間徹底改變整個飲食習慣。我們的身體也不會喜歡這種劇烈的改變，大腦甚至會抗拒這些變化。你可以漸進式地將新的健康食物帶入日常飲食，讓味蕾和消化系統逐步接受，它們也需要「少量而頻繁」的方式養成新習慣。從吸引你的食物開始，可以增加更多沙拉、堅果與新鮮的野生魚類，讓這些食物成為下意識的新選項。
3. 將良好的飲食習慣和本章其他六種生活型態結合：
   - 和其他擁有良好飲食習慣的朋友一起享受用餐時間，發揮創意嘗試新食譜。可以舉辦一個晚餐聚會，每人準備幾道菜，在愉快的談天中享受美食。
   - 白天的大腦充電時間可以吃一些健康的零食，或是在劇烈運動後補充健康食物，提供身體和大腦所需的養分。

• 感謝桌上豐盛的健康食物，甚至在進食過程也感受敬畏之情，感謝食物給你能量，滋養你的身心，讓你可以做想做的事。

越來越懂得各種食物對身體的影響之後，就能有智慧地選擇對身體有益的食物，這些食物除了能促進身體健康，還能提高心理韌性。

重新制約

我們在此處做的飲食建議與減重無關，但必須了解過多糖分和加工（垃圾）食物會降低身體的能量和大腦敏銳度。我們建議的是修復味蕾，並學會享受對身心都有益處的食物。

練習 8-9

放下垃圾食物

1. 選擇心智飲食推薦的健康食物。
2. 列一張不健康食品清單，每週放棄一個，像是甜甜圈、加工肉品、汽水等等。放棄這些東西對身體與心理健康都有極大益處。
3. 你可以進行一項實驗，在排除某項不健康食品一週以上之後，再吃一次，觀察味蕾、消化系統與身體能量是否產生變化。再將不吃這項食物的時間拉長，逐步改變想吃的習慣，特別是那些下意識會拿來吃的垃圾食物。
4. 繼續放棄清單上的食品，並且在日常飲食中加入健康的食物選項，少量而頻繁的原則對大腦健康和運作功能有很大助益。

這樣的飲食選擇不僅對身心有益，同時也能建立自律、做出明智的選擇，並且相信自己是這

✦✦✦

樣的人，如此亦能提高應變靈活度和心理韌性。

解除舊制約

就像運動一樣，吃東西的過程也可以放入覺知，放慢速度，將注意力放在品味每一口食物，享受過程，身體和大腦可以從中獲得更大的益處。

練習 8-10

葡萄乾冥想[11]

我在世界各地的禪修中心都曾經教導過這項練習，它能幫助學員專注於當下，進入正念覺知。這項練習並不只能使用葡萄乾，當然也可以選擇其他食物，現在我們就先從這顆葡萄乾開始吧。

1. 手裡握住一顆葡萄乾（也可以改成花生、葡萄或小番茄）。
2. 將注意力集中在葡萄乾，帶著好奇心進行實驗，觀察葡萄乾的形狀、大小和顏色，感覺它在手心上的重量。用手指讓它在手掌滾動，觀察自己對這顆葡萄乾的反應，你會很想吃它，還是覺得噁心？
3. 將葡萄乾放在嘴裡，但不要咬，用舌頭滾動它，感受它在嘴裡是否有任何味道。
4. 現在，咬一口葡萄乾，感受它的味道在嘴裡爆開，慢慢咀嚼，觀察牙齒的咀嚼能力。
5. 準備好之後，吞下葡萄乾，留意它從口中消失時心中的感覺，會想再吃一顆嗎？還是很高興練習終於結束了？
6. 分析你對這項練習的觀察，專注吃東西是否讓你對食物產生不一樣的感受？

專心吃東西可以幫助你享受美食，滋養你的大腦，啟動你對食物的意識。吃東西時請不要做

✦✦✦

其他事，只專注在飲食，如此便能幫助你帶入正念覺知，讓你享受當下的食物滋味，讓大腦和身體得到充分滋養。試著每週練習一次這項正念覺知飲食，觀察自己是否更能享受這頓餐點？

❖ 學習新知

大腦一直處在從經驗學習與調整的狀態，當經驗和學習的內容越複雜，大腦就越能整合自己的功能，因為記憶與處理新資訊需要啟動範圍更大的大腦區塊和感官。[12] 處理複雜資訊與進行整合都可以提高大腦的神經可塑性，保護大腦不因年齡增長而萎縮，腦細胞的數量也不會隨著年紀增加而減少，我們將此稱為「儲備認知能力」，我們年輕時上大學或專精學習某項技藝，就是在儲備認知能力。因此，我們可以說讓大腦保持活躍，就是在大腦銀行裡多存一點腦細胞，為了年老將損失的腦細胞而準備。

建立新制約

以下活動可以增加我們大腦內處理資訊的灰質（grey matter），各位不妨試試：

學習彈奏樂器或學習外語

學習複雜的遊戲，如西洋棋

探索一座新城市

學習建立新的人際關係

參與社區的服務活動

以上活動都伴隨漸進式的學習，也就是大腦必須學習如何進行，以及如何處理這些體驗，而不只是單純記住新的資訊。學習的複雜程度越高越好，以學習新樂器和外語為例，可以降低五成罹患老年癡呆症的風險，因為你儲備了大量的健康腦細胞。[13]根據紐澤西州立羅格斯大學神經學家崔西·秀爾（Tracey Shors）的研究，她說：「大腦細胞的數量非常龐大，每天會產生數百到數千個，但大多數會在幾週內死亡，除非大腦被迫持續學習新事物。學習能拯救這些細胞免於死亡。更多的神經元將會因此發芽、互相連結。任務越困難，倖存的細胞就越多。」[14]

練習 8-11

訓練大腦

1. 從上述清單選擇一種學習事項，或是找一個你感興趣的事，像是編織、木工、捏陶器等等，只要選的是具挑戰性且對大腦來說是很複雜的新事物，當然，也要挑自己會喜歡的事物學習，才能持久。

2. 從少量而頻繁開始做起，並且持續一段很長的時間。如果每週花十個小時，並持續一年學習西洋棋，你的棋藝會相當精湛，這可以建立很高的儲備認知（你也許曾有過投注相當多時間學習某項技術或手藝的經驗）。

3. 可以找夥伴或朋友一起學習。人際互動可以更激勵學習，還會增加你的收穫感。我們都知道若是身體不動，肌肉就會萎縮，我們需要透過學習新事物來建立神經迴路，「使用它，或失去它」的原則一樣適用於腦細胞。

藉由學習新事物，你能建立新的神經迴路，但如果不重複刺激這些神經元，它們就會萎縮消失。我的朋友席格爾（Ron Siegel）稱這些練習為「預防癡呆」。學習不僅能保護神經元，還可以建立認知儲備，讓額外的神經元可以執行認知性的任務，像是支付賬單、報稅，或是選擇粉刷房子的新顏色。

重新制約

不斷學習更多並不難，難的是忘記自己發現的錯誤。

——馬丁・費雪（Martin Fisher）

本書多次談到我們可以將正負兩面的經驗、記憶、念頭或信念放在一起，在來回切換兩者的過程中調整大腦模式、重新制約。這些過程會消除舊的神經迴路，重新整合成新的神經網絡，提高挫折復原力。讓舊的神經網路消散很重要，大腦因此才能「忘掉」舊路。不過，當睡眠不足、疲倦或壓力大時，如果舊路依稀存在，大腦還是會習慣走舊路。

想起舊的負面回憶時，你可以幫助大腦忘掉以前學過的東西。這不代表必須否認它，只是選擇不強化它，藉由正向的事物化解舊的記憶，如之前練習6-11或6-16，我們想起了舊的回憶，承認它，然後放手讓它離開。不重複進行、不強化舊有的神經迴路，這就是消除舊模式的方法，它們會慢慢消失、遺忘。接下來的練習，我們要刻意忘掉一個不想再使用的舊模式。

練習 8-12

學會忘記

1. 找一個你想破除的情緒習慣。我們的進行方式就是不使用它，讓它慢慢消失。先選一個不難破除的習慣著手，成功機率會比較高。也許是每當暴風雨將至，就會想起十年前那場可怕災難，而你希望破除這個習慣；想要放下去年被鄰居擋住車道，內心萌生的氣憤；或是希望自己不再過度在乎別人已讀不回。
2. 找出可以和負面記憶並列的正向思想，你可以想像：「我正在學習不同的方法」，或是「我知道這個感覺或想法，但我現在知道可以不用做回應。」
3. 把新的正向思維和舊的負面記憶放在一起，把注意力專注在正向思維，讓舊記憶慢慢消失。
4. 觀察消失的過程，有點像是看著自己入睡，把注意力放在觀察舊習慣消失的過程，如此一來就不會一直想著舊習慣的內容。某天，你會發現舊的思想習慣已經不知道消失到哪兒去了。

這個練習就是為心理清潔打掃，不再把時間浪費在不合時宜的舊記憶，讓新的神經迴路有空間形成。

解除舊制約

在過度焦慮、壓力過高或太過無聊之間，心理學家米哈里．契克森米哈賴認為「心流」（flow）是最舒適的心理活動。大腦進入預設網絡模式時會產生心流，這是大腦創造力的來源。[13]創造力是一種特殊的學習過程，將帶你探索未知的領域。任何具有創意的努力，像是意識流日記、工藝畫、創意料理、和孩子設計新遊戲等等，只要能將大腦功能推到新領域，讓大腦處於流動狀態，就能好好運用新的腦細胞。好奇心是創造力的重要部分，先選定一個想法，讓思緒持續圍繞在這個想法，保持開放的態度，除去先入為主或自我偏見的想法。好奇心激發創造力。孩子帶著不受約束的好奇心和求知欲觀察這個世界，即使是再尋常不過的大雨或地上毫不起眼的小蟲子，都能讓他們駐足。

當我看到後院大片雜草和蒲公英，我想的是漂亮草坪就快要被吞噬了，而孩子們看見的卻是可以摘一些漂亮的小花送給媽媽，他們吹著蒲公英的白色絨毛球，在後院玩了一下午。傍晚起風時，我抱住雙臂頂著風，頭髮被吹得飛亂，只好抓成一束放在腦後。而我的孩子們卻張開雙手，閉上眼睛，想像自己在空中飛翔，最後一屁股跌在地上，但張開明亮的雙眼看著我哈哈大笑。我看到泥坑只想到髒兮兮的鞋子和布滿泥濘的地毯，而孩子們卻是坐在裡面，開始建造水壩、疏通小河流，和水裡的小昆蟲玩了起來。[16]

——不具名的媽媽

練習 8-13

訓練你的好奇心

1. 你可以培養對萬事萬物的好奇心。一隻螞蟻爬過正在閱讀的頁面；電燈突然變暗；為什麼會被人行道上的裂縫絆倒；搞砸了會議報告卻沒有失敗等等，追求新事物的好奇心對大腦很有益處。
2. 將好奇心集中在腦袋。何時你會感到警覺？什麼時候會產生負面信念？或是感到驚慌？你是如何反應？這次的經驗和今天、上個月或去年有什麼不同？
3. 承諾自己執行一項本書的練習，為期三十天，練習結束時觀察大腦功能有沒有改變？

✦✦✦

好奇心和創造力可以讓我們更加享受大腦的神奇，科學研究也證明這兩者可以延長人類的壽命，最長可增加四年。[17]

❖ 歡笑和玩樂

一個沒有幽默感的人，就像是一輛沒有避震的馬車在鵝卵石路顛簸前行。

——美國十九世紀中傳教士亨利・瓦得・比徹（Henry Ward Beecher）

許多人都認為「笑」是一種情緒或類似情緒的東西，但其實不然。[18] 笑是身體和大腦減除壓力的生理機制。笑會釋放兒茶酚胺、多巴胺和腎上腺素，這是神經傳遞質，使大腦的感覺更加敏銳、明亮。笑是與人產生連結的破冰好方法，人際連結對大腦有非常多益處。

「玩」是遇到或創造新的狀態，投入大腦的預設網絡模式，制定新規則、新角色或新世界，這是對大腦很好的訓練。玩樂也會產生笑聲，讓你和人事物產生連結，玩樂能讓人感到放鬆、自在，對大腦都有很大的好處。

懂得玩樂之人，很少會在壓力下變得脆弱或失去幽默感。[19]

——史都華・布朗博士，《就是要玩：告訴你玩樂如何形塑大腦、開發想像力、激活靈魂》（*Play: How It Shapes the Brain, Opens the Imagination, and Invigorates the Soul*）

現代人忙碌又壓力大，我們都忘了要玩樂和歡笑，漸漸地連要如何樂玩與歡笑都不會了。如果早年經歷過很多創傷，也許會永遠無法學會安心地玩樂和歡笑，但這種能力可以經由練習而恢復。

建立新制約

練習 8-14

重新學習如何玩樂

1. 許多「少量而頻繁」的方法，可以讓我們恢復開心歡笑和玩樂的能力：
    - 看小孩、小狗或小貓玩。
    - 和自己的小孩或寵物一起玩，也可以找親戚或鄰居的孩子與寵物一起玩，選擇很多。
    - 觀看網路上嬰兒唱歌，或不同物種動物互相照顧的可愛影片，像是狗和馬、貓和小鴨、烏龜和河馬等等。
    - 玩你的食物，當個好奇寶寶！你會為自己感到驚訝、不禁笑出聲來。
2. 安排遊戲日，和另一半、朋友或孩子，花上兩個小時當個傻子看一部傻得好笑的電影。
3. 加入笑聲瑜伽課，三十分鐘的笑聲和伸展就能為神經系統產生很好的影響，而且效果長達五個小時以上。

訓練大腦靈活度的同時，別忘了從中獲得樂趣，因為歡樂和笑聲是提高心理韌性的一大利器。

✦✦✦

重新制約

本書多次提到如何將正負兩面的經驗放在一起，借此調整或改變負面思維模式和情緒。在悲傷或恐懼時，玩樂或歡笑可能會讓人覺得違和，但至少可以讓自己感受幽默感和喜樂，給自己一個療癒的喘息機會。身陷困難時，幽默的小玩笑或他人的笑聲，都可能讓你覺得受到嘲諷，這也都是很正常的心理反應。

練習 8-15

悲傷中也要享受喜樂

遇到人生考驗時，可以試試看以下方法，給自己喘息一下，開心一會兒。

1. 和一位關懷你的朋友看一部輕鬆的喜劇電影或浪漫的愛情劇，減緩內心的重擔，繼續面對挑戰。
2. 哪些遊戲能讓你歡笑？你喜歡玩威浮球（wiffle ball，一種美國大聯盟所設計的棒球遊戲）嗎？你愛和孩子玩桌遊嗎？再玩一次曾經讓你感到開心的遊戲，提振精神。
3. 如練習8-14提到的和小狗、貓咪或小孩子玩。他們遊戲時產生的喜悅很有感染力，你甚至可能在心理壓力很大時還能因為他們開懷大笑。這些年輕的生命充滿了能量，提醒你生命會有所變化，當然也會繼續向前進。

想要在困難時期感到開心或玩樂並不容易，但這可以訓練你的應變靈活度，改變你對事情的觀點，讓你可以從不同角度看待事物。即使此時根本無法提起勁來玩樂，但還是要勉力為之，如此能強化你的應變能力。

✦✦✦

解除舊制約

給自己創造一個幻想世界、設計一個想像角色，這並不是逃離現實或躲避人生的挑戰。相反的，這可以在大腦裡建立一個解除舊制約的心理遊戲空間。設計新的角色和不同的未來，讓你在無壓力的狀態訓練自己的反應能力，建立新的大腦迴路，提升應變靈活度。

練習 8-16

幻想未來

1. 想像至少三個不同的未來，想要設計五個、十個以上都行。可以依據現實延伸，根據興趣做變化。

2. 帶著玩樂的意味，加入更多的奇思妙想，想像另外兩個不同版本，請試著讓這兩個版本和現在的自己有極大的差異。

3. 想像兩個不可能發生的未來，像是贏得高山滑雪的奧運金牌，或是發現治療乳癌的方法（如果這可能是做得到，就換個方向想像）。重點是要讓自己的想像力自由奔馳，提振心情，調整大腦，轉換它正在執行的功能。

讓你的大腦放鬆地玩一下，這能啟動更深層的下意識，靈感可能就會突然出現，給你新的見解、機會與驚喜。你能因此引出直覺，帶來新的人生方向，幫助你做出明智的抉擇。

✦✦✦

❖和健康的大腦遊玩

我們在本書不斷地學習和心態健全的人做朋友，像是第二章的社會互動、第三章的正念同理心、第四章找到關懷你的朋友、第五章建立健康的人際關係，以及第六章探索他人內心。現在，我們將要討論人際互動的力量，包含一般社交與親密的人際關係，促進身心健康。

人際互動是大腦被設定的方式，這是特徵，不是缺陷。從人類演化的角度來看，也許最聰明的人就是社交能力最強的人。這些社會適應性是我們成為萬物之靈的主要原因。另外，增加日常生活的人際互動應該是提高幸福感的最簡單方法。[20]

——馬修．利伯曼（Matthew Lieberman），《社交天性：人類如何成為與生俱來的讀心者？》（*Social: Why Our Brains Are Wired to Connect*）

建立新制約

多數人都會參加讀書會、合唱團、保齡球隊、義工組織或政治團隊等社交團體。請你在類似團體中，找到誰擁有成熟的人際智能與健全的人際互賴關係，你們兩個能有共鳴地開心對談。並不是每個人都能如此聊天，這很值得我們努力尋找。

練習 8-17

人際破冰

如果你發現自己很難和不認識的人展開交談，可以試試以下方法：

1. 這是一位客戶教我的方法。他每次出差開會都會使用這個簡單的方法，只需要跟某人說：「嗨，這裡我一個人都不認識，你願意跟我說說話嗎？」當然，開口之前，請用你的正念同理心觀察對方，他看起來是個好接近的人嗎？我們也希望這段交談能讓他安心、自在。這個簡單的實驗通常會有很好的成果，在大家都有相同目的的場合特別有用，像是電影節、簽書會、打流感疫苗、親子餐廳、義工團體等等。

2. 你也可以試試看另一種破冰法。試著請別人幫你一個小忙，先開口問對方：「你知道這是哪裡嗎？」、「這東西要放到哪兒？」、「你可以幫我一下嗎？」多數人都希望覺得自己有用、善良、能幫到別人。

✦✦✦

愉悅的社交關係能讓我們在年老時仍舊保有精神，並維持大腦健康。就像丹．席格博士所說：「完整的句子還需要一整座村落來結尾。」投入正向社群團體的同時，心靈也會越加茁壯成長。

重新制約

生存意味改變，改變意味成熟，成熟意味孜孜不倦地創造自我。[21]

——法國哲學家及諾貝爾獎得主亨利．柏格森（Henri Bergson）

隨著心智越漸成熟，我們會用新方式過生活，並且持續成長。我們以不同的關係和他人共處，如婚姻、友誼、商業夥伴、社會團體等，讓自己的心靈感到完整、多采多姿。但是，有時也會因為目標不一致，而慢慢與曾經非常親近或很重要的人漸行漸遠。這是因為我們懂得療癒自己，而能在心靈成長的過程中，漸漸地無法再和心智不健康的人相處。

練習 8-18

什麼是健康的社交關係[22]

定期檢視想要把時間和精力和哪些人分享，其實是一件有點痛苦的事，運用正念同理心和自我同情，有意識地選擇對自己有益的人際關係，或是設定關係中的新界限。

1. 列出目前所有人際關係清單，無論關係親疏，或是出於選擇或強迫，還要包含所有見得到面與社群媒體的朋友。這個過程本身就是一項練習，讓我們先將關係大致分為以下四種：

- 親朋好友
- 鄰居和熟人

- 同事
- 生意往來

2. 將這些人重新分類為以下幾種：

- 喜悅：無論接觸次數或時間長短，他們總是讓我感到快樂。
- 有意義：彼此付出關懷。
- 忠誠關係：義務關係，擁有共同回憶和經歷。
- 利益：可以從關係獲得好處。

3. 在一張大大的紙畫上心智圖，可以使用不同顏色的筆。先在中間畫一個圓圈代表自己，接著隨意畫出代表其他人的圓圈，這並不是評斷他們或評定這段關係，這只是在玩。使用不同的形狀、大小和顏色的圈圈代表不同的人。花十到十五分鐘進行這項練習，別想太多，讓自己進入預設網絡模式，讓大腦自行運作。

4. 完成後，花些時間想一想。觀察圓圈的大小，以及他們和你的距離，圓圈的顏色是明亮或柔和。讓這張心智圖的人際連結進入無意識之中。

5. 讓直覺引導你選擇一段想要提升的人際關係，設置界限，或是讓它在記憶中消色。

就像大腦需要經常清除萎縮的神經元，騰出空間給新生成的神經元，我們也需要清理櫥櫃或車庫，才能存放新買的東西；或是騰出時間旅行，體驗和日常生活不同的新事物。同樣的，我們也需要花些時間修剪累積的人際關係，放掉那些對提振心智能量沒有幫助的關係。園丁總是辛勤修剪花木、整理花叢，為下一季的盛開做準備。我們尊重已經存在的關係，選擇想要持續的部分，放掉不合適的人際關係，讓自己有時間結交更好的人。

解除舊制約

大腦的安全感會激發它的學習神經可塑性，與心智健全的人安靜相處，可以滋養大腦，給它休息充電的時間。

練習 8-19

安靜的社群活動

1. 參加靜坐、瑜伽課、太極拳或氣功等課程。你能因此在安靜且安心的氛圍中滋養大腦。
2. 到劇院、音樂廳或電影院，靜靜坐著享受這類社交氛圍。在場的每個人都是被同樣的表演所吸引而買票觀賞，即使沒有交談，空氣四周也會散發一股大家都是同好的氛圍，讓大腦好好享受這種共鳴。
3. 走入大自然。尤其可以選擇安靜、開放的空間，找一、兩位好友，靜靜在山林間行走，不要聊天，一起欣賞周遭美麗的景色，感受對大自然的敬畏。

與人來往時，話說得好，可以很快速建立良好的人際關係，啟動大腦的社會互動系統；信任自己可以做得好也很重要，這樣的心態讓你在與他人交流時感到安心自在。找個時間與人共享一段寧靜時光，為大腦充充電，提高你的心理韌性。

✦✦✦

❖零數位假期

數位的過度使用是很嚴重的警訊！

平均而言，美國成人約有四成的清醒時間花在數位設備上，每六分半會看一次手機。[23]青少年花在數位設備的時間更是高達五成，二成五的青少年會在睡醒的五分鐘內使用數位產品。大家似乎覺得在手機上花如此龐大的時間是常態，但殊不知大腦功能和人際關係會因此受到嚴重影響。我們的大腦不是電腦，透過電腦和手機與人們的交往，並不能取代面對面的人際互動。

研究人員從記錄人們過度使用數位產品的研究發現，大腦與人際關係會因此受到相當大的負面影響，甚至可能破壞人們的心理韌性，成長中的孩童影響更鉅。大腦總是不斷被電子郵件、簡訊與各式貼文轟炸，放下手機，讓大腦休息一下，這是愛護大腦的最佳方式。在經過長時間集中注意力，以及被各式訊息過度的刺激下，大腦的好幾項重要功能都會受到影響，我們需要讓它有時間休息、放鬆。

省思智能的基礎：注意力

不論你對自己可以同時處理多項事務的能力有多自豪，但是，一次處理多項事務其實會降低大腦的功能和效率。[24]大腦一次只能做一件事，雖然它可以很快將焦點轉移到另一件事，但其實無法適應快速且不間斷的轉移注意力。每次轉移都會耗費能量，在工作中抽空發訊息給孩子或朋友時，都會干擾專注力，專注力慢慢就會分散。處理六十到九十分鐘的多項事務後，大腦的運作會下降，而我們會開始犯錯。因為大腦累了，開始揚起濃霧，無法清楚思考。前額葉皮質無法清晰地運作，無法發揮創意，這時，可能無法專注在一件事三到四分鐘，更別提好好工作三到四小時了。

科學家相當重視專注力下降的現象，部分科學家甚至認為專注能力的下降是永久性。不斷受到刺激的大腦會進入另一種的過載，無法分辨什麼事情重要或不重要。例如，我們常常是為了工作而上網搜尋，但四十分鐘後一回神，發現自己已經在看不相關的網頁了。

人際智能的基礎：共鳴

我們都有自己喜歡的人際連結與溝通方式。[25]但如今，擁有上千臉書朋友，卻沒有任何一個真實人生的好友的情況越來越常見，特別是年輕人，這種趨勢讓人相當憂心。現今世代的孩子比以往更加寂寞、孤立，很容易不斷和同儕比較臉書貼文的精彩度，花費大量心力打造臉書的公眾形象。年輕人看不到同儕朋友私下的疑慮與擔憂，把臉書的社交生活經營得如同音樂錄影帶。

麻省理工學院心理學教授雪莉·特克（Sherry Turkle），她自網路發展初期便持續觀察數位科技對人際關係的影響。數位時代的人們以非常表面的方式來往，她稱之為「煎餅風格」。過去的人們會到教堂禮拜，彼此間偶爾有深入的對話，她稱之為「大教堂風格」，數位時代的人們可能很難找到深入交流的機會。她稱此現象為「喪失實質友誼的陪伴幻覺」。

科學研究顯示，青少年即使在擁有朋友的狀態下，還是會用社交媒體維持社交網絡。年輕人試圖利用社交媒體建立人際關係的方式，讓情況變得更糟糕。擁有共鳴的友誼對大腦的神經可塑性至關重要，沒有良好的友誼會讓心理韌性低落，時時感到寂寞、孤立無援與沮喪，人們會變得脆弱，沒有勇氣對抗網路的霸凌與羞辱。

情緒智能的基礎：正念同理心

沒有相處融洽的朋友，同理心會隨之降低。心理學教授特克等人觀察到人們對於混亂情緒的容忍度將因此急劇下降，對於他人感受也沒有太大的興趣和憐憫心。[26]人們放棄了近距離接觸可能產生的人際傷害，選擇以保持距離來保護自己。花太多時間在數位產品上的我們忽略自己的感覺，不再知道如何容忍、接受和學習自己的強烈感受，無法使用大腦正確地接收情緒的訊息，無法評估人際關係是否安全、舒適、危險或有害。年輕人不知道自己已失去這種能力，甚至不知道這種能力是什麼。

內在智能的基礎：自我覺知

最糟糕的是，人們失去了覺知的能力，他們覺察不到自己正在失去這項能力，人們無法忍受無聊，無法反思、自省，甚至不會做白日夢，持續維持著膚淺的人際關係，也無法和自己產生深層的連結。[27]在大量的刺激之下，人們幾乎沒有時間讓大腦靜下來，把當天學到的東西轉換為長期記憶。

大腦在聽到手機訊息提示音或來電鈴聲時會釋放出多巴胺，這是讓人感到快樂、得到期待與獎勵的神經傳遞質。多巴胺邊緣迴路會產生一種快感，這是上癮的神經通道：「我和這個世界有連結！人們想要我！我是被愛的！」這不僅僅是心理，更是到了神經病學的層次，隨著人們耗費更多時間使用表情符號進行交流，減少讓人感到心滿意足的面對面情感聯繫，其實，便已經喪失了在深入交流中獲得心靈滋養的能力。當人際關係遇到困難時，我們不願意花費時間忍受混亂的情緒與痛苦的修復過程，進一步想辦法恢復原有的和諧關係。

> 科技可以是我們最好的朋友，也常是聚會中最掃興的人。它中斷我們的故事，打斷我們思考、做白日夢的時光，我們連從餐廳走回辦公室時都總是忙著看手機。[28]
>
> ——史蒂芬．史匹柏格（Steven Spielberg）

建立新制約

你在本書學到的練習可以保護大腦不因過度使用科技產品而受到破壞，不過，也還得靠你自己經常練習才能發揮效果，在你沒有黏著螢幕時，請讓大腦做它喜歡做的事。

1. **正念靜觀**：幫助你活在當下，知道自己正在經歷什麼，清楚情緒與思維的變化。如此能讓自己的注意力不容易分散，即使在傳訊息或電子郵件時也不會過度分心。
2. **正念同理心**：幫助你監看自己和他人的互動，在人際關係遇到挑戰時能保有寬容的態度，提高你與人面對面真誠溝通的意願。
3. **正面情緒**：當他人沒有立即回應或馬上處理你的事，正面情緒可以降低失望的情緒，給你更寬廣的視角。
4. **具共鳴的連結**：人與人的面對面交流可以保持大腦的社會互動系統，調整神經系統。即使直接的人際交流可能比在社群媒體溝通來得冒險，但是從長遠來看，維持良好的人際關係，提

練習 8-20

經常練習

高人際互動的心理韌性，會讓心靈更加充實。

人類的大腦經過數十萬年的演化，學會與人良好溝通、處理人際互動的資訊。但是，科技資訊轟炸的時間至今僅短短二十年，我們仍來不及準備應對過多資訊刺激的能力。請靜下心來進行本書的練習，幫助你的大腦在科技時代維持良好的運作。

重新制約

練習 8-21

科技排毒[29]

這項練習的目的是為了消除你和孩子在數位產品上花費的時間，讓你可以暫時放下發光的螢幕。

1. 考慮在家裡設立一個零數位區域，像是餐桌或廚房。另外，某些家庭活動也應該放下手機，例如參加孩子的足球比賽、鋼琴演奏會等。你和家人可以在這些區域直接交流，分享當天的心情。研究人員發現，比起學校、作業、運動或宗教服務，你和孩子在餐桌的聊天時光，對孩子的學業進步幫助更大。[30]
2. 設定一個零數位時間：早餐前不拿起手機，睡前一小時放下手機，讓你的大腦睡個好覺。或是週六下午、週日上午都不使用數位產品，直接關機，放在看不到的地方是最有效的方法。
3. 將手機與電腦的訊息提示音關掉。只有在需要時才拿起手機，而不是一聽到提示音就要看一下螢幕，注意力會因此容易分散。

前額葉皮質是負責應變靈活度的大腦區塊，也是管理衝動、保持紀律和做選擇的部位。拔掉電源插頭可以提供大腦緩衝時間，請勿在網路上無意識地看上一、兩個小時，花些時間關心坐在我們身旁的人吧。另外，孩子的前額葉皮質尚未發展完全，無法完全掌控自己的衝動，以他們可

✦✦✦

以忍耐的方式喊停，可以強化他們控制衝動的迴路，讓他們慢慢學會自己喊停。科技排毒可以帶給你實質的回報，你會記得如何手寫字、閱讀報紙、地圖，以及感受手中書本的重量，自己決定要看什麼電影，而不是受社交媒體的牽制。

解除舊制約

我們需要休假，也需要補充心靈的幸福感，時常讓自己放一個零科技假期，讓大腦有時間充電，恢復活力。解除舊制約將使大腦擁有一段「放空」的時間，做做白日夢，休息一下。關掉家裡的數位設備，至少維持半天或更長的時間，讓大腦放個假，讓大腦做做它喜歡的事。

練習 8-22

零科技假期

1. 沉浸在大自然，在森林裡散步，穿過美麗的花園，在海邊玩砂，看看蝴蝶，欣賞日落，給大腦一段雲遊的時間。在大自然中逗留的時間越長，大腦就會越放鬆，就像是電腦重組後，可以更加順暢地運作。研究發現，在荒野中待上三天，人們的創造力可以提高百分之五十。[31]
2. 和孩子、朋友一起玩，即使是花個十五分鐘踢踢足球或在家附近騎腳踏車，都能幫助大腦重組。花較長的時間運動，你的大腦會開始活絡，開啟好奇心和想像力，並可能時常迸現意想不到的新點子、新見解。
3. 給自己一些時間做做白日夢，回憶過去愉快、有意義的時刻，想像未來希望擁有的美好生活。放大腦一個假，不要思考怎樣做才有效率、有生產力，不要回想還有哪些事沒完成，讓它隨意飛翔，你會從中得到豐富的見解。

零科技假期可以恢復大腦的專注力，能夠深入進行具創造力與生產力的思考，破解任何可能讓自己上癮的機會，和自己一起慶祝豐富的生活，享受有共鳴的人際關係，展開有意義、有目標、有歡笑和充滿幸福的人生旅程。

我們在本章介紹了許多滋養和提高大腦功能的練習，用以強化大腦能力，包含神經可塑性與應變靈活度。雖然，我一直強調少量而頻繁的練習，但是，其實完成本書所有練習的時間總和，就差不多是跑完一場馬拉松，一場自我學習、自我調整，讓人生更加美好的心靈馬拉松。

慢慢吸一口氣，讓我們再次深入思考自己做過的努力。心理韌性是人類與生俱來的能力，是大腦與我們原本就具備的能力。任何人都可以透過學習變得更有彈性、更靈活、更容易接受新觀點、更快速地成長。學習是我們的天性，希望各位能持續做本書的各項練習，強化自己的應變能力與技巧，準備更多勇氣面對逆境。但是，也請別因為要進行練習而感到壓力，書裡的練習主要是希望幫助各位在面對挑戰時，有更好的應變能力，生活更加美好與精彩。當你體驗到這些練習的效果後，大腦會從成功中學習，自主強化應變靈活度的神經迴路，提高自信心。多加練習，你就可以知道自己能不斷學習、提升，能夠更靈活、更堅毅。

> 最終生存下來的物種，不是最強壯，也非最聰明，而是最能適應改變的物種。[32]
>
> ——英國生物學家達爾文（Charles Darwin）

而你，不僅能夠生存下來，還能不斷茁壯成長！

致謝

《心理韌性》擁有超過一百三十項的練習，絕大多數是從我的研討會、每月電子報、每週貼文，以及前兩本書延伸而來。引用同事的設計而改編的練習，我也會在註釋中註明，每項練習都有獲得設計者的允許。

我很幸運也很榮幸能在逆境中學習到關於心理韌性的課題，多年來，我從數百位客戶與研討會學生身上獲益良多，在與大家互動的過程中，也得到相當多的喜悅。雖然無法在這裡一一列出每一人，但我衷心感謝能有機會指導大家，塑造彼此的學習、幫助大家做出選擇，對我來說，這亦是相當寶貴的學習與成長。本書的各項練習也因此更臻完美。

我的職業生涯一直都很幸運，遇到很棒的老師與同事，他們體現了心理韌性的核心價值，我從他們身上看到了冷靜、勇氣、清晰的思緒與充滿關懷的人際連結。

感謝名單實在很長，這些名字代表的都是我的生活，他們是長時間的閱讀、學習、付出、指導、對談、道德引導堆砌出來的成果，他們毫無保留地教導我，我誠摯地感謝：Bonnie Badenoch、Anat Baniel、James Baraz、Jane Baraz、Judi Bell、Natalie Bell、Teja Bell、James Bennett-Levy、Sylvia Boorstein、Tara Brach、Ashley Davis、Bush Carter、Christine Carter、

Debra Chamberlain-Taylor、Ann Weiser Cornell、Deb Dana、Tim Desmond、Michelle Gale、Daniel Ellenberg、Lisa Ferentz、Janina Fisher、Diana Fosha、Ron Frederick、Birgit Genz、Chris Germer、Paul Gilbert、Elisha Goldstein、Susan Kaiser Greenland、Michaela Haas、Rick Hanson、Dacher Keltner、Jack Kornfield、Jerry Lamagna、Ben Lipton、Ada Lusardi、Kelly McGonigal、Richard Miller、Kristin Neff、Pat Ogden、Frank Ostaseski、Jonah Paquette、Laurel Parnell、Stephen Porges、Natasha Prenn、David Richo、Richard Schwartz、Dan Siegel、Ron Siegel、Rich Simon、Tami Simon、George Taylor、Sherry Turkle、Bessel van der Kolk、Barbara Voiner、David Wallin和Chris Willard。

亦深深感謝提供讓人們學習、成長和改變的各個組織，它們是珍貴的回憶與對我大張雙手的友誼：

1440學院（1440 Multiversity）、艾格研討會（Arbor-Seminare）、鱈魚岬研討中心（Cape Cod Institute）、伊薩蘭研討中心（Esalen Institute）、FACES、專注孩童機構（Focus on Kids）、蜀葵花機構（Hollyhock）、洛杉磯洞見機構（Insight LA）、思維科學研究機構（Institute of Noetic Sciences）、牧師關懷諮詢國際協會（International Congress on Pastoral Care and Counseling）、創傷恢復島嶼機構（Island Institute for Trauma Recovery,）、K大事記機構（K Events）、克瑞帕魯瑜伽健康中心（Kripalu Center for Yoga and Health）、尖端研討會（Leading Edge Seminars）、學習與大腦機構（Learning and the Brain）、瑪麗娜諮詢中心

（Marina Counseling Center）、正念覺知研究中心（Mindful Awareness Research Center）、重點啟發中心（Momentous Institute）、行為醫學臨床應用國家研究所（National Institute for the Clinical Application of Behavioral Medicine）、歐米加機構（Omega Institute）、開放中心（Open Center）、PESI、心理治療網絡研討會（Psychotherapy Networker Symposium）、席凡納達靜修瑜伽中心（Sivananda Ashram Yoga Center）、真實之音中心（Sounds True）、靈磐禪修中心（Spirit Rock Meditation Center）、美國期刊培訓（U. S. Journal Training）與猶他州學校輔導員協會（Utah School Counselors Association）。

再來是如何將生活的知識與智慧訴諸文字、集結成書，並且放到網路資源的部分，我要感謝我的出版社編輯 Caroline Pincus，感謝她的引導與熟練的編輯技巧，有時比我更懂得我想要表達什麼，感謝她將本書編輯成一個流暢的實踐計畫。

另外，我要再次深深感謝新世界圖書館（New World Library）的執行編輯 Jason Gardner，感謝他給了《心理韌性》出版的機會，他相信本書對生活在充滿挑戰時代的人們有很大的幫助。也感謝傑出的文案編輯 Erika Büky，讓本書變得容易親近，特別感謝她多年來的經驗與盡職盡責的修改。

真誠感謝我的技術團隊，Ryan Barba、Stacey Harris、Brandy Lawson，謝謝你們長久以來的支持，一次又一次地拯救了我的電腦、網站與這本書，感謝你們總是帶著信心與輕鬆的態度幫助我在危機中保持理智。

也衷心感謝所有撰書過程中給予我鼓勵與幫助的朋友們，謝謝你們陪我在郊外小道健行、與我進行深刻的心靈對話，探討生活的真正意義與目的，感謝與我分享詩歌的喜悅和淚水的朋友，謝謝你們給我的祝福，如下所列：Paul Basker、Marilynne Chophel、Kathryn Collier、Margaret Deedy、Terri Hughes、Bonnie Jonsson、Phyllis Kirson、Cariadne MacKenzie-Hooson、Lynn Robinson、Eve Siegel、Marianne Stefancic、Stan Stefancic、Mark Stefanski、Beverly Stevens、William Strawn 與 Dina Zvenko。

最後，我向堅持不懈、尋求勇氣的各位致敬，衷心希望大家學會本書的練習，持續鍛鍊，不畏各種挑戰。願你的生活充滿希望與明智的選擇。

練習引用許可致謝

正念自我同情：練習2-2：有感情地深呼吸；練習2-3：感受腳掌；練習2-20：軟化、舒緩、允許；練習3-11：召喚關心你的朋友；練習3-17：泰然培養同情心；練習4-14：寫一封讓內在批評者退休的信，取自哈佛醫學院講師克里斯托弗・格默博士與教育心理學副教授克里絲汀・奈夫的共同著作《正念自我同情指南》（*The Mindful Self-Compassion Teacher Guide*，暫譯）

練習2-21：澄心聚焦，取得安・維瑟・柯奈爾博士的同意。柯奈爾博士為知名作家與心理學教育學者，一九七二年經傑德林（Eugene Gendlin）指導後，開始教授澄心聚焦的課程。

第一一四頁，「同情心」一詩作取自詩人米勒・威廉斯的 *The Ways We Touch: Poems*，取得出版社 University of Illinois Press 的使用允許。

第一五三頁，哲學詩人魯米的「客棧」，英文譯者為柯門・巴克斯（Coleman Barks），已取得紐約 HarperCollins 出版社的使用允許。

第一七八頁，詩人哈弗茲（Hafiz）的詩作，英文譯者為丹尼爾・蘭汀斯奇（Daniel Ladinsky），已取得出版社 Penguin Putnam 與譯者的同意使用。

練習5-16：就像我一樣，改編自馬克・柯曼（Mark Coleman）的著作《與你的心和解》（*Make Peace with Your Mind*，暫譯），出版社為New World Library。

練習5-17：寬恕，取自《原諒的禪修》（*The Art of Forgiveness, Lovingkindness, and Peace*），作者傑克・康菲爾德，已取得出版社Bantam, 2002與Rider, 2002的使用同意。

練習8-3：神經運動，取自安奈特・芭妮兒（Anat Baniel）的著作《轉化的學習》（*The Learning Switch-Bring in the New*，暫譯），已取得出版社Harmony, 2009的使用同意。

練習清單

第二章 身體智能練習

建立新制約

第一級：小波折

練習 2-1：小型呼吸冥想
練習 2-2：有感情地深呼吸
練習 2-3：感受腳掌

第二級：錯誤與心痛、悲傷與掙扎

練習 2-4：好好擁抱
練習 2-5：讓內心充滿活力
練習 2-6：手放心上，感受被愛
練習 2-7：享受人際的連結

第三級：難以承受的打擊

練習 2-8：兩人的寧靜時光
練習 2-9：互助團體

重新制約

第一級：小波折

練習 2-10：舒壓時刻
練習 2-11：漸進式放鬆肌肉
練習 2-12：瑜伽之嬰兒式

第二級：錯誤與心痛、悲傷與掙扎

練習 2-13：美妙的身體掃描
練習 2-14：森林浴

第三級：難以承受的打擊

練習 2-15：轉移注意力
練習 2-16：在緊張和自在之間擺盪

解除舊制約

第一級：小波折

練習 2-17：五分鐘腹部植物自然觀察
練習 2-18：腦中的美麗風景
練習 2-19：建造安全堡壘

第二級：錯誤與心痛、悲傷與掙扎

練習 2-20：軟化、舒緩、允許

第四章 內在智能練習

建立新制約

重新制約

解除舊制約

練習5-18：彼此共有的人性

第六章 省思智能練習

建立新制約

第一級：小波折

練習6-1：穩定覺知

練習6-2：覺知的進出

練習6-3：追蹤變化

第二級：錯誤與心痛、悲傷與掙扎

練習6-4：破壞心理韌性的過程

練習6-5：氣候變遷

第三級：難以承受的打擊

練習6-6：向自己報到

練習6-7：你相信哪個版本？

重新制約

第一級：小波折

練習6-8：創造改變

練習6-9：看到過去的改變

練習6-10：把「應該」轉變成「可能」

第二級：錯誤與心痛、悲傷與掙扎

練習6-11：從負面轉變成正向

練習6-12：破除負面思維

練習6-13：改變心態

第三級：難以承受的打擊

經驗6-14：因禍得福

練習6-15：寫一篇故事

解除舊制約

第一級：小波折

練習6-16：放下思維模式

第二級：錯誤與心痛、悲傷與掙扎

練習6-17：放下自我

第三級：難以承受的打擊

練習6-18：放下控制，堅守本意

第七章 心理韌性全力發揮

解除舊制約

練習 8-7‥最深度的睡眠

建立新制約

練習 8-8‥吃出健康的大腦

重新制約

練習 8-9‥放下垃圾食物

解除舊制約

練習 8-10‥葡萄乾冥想

建立新制約

練習 8-11‥訓練大腦

重新制約

練習 8-12‥學會忘記

解除舊制約

練習 8-13‥訓練你的好奇心

建立新制約

練習 8-14‥重新學習如何玩樂

重新制約

練習 8-15‥悲傷中也要享受喜樂

解除舊制約

練習 8-16‥幻想未來

建立新制約

練習 8-17‥人際破冰

重新制約

練習 8-18‥什麼是健康的社交關係

解除舊制約

練習 8-19‥安靜的社群活動

建立新制約

練習 8-20‥經常練習

重新制約

練習 8-21‥科技排毒

解除舊制約

練習 8-22‥零科技假期

注釋

導讀

1 Daniel Siegel, *The Mindful Brain: Refl ection and Attunement in the Cultivation of Well-Being* (New York: W. W. Norton, 2007), 42–44.

2 Paul Gilbert, “The Practice of Learning and Change,” Mindfulness and Compassion conference, Greater Good Science Center, University of California, Berkeley, September 2015.

第一章 心理韌性的根基

1 Mihaly Csikszentmihalyi, *Flow: The Psychology of Optimal Experience* (New York: HarperCollins, 1991), 8–10.

2 Jeffrey M. Schwartz and Sharon Begley, *The Mind and the Brain: Neuroplasticity and the Power of Mental Force* (New York: HarperCollins, 2002), 21–53.

3 Daniel Siegel, *The Mindful Brain: Refl ection and Attunement in the Cultivation of Well-Being* (New York: W. W. Norton, 2007), 30–32.

4 Siegel, *The Mindful Brain*, 42–44.

5 Richard Davidson, “Project Happiness,” *Common Ground*, August 2012.

6 Louis Cozolino, *The Neuroscience of Human Relationships: Attachment and the Developing Social Brain* (New York: W. W. Norton, 2006), 146–48.

7 Diana Fosha, *The Transforming Power of Affect: A Model for Accelerated Change* (New York: Basic Books, 2000).

8 Bonnie Badenoch, *Being a Brain Wise Therapist: A Practical Guide to Interpersonal Neurobiology* (New York: W. W. Norton, 2008), 52–75.

9 Bessel van der Kolk, *The Body Keeps the Score: Brain, Mind, and Body in the Healing of Trauma* (New York: Penguin, 2015), 107–24.

10 Joseph Stephen, *What Doesn't Kill Us: The New Psychology of Post-traumatic Growth* (New York: Basic Books, 2011).

11 Peter Levine, Trauma Therapist Project, www.thetraumatherapist project.com, accessed October 12, 2017.

12 Pat Ogden, Kekuni Minton, and Clare Pain, *Trauma and the Body: A Sensorimotor Approach to Psychotherapy* (New York: W. W. Norton, 2006), 29–36.

13 Rick Hanson, *Hardwiring Happiness: The New Brain Science of Contentment, Calm, and Confidence* (New York: Harmony Press, 2013), 17–31.

14 Shakil Choudhury, *Deep Diversity: Overcoming Us vs. Them* (Toronto: Between the Lines, 2015).

15 Bruce Ecker, *Unlocking the Emotional Brain: Eliminating Symptoms at Their Roots Using Memory Reconsolidation* (New York: Routledge, 2012).

16 Damien A. Fair, Alexander L. Cohen, Nico U. F. Dosenbach, Jessica A. Church, Francis M. Miezin, Deanna M. Barch, Marcus E. Raichle, Steven E. Peterson, and Bradley L. Schlaggar, "The Maturing Architecture of the Brain's Default Network," *Proceedings of the National Academy of Sciences* 105 (March 2008): 4028–32.

17 Dan Siegel, *The Mindful Therapist: A Clinician's Guide to Mindsight and Neural Integration* (New York: W. W. Norton, 2010), 8–17.

18 Matthew Lieberman, *Social: Why Our Brains Are Wired to Connect* (New York: Crown Publishers, 2013), 17–23.

19 Van der Kolk, *The Body Keeps the Score*, 66–68.

20 Paul Gilbert, "The Practice of Learning and Change," Mindfulness and Compassion conference, Greater Good Science Center, University of California, Berkeley, September 2015.

21 Richard Davidson and Daniel Goleman, *Altered Traits: Science Reveals How Meditation Changes Your Mind, Brain, and Body* (New York: Avery, 2017), 105–7.

22 Stephen Porges, "Neuroception: A Subconscious System for Detecting Threats and Safety," 於研討會發表 "The Healing Power of Emotion: Integrating Relationships, Body and Mind," Lifespan Learning Institute, Los Angeles, CA, March 10, 2007.

23 Fosha, *The Transforming Power of Affect*.

24 Louis Cozolino, *The Neuroscience of Human Relationships: Attachment and the Developing Brain* (New York: W. W. Norton, 2006).

25 Barbara Fredrickson, *Love 2.0: Finding Happiness and Health in Moments of Connection* (New York: Hudson Street Press, 2013).

26 Daniel Amen, *Change Your Brain, Change Your Life* (New York: Harmony Books, 2015).

第11章 身體智能練習

1 Bessel van der Kolk, *The Body Keeps the Score: Brain, Mind, and Body in the Healing of Trauma* (New York: Penguin, 2015), 79.

2 Stephen Porges, "Neuroception: A Subconscious System for Detecting Threats and Safety," 於研討會發表 "The Healing Power of Emotion: Integrating Relationships, Body and Mind," Lifespan Learning Institute, Los Angeles, CA, March 10, 2007.

3 Deborah Dana, *A Beginner's Guide to Polyvagal Theory*, 2017, www.debdanalcsw.com/the-rhythm-of-regulation.php.

4 編修自 Deb Dana, *The Polyvagal Theory in Therapy* (New York: W. W. Norton, 2018).

5 編修自 Christopher Germer and Kristin Neff, *Mindful Self-Compassion Teacher Guide* (San Diego, CA: Center for Mindful Self-Compassion, 2016).

6 編修自 Christopher Germer and Kristin Neff, *Mindful Self-Compassion Teacher Guide* (San Diego, CA: Center for Mindful Self-Compassion, 2016).

7 Dacher Keltner, *Born to Be Good: The Science of a Meaningful Life* (New York: W. W. Norton, 2009), 182.

8 啟發自 Barbara Fredrickson, *Love 2.0: Finding Happiness and Health in Moments of Connection* (New York: Hudson Street Press, 2013).

9 編修自 Frank Ostaseski 之照護者同情訓練，Zen Hospice Project, San Francisco, CA, April 1998.

10 Daniel J. Siegel, "Awakening the Mind to the Wisdom of the Body," 於研討會發表 "The Embodied Mind: Integration of the Body, Brain and Mind in Clinical Practice," Lifespan Learning Institute, Los Angeles, CA, March 4, 2006.

11 編修自 Dana, *The Polyvagal Theory in Therapy*.

12 編修自 Marsha Davis, Elizabeth Robbins Eshelman, and Matthew McKay, *The Relaxation and Stress Reduction Workbook* (Oakland, CA: New Harbinger Publications, 2008), 41–46.

13 編修自 Jon Kabat-Zinn and Saki Santorelli，給從事心理健康專業人士之正念基礎的減壓訓練，Mount Madonna, CA, June 2000.

14 啟發自 Florence Williams, *Nature Fix: Why Nature Makes Us Healthier, Happier, and More* Creative (New York: W. W. Norton, 2017).

15 基礎源於 Peter Levine，創傷療癒之身體經驗的臨床訓練，University of California, Berkeley, October 15–16, 2004.

16 Daniel J. Siegel, "Awareness, Mirror Neurons, and Neural Plasticity in the Development of Well-Being," 於研討會發表 "The Healing Power of Emotion: Integrating Relationships, Body and Mind," Lifespan Learning Institute, Los Angeles, CA, March 10, 2007.

17 編修自 Francine Shapiro, EMDR Institute training, South San Francisco, CA, July 14, 2000.

18 編修自 Germer and Neff, *Mindful Self-Compassion Teacher Guide.*

19 編修自 Ann Weiser Cornell，私下會面，October 5, 2017.

第三章 情緒智能練習

1 Diana Fosha, *The Transforming Power of Affect: A Model for Accelerated Change* (New York: Basic Books, 2000); Daniel Goleman, *Emotional Intelligence: Why It Can Matter More than IQ* (New York: Bantam Books, 1995), 5–8.

2 Bonnie Badenoch, *Being a Brain Wise Therapist: A Practical Guide to Interpersonal Neurobiology* (New York: W. W. Norton, 2008), 30, 33–35.

3 Daniel J. Siegel, "Awareness, Mirror Neurons, and Neural Plasticity in the Development of Well-Being," 於研討會發表 "The Healing Power of Emotion: Integrating Relationships, Body and Mind," Lifespan Learning Institute, Los Angeles, CA, March 10, 2007.

4 Rick Hanson, *Hardwiring Happiness: The New Brain Science of Contentment, Calm, and Confidence* (New York: Harmony Press, 2013), 17–31.

5 Rick Hanson and Richard Mendius, *Buddha's Brain: The Practical Neuroscience of Happiness, Love, and Wisdom* (Oakland, CA: New Harbinger Publications, 2009).

6 Todd Kashdan, *The Upside of Your Dark Side: Why Being Your Whole Self — Not Just Your "Good" Self — Drives Success and Fulfillment* (New York: Hudson Street Press, 2014).

7 Barbara Fredrickson, *Positivity: Groundbreaking Research Reveals How to Embrace the Hidden Strength of Positive Emotions, Overcome Negativity, and Thrive* (New York: Crown Publishers, 2009).

8 Daniel Goleman, *Social Intelligence: The New Science of Human Relationships* (New York: Bantam Books, 2006), 13–17.

9 Kristin Neff, *Self-Compassion: The Proven Power of Being Kind to Yourself* (New York: HarperCollins, 2015).

10 Fredrickson, *Positivity*.

11 Louis Cozolino, *The Neuroscience of Human Relationships: Attachment and the Developing Social Brain* (New York: W. W. Norton, 2006), 195–98.

12 Jon Kabat-Zinn, *Coming to Our Senses: Healing Ourselves and the World through Mindfulness* (New York: Hyperion, 2005), 82.

13 Guy Armstrong，關愛訓練，Spirit Rock Meditation Center, Woodacre, CA, September 18, 2004.

14 Anna Douglas，隨年齡增長之正念訓練，Spirit Rock Meditation Center, Woodacre, CA, May 21, 2007.

15 Albert Mehrabian, *Silent Messages: Implicit Communication of Emotions and Attitudes* (Belmont, CA: Wadsworth, 1972), 44–45.

16 啟發自 Robert Emmons, "The Science of a Meaningful Life: Gratitude Training," Greater Good Science Center, University of California, Berkeley, October 22, 2010.

17 啟發自 conference "The Art and Science of Awe," Greater Good Science Center, University of California, Berkeley, July 2016.

18 Albert Einstein, *Living Philosophies* (New York: AMS Press, Inc., 1931).

19 William Blake, "Auguries of Innocence," in *The Oxford Book of English Mystical Verse*, ed. D. H. S. Nicholson and A. H. E. Lee (Oxford: Clarendon Press, 1917), 57.

20 編修自Rick Hanson, *Hardwiring Happiness: The New Brain Science of Contentment, Calm, and Confidence* (New York: Harmony Press, 2013), 61–63.

21 編修自 Christopher Germer and Kristin Neff, *Mindful Self-Compassion Teacher Guide* (San Diego, CA: Center for Mindful Self-Compassion, 2016).

22 Neff, *Self-Compassion*.

23 Sri Auribindo，廊間畫作，California Institute of Integral Studies, San Francisco, CA.

24 Bill Bowen，身體層面之臨床訓練，John F. Kennedy University, Pleasant Hill, CA, June 13, 2008.

25 Susan Jeffers, *Feel the Fear... and Do It Anyway* (New York, Ballantine Books, 2007).

26 Jack Kornfield，佛法闡述，Spirit Rock Meditation Center, Woodacre, CA, January 2006.

27 Eleanor Roosevelt, *You Learn by Living: Eleven Keys for a More Fulfilling Life* (New York: Harper Perennial, 2011), 23–42.

28 George Bonnano，引用自 Phillip Moeller, "Happier People Deal Better with Hardships," *Huffington Post*, April 11, 2012, www.huffingtonpost .com/2012/04/11happiness-andhardships_n_1417944.html.

29 編修自 Germer and Neff, *Mindful Self-Compassion Teacher Guide*.

30 編修自 Germer and Neff, *Mindful Self-Compassion Teacher Guide*.

31 Emiliana Simon-Thomas, Science of Happiness, course, Greater Good Science Center, University of California, Berkeley, 2014, https://ggsc.berkeley.edu /what_we_do/event/the_science_of_happiness.

32 Miller Williams, "Compassion," *The Ways We Touch: Poems* (Champaign-Urbana: University of Illinois Press, 1997).

33 編修自 Natalie Rogers，藝術療癒之訓練，San Francisco, CA, April 15–17, 2004.

34 Amy Cuddy, "Your Body Language May Shape Who You Are," TED Global, 2012, www.ted.com/talks/amy_cuddy_your_body_language_shapes_who_you_are.

第四章 內在智能練習

1 Louis Cozolino, *The Neuroscience of Human Relationships: Attachment and the Developing Social Brain* (New York: W. W. Norton, 2006), 81–92.

2 Diana Fosha, *The Transforming Power of Affect: A Model for Accelerated Change* (New York: Basic Books, 2000).

3 Max Lerner, *The Unfinished Country: A Book of American Symbols* (New York: Simon & Schuster, 1959).

4 Richard Schwartz，內在家庭系統之臨床訓練，Psychotherapy Networker Symposium, March 24, 2009.

5 Bonnie Badenoch, *Being a Brain Wise Therapist: A Practical Guide to Interpersonal Neurobiology* (New York: W. W. Norton, 2008), 105–10.

6 Jane Conger, clinical training in shame, The Psychotherapy Institute, Berkeley, CA, March 2003.

7 Elisha Goldstein，私下會面，October 5, 2012.

8 啟發自 Barbara Fredrickson, *Positivity: Groundbreaking Research Reveals How to Embrace the Hidden Strength of Positive Emotions, Overcome Negativity, and Thrive* (New York: Crown Publishers, 2009), 215–22.

9 Richard Schwartz，內在家庭系統之臨床訓練，Psychotherapy Networker Symposium, March 24, 2009.

10 Dinah Craik, *A Life for a Life* (1859; repr., London: Hurst and Blackett, 1985), 264.

11 啟發自 Fredrickson, *Positivity*.

12 編修自 John Freedom，情緒自由技巧之臨床訓練，San Rafael, CA, August 16, 2007.

13 編修自 Christopher Germer and Kristin Neff, *Mindful Self-Compassion Teacher Guide* (San Diego, CA: Center for Mindful Self-Compassion, 2016).

14 編修自基礎運練課程，Coaches Training Institute, San Rafael, CA, August 19, 2005.

15 基礎源於 Virginia Satir 訓練課程，Marina Counseling Center, San Francisco, CA, January 1992.

16 Jalaluddin Rumi, "The Guest House," *The Essential Rumi*, trans. Coleman Barks (San Francisco: HarperCollins, 1995), 109.

17 啟發自 Bessel van der Kolk, *The Body Keeps the Score: Brain, Mind, and Body in the Healing of Trauma* (New York: Penguin, 2015), 299–306.

第五章 人際智能練習

1 Matthew Lieberman, *Social: Why Our Brains Are Wired to Connect* (New York: Crown Publishers, 2013).

2 Jack Kornfield，佛法闡述，Spirit Rock Meditation Center, Woodacre, CA, October 2012.

3 Louis Cozolino, *The Neuroscience of Human Relationships: Attachment and the Developing Social Brain* (New York: W. W. Norton, 2006), 139.

4 Cozolino, *The Neuroscience of Human Relationships*, 140.

5 編修自 Jon Kabat-Zinn，正念父母之訓練，Spirit Rock Meditation Center, Woodacre, CA, March 4, 2000.

6 Rachel Naomi Remen, *My Grandfather's Blessings: Stories of Strength, Refuge, and Belonging* (New York: Riverhead Books, 2000).

7 Ruth Cox, quoted in Mark Brady and Jennifer Austin Leigh, *The Little Book of Listening Skills: Essential Practices for Profoundly Loving Yourself and Other People* (Grand Rapids, MI: Paideia Press, 2008). 52

8 Daniel Stern, *The Present Moment in Psychotherapy and Everyday Life* (New York: W. W. Norton, 2004), 173.

9 編修自 Marshall Rosenberg, *Nonviolent Communication: A Language of Life* (Encinitas, CA: Puddle Dancer Press, 2003).

10 *The Gife: Poems by Hafiz, The Great Sufi Master*, trans. Daniel Landinsky (New York: Penguin Putnam, 1999), 165.

11 編修自 Stan Tatkin，臨床訓練，California Association of Marriage and Family Therapists, Marin chapter, March 15, 2011.

12 編修自 Rosenberg, *Nonviolent Communication.*

13 Edward Tronick, "Rupture in Relationship," 於研討會發表 "Toward a New Psychology of Interpersonal Relationships," Lifespan Learning Institute, Los Angeles, CA, March 11, 2012.

14 Jalaluddin Rumi, *The Essential Rumi*，翻譯自 Coleman Barks (San Francisco: HarperSanFrancisco,

1995).

15 編修自Shakil Choudhury, *Deep Diversity: Overcoming Us vs. Them* (Toronto: Between the Lines, 2015).

16 Lynne Forrest, "An Overview of the Drama Triangle," June 26, 2008, www.lynneforrest.com/articles/2008/06/the-faces-of-victim.

17 編修自Mark Coleman, *Make Peace with Your Mind: How Mindfulness and Compassion Can Free You from Your Inner Critic* (Novato, CA: New World Library, 2016), 199.

18 編修自Jack Kornfield and Fred Luskin, "The Science and Practice of Forgiveness," 研討會位於Greater Good Science Center, University of California, Berkeley, May 15, 2010.

19 編修自Jack Kornfield，四梵行之訓練，Spirit Rock Meditation Center, Woodacre, CA, July 2003.

20 Thomas Merton，引用自Jack Kornfield, *The Wise Heart: A Guide to the Universal Teachings of Buddhist Psychology* (New York: Bantam Books, 2008), 11.

第六章 省思智能練習

1 基礎源自Sylvia Boorstein and James Baraz, Spirit Rock Meditation Center, Woodacre, CA, 1998–present.

2 基礎源自Sylvia Boorstein and James Baraz, Spirit Rock Meditation Center, Woodacre, CA, 1998–present.

3 William James, in *The Harper Book of Quotations*, ed. Robert I. Fitzhenry (New York: HarperCollins, 1993), 17.

4 James Baraz, *Awakening Joy for Kids*, quoted in Michelle Gale, *Mindful Parenting in a Messy World* (Carlsbad, CA: Motivational Press, 2017), 5.

5 Kelley McGonigal, "The Neuroscience of Change," Neuroscience Summit Training webinar, Sounds True, Boulder, CO, March 2017.

6 Elisha Goldstein，私下會面，October 2012.

7 Carol Dweck, *Mindset* (New York: Ballantine Books, 2006).

8 Stephen Joseph，引用自Michaela Haas, *Bouncing Forward: Transforming Bad Breaks into Breakthroughs* (New York: Atria, 2015).

9 編修自 Bessel van der Kolk, "Clinical Implications of Neuroscience Research in PTSD," 於研討會發表 "Healing Moments in Trauma Treatment," Lifespan Learning Institute, Los Angeles, CA, March 13, 2011.

10 Portia Nelson, *There's a Hole in My Sidewalk: The Romance of Self-Discovery* (New York: Atria Books, 2012), xi–xii.

11 Jack Kornfield, *Buddha's Little Instruction Book* (New York: Bantam, 1994).

12 James Pennebaker and Joshua M. Smyth, *Opening Up by Writing It Down: How Expressive Writing Improves Health and Eases Emotional Pain* (New York: Guilford Press, 2016).

第七章 心理韌性全力發揮

1 Jim Rendon, *Upside: The New Science of Posttraumatic Growth* (New York: Touchstone, 2015).

2 Jon Kabat-Zinn, "The Art of Conscious Living," *VHL Family Forum*, September 1993, www.vhl.org/newsletter/vhl1993/93/cazinn.

3 Julia Cameron, *The Artist's Way: A Spiritual Path to Higher Creativity* (New York: Tarcher and Perigee, 1992), 33–35.

4 Sri Nisargadatta, *I Am That* (Durham, NC: Acorn Press, 2012).

5 Stephen Levine, *A Year to Live: How to Live This Year as If It Were Your Last* (New York: Bell Tower, 1997).

第八章 照顧神奇的大腦

1 Rick Hanson and Richard Mendius, *Buddha's Brain: The Practical Neuroscience of Happiness, Love, and Wisdom* (Oakland, CA: New Harbinger Publications, 2009), 6–7.

2 Wendy Suzuki, *Healthy Brain, Happy Life: A Personal Program to Activate Your Brain and Do Everything Better* (New York: HarperCollins, 2016).

3 Elizabeth Blackburn and Elissa Epel, *The Telomere Effect: A Revolutionary Approach to Living Younger, Healthier, Longer* (New York: Grand Central Publishing, 2017), 177–79.

4 編修自 Suzuki, *Healthy Brain, Happy Life*, 133–34.

5 編修自 the "learning switch,"Anat Baniel Method NeuroMovement 正向大腦轉變的九大關鍵之一。Anat Baniel, *Move into Life: The Nine Essentials for Lifelong Vitality* (New York: Harmony Books, 2009), 65–69.

6 Kat Duff, *The Secret Life of Sleep* (New York: Atria Books, 2014).

7 Matthew Walker, *Why We Sleep: Unlocking the Power of Sleep and Dreams* (New York: Scribner, 2017), 216–217.

8 Robert Sapolsky, *Why Zebras Don't Get Ulcers* (New York: Holt Paperbacks, 2004), 226–38.

9 Emily Anthes, "Six Ways to Boost Your Brain Power," *Scientific American Mind*, February–March 2009, 56–61.

10 "The MIND Diet: A Detailed Guide for Beginners," HealthLine, July 30, 2017, www.healthline.com/nutrition/mind-diet.

11 編修自 Jack Kornfield，醫療課程，Spirit Rock Meditation Center, Woodacre, CA, July 2000.

12 Louis Cozolino, *The Healthy Aging Brain: Sustaining Attachment, Attaining Wisdom* (New York: W. W. Norton, 2008).

13 David A. Bennett, "Banking against Alzheimer's," *Scientific American Mind*, July–August 2016, 28–37.

14 Bennett, "Banking against Alzheimer's."

15 Mihaly Csikszentmihalyi, *Flow: The Psychology of Optimal Experience* (New York: HarperCollins, 1991), 74.

16 "Mud Puddles and Dandelions," Christian Family Institute, http://www.christianfamilyinstitute.net/mud-puddles-dandelions, accessed October 15, 2017.

17 Sharon Begley, "Play On! In a First, Brain Training Cuts Risk of Dementia 10 Years Later," STAT, July 25, 2016, www.statnews.com/2016/07/24/brain-training-cuts-dementia-risk.

18 Ode magazine, "Ode to Laughter," August 2009.

19 Stuart Brown, *Play: How It Shapes the Brain, Opens the Imagination, and Invigorates the Soul* (New York: Avery, 2009).

20 Matthew Lieberman, *Social: Why Our Brains Are Wired to Connect* (New York: Crown Publishers, 2013).

21 Henri Bergson, *Creative Evolution: Humanity's Natural Creative Impulse* (New York: Henry Holt & Co., 1911).

22 些微編修自 Mind Mapping, www.mindmapping.com, accessed November 1, 2017.

23 "Fact Tank: News in the Numbers," Pew Research Center, June 28, 2017, www.pewresearch.org/fact-tank/2017/06/28/10-facts-about-smartphones.

24 Nicholas Carr, *The Shallows: What the Internet Is Doing to Our Brains* (New York: W. W. Norton, 2011), 132–33.

25 Sherry Turkle, *Alone Together: Why We Expect More from Technology and Less from Each Other* (New York: Basic Books, 2011).

26 Sherry Turkle, *Reclaiming Conversation: The Power of Talk in a Digital Age* (New York: Penguin, 2015).

27 Turkle, *Reclaiming Conversation*.

28 "Spielberg in the Twilight Zone," WIRED online, June 1, 2002, www.wired.com/2002/06/spielberg.

29 編修自 Catherine Steiner-Adair, *The Big Disconnect: Protecting Childhood and Family Relationships in the Digital Age* (New York: Harper, 2013), 260–95.

30 Jonah Lehrer, *A Book about Love* (New York: Simon & Schuster, 2016).

31 Florence Williams, *Nature Fix: Why Nature Makes Us Healthier, Happier, and More Creative* (New York: W. W. Norton, 2017).

32 Leon Megginson, 於一九六三年 Southwestern Social Science Association convention 發表，原出於 Charles Darwin.

參考書目

Alter, Adam. *Irresistible: The Rise of Addiction Technology and the Business of Keeping Us Hooked.* New York: Penguin, 2017.

Amen, Daniel. *Change Your Brain, Change Your Life*. New York: Harmony Books, 2015.

Badenoch, Bonnie. *Being a Brain Wise Therapist: A Practical Guide to Interpersonal Neurobiology.* New York: W. W. Norton, 2008.

Baniel, Anat. *Move into Life: The Nine Essentials for Lifelong Vitality*. New York: Harmony Books, 2009.

Begley, Sharon. *Train Your Mind, Change Your Brain: How a New Science Reveals Our Extraordinary Potential to Transform Ourselves*. New York: Ballantine Books, 2007.

Blackburn, Elizabeth, and Elissa Epel. *The Telomere Effect: A Revolutionary Approach to Living Younger, Healthier, Longer*. New York: Grand Central Publishing, 2017.

Brach, Tara. *Radical Acceptance: Embracing Your Life with the Heart of a Buddha*. New York: Bantam Dell, 2003.

Brach, Tara. *True Refuge: Finding Peace and Freedom in Your Own Awakened Heart*. New York: Bantam, 2012.

Brown, Brené. *The Gifts of Imperfection: Let Go of Who You Think You're Supposed to Be and Embrace Who You Are*. Center City, MN: Hazelden, 2010.

Brown, Stuart. *Play: How It Shapes the Brain, Opens the Imagination, and Invigorates the Soul*. New York: Avery, 2009.

Bush, Ashley Davis. *Simple Self-Care for Therapists: Restorative Practices to Weave through Your Workday*. New York: W. W. Norton, 2015.

Carr, Nicholas. *The Shallows: What the Internet Is Doing to Our Brains*. New York: W. W. Norton, 2011.

Choudhury, Shakil. *Deep Diversity: Overcoming Us vs. Them.* Toronto: Between the Lines, 2015.

Coleman, Mark. *Make Peace with Your Mind: How Mindfulness and Compassion Can Free You from Your Inner Critic.* Novato, CA: New World Library, 2016.

Cozolino, Louis. *The Neuroscience of Human Relationships: Attachment and the Developing Social Brain*. New York: W. W. Norton, 2006.

Cozolino, Louis. *The Healthy Aging Brain: Sustaining Attachment, Attaining Wisdom.* New York: W. W. Norton, 2008.

Csikszentmihalyi, Mihaly. *Flow: The Psychology of Optimal Experience*. New York: HarperCollins, 1991.

Cullen, Margaret, and Gonzalo Brito Pons. *The Mindfulness-Based Emotional Balance Workbook.* Oakland, CA: New Harbinger Publications, 2015.

Dana, Deb. *The Polyvagal Theory in Therapy.* New York: W. W. Norton, 2018.

Davenport, Leslie. *Healing and Transformation through Guided Imagery*. Berkeley, CA: Celestial Arts, 2009.

Desmond, Tim. *Self-Compassion in Psychotherapy: Mindfulness-Based Practices for Healing and Transformation*. New York: W. W. Norton, 2016.

Doidge, Norman. *The Brain That Changes Itself.* New York: Penguin Books, 2007.

Doidge, Norman. *The Brain's Way of Healing: Remarkable Discoveries and Recoveries from the Frontiers of Neuroplasticity.* New York: Viking Press, 2015.

Duff, Kat. *The Secret Life of Sleep*. New York: Atria, 2014.

Dunckley, Victoria. *Reset Your Child's Brain*. Novato, CA: New World Library, 2015.

Dweck, Carol. *Mindset: The New Psychology of Success.* New York: Ballantine, 2006.

Eagleman, David. *Incognito: The Secret Lives of the Brain*. New York: Vintage, 2011.

Ecker, Bruce. *Unlocking the Emotional Brain: Eliminating Symptoms at Their Roots Using Memory Reconsolidation*. New York: Routledge, 2012.

Ekman, Paul. *Emotions Revealed: Recognizing Faces and Feelings to Improve Communication and Emotional Life*. New York: Henry Holt and Company, 2003.

Flowers, Steve, and Bob Stahl. *Living with Your Heart Wide Open: How Mindfulness and Compassion Can Free You from Unworthiness, Inadequacy, and Shame*. Oakland, CA: New Harbinger Publications, 2011.

Fosha, Diana. *The Transforming Power of Affect: A Model for Accelerated Change*. New York: Basic Books, 2000.

Frederick, Ron. *Living Like You Mean It: Use the Wisdom and Power of Your Emotions to Get the Life You Really Wa*nt. San Francisco: Jossey-Bass, 2009.

Fredrickson, Barbara. *Positivity: Groundbreaking Research Reveals How to Embrace the Hidden Strength of Positive Emotions*, Overcome Negativity, and Thrive. New York: Crown, 2009.

Fredrickson, Barbara. *Love 2.0: Finding Happiness and Health in Moments of Connection*. New York: Hudson Street Press, 2013.

Gelb, Michael. *Brain Power: Improve Your Mind as You Age*. Novato, CA: New World Library, 2012.

Germer, Christopher. *The Mindful Path to Self-Compassion*. New York: Guilford Press, 2009.

Gilbert, Paul. *The Compassionate Mind*. Oakland, CA: New Harbinger Publications, 2009.

Gilbert, Paul. *Mindful Compassion: How the Science of Compassion Can Help You Understand Your Emotions, Live in the Present, and Connect Deeply with Others*. Oakland, CA: New Harbinger Publications, 2014.

Goldstein, Elisha. *The Now Effect: How This Moment Can Change the Rest of Your Life*. New York: Atria, 2012.

Goldstein, Elisha. *Uncovering Happiness: Overcoming Depression with Mindfulness and Self-Compassion*. New York: Atria, 2015.

Goleman, Daniel. *Emotional Intelligence: Why It Can Matter More than IQ*. 10th anniversary ed. New York: Bantam, 2005.

Goleman, Daniel. *Social Intelligence: The New Science of Human Relationships*. New York: Bantam, 2006.

Goleman, Daniel, and Richard J. Davidson. *Altered Traits: Science Reveals How Meditation Changes Your Mind, Brain, and Body*. New York: Avery, 2017.

Graham, Linda. *Bouncing Back: Rewiring Your Brain for Maximum Resilience and Well-Being*. Novato, CA: New World Library, 2013.

Greenfield, Susan. *Mind Change: How Digital Technologies Are Leaving Their Marks on Our Brains*. New York: Random House, 2015.

Haas, Michaela. *Bouncing Forward: Transforming Bad Breaks into Breakthroughs*. New York: Atria, 2015.

Hanson, Rick. *Hardwiring Happiness: The New Brain Science of Contentment, Calm, and Confidence*. New York: Harmony, 2013.

Hanson, Rick, and Rick Mendius. *Buddha's Brain: The Practical Neuroscience of Happiness, Love, and Wisdom*. Oakland, CA: New Harbinger Publications, 2009.

Hayes, Steven, and Kirk D. Strosahl, eds. *A Practical Guide to Acceptance and Commitment Therapy*. New York: Springer, 2005.

Henderson, Lynne. *The Compassionate-Mind Guide to Building Social Confidence: Using Compassion-Focused Therapy to Overcome Shyness and Social Anxiety*. Oakland, CA: New Harbinger Publications, 2011.

Hone, Lucy. *Resilient Grieving: Finding Strength and Embracing Life after a Loss That Changes Everything*. New York: The Experiment, 2017.

Johnson, Sue. *Hold Me Tight: Seven Conversations for a Lifetime of Love*. New York: Little, Brown and Company, 2008.

Kabat-Zinn, Jon. *Coming to Our Senses: Healing Ourselves and the World through Mindfulness*. New York: Hyperion, 2005.

Kahneman, Daniel. *Thinking, Fast and Slow*. Farrar, Straus and Giroux, 2011.

Kardaras, Nicholas. *Glow-Kids: How Screen Addiction Is Hijacking Our Kids — and How to Break the Trance*. New York: St. Martin's Press, 2016.

Kashdan, Todd B. *The Upside of Your Dark Side: Why Being Your Whole Self — Not Just Your"Good" Self — Drives Success and Fulfillment*. New York: Hudson Street Press, 2014.

Kornfield, Jack. *The Art of Forgiveness, Lovingkindness, and Peace*. New York: Bantam, 2002.

Lehrer, Jonah. *Imagine: How Creativity Works*. New York: Houghton Mifflin, 2012.

Levine, Peter. *In an Unspoken Voice: How the Body Releases Trauma and Restores Goodness*. Berkeley, CA: North Atlantic Books, 2010.

Lieberman, Matthew. *Social: Why Our Brains Are Wired to Connect*. New York: Crown, 2013.

Lyubomirsky, Sonja. *The How of Happiness: A Scientific Approach to Getting the Life You Want*. New York: Penguin, 2007.

Makransky, John. *Awakening through Love: Unveiling Your Deepest Goodness*. Boston: Wisdom Publications, 2007.

McGonigal, Kelly. *The Upside of Stress: Why Stress Is Good for You and How to Get Good at It*. New York: Penguin Random House, 2016.

Neff, Kristin. *Self-Compassion: The Proven Power of Being Kind to Yourself*. New York: HarperCollins, 2015.

Ogden, Pat, and Janina Fisher. *Sensorimotor Psychotherapy: Interventions for Trauma and Attachment*. New York: W. W. Norton, 2015.

Ogden, Pat, *Kekuni Minton, and Clare Pain. Trauma and the Body: A Sensorimotor Approach to Psychotherapy*. New York: W. W. Norton, 2006.

Paquette, Jonah. *Real Happiness: Proven Paths for Contentment, Peace, and Well-Being*. Eau Claire, WI: PESI, 2015.

Pollan, Michael. *Food Rules: An Eater's Manual*. New York: Penguin, 2009.

Porges, Stephen. *The Pocket Guide to the Polyvagal Theory: The Transformative Power of Feeling Safe*. New York: W. W. Norton, 2017.

Rosenberg, Marshall. *Nonviolent Communication: A Language of Life*. Encinitas, CA: Puddle Dancer Press, 2003.

Sandberg, Sheryl, and Adam Grant. *Option B: Facing Adversity, Building Resilience, and Finding Joy*. New York: Alfred A. Knopf, 2017.

Schiraldi, Glenn. *The Resilience Workbook: Essential Skills to Recover from Stress, Trauma, and Adversity*. Oakland, CA: New Harbinger Publications, 2017.

Schlitz, Marilyn, Cassandra Vieten, and Tina Amorok. *Living Deeply: The Art and Science of Transformation in Everyday Life*. Oakland, CA: New Harbinger Publications, 2007.

Schwartz, Richard. *Internal Family Systems Therapy*. New York: Guilford Press, 1995.

Seligman, Martin. *Authentic Happiness: Using the New Positive Psychology to Realize Your Potential for Lasting Fulfillment*. New York: Free Press, 2002.

Siegel, Daniel. *The Mindful Brain: Reflection and Attunement in the Cultivation of Well-Being*. New York: W. W. Norton, 2007.

Siegel, Daniel. *Mindsight: The New Science of Personal Transformation*. New York: W. W. Norton, 2010.

Siegel, Ron. *The Mindfulness Solution: Everyday Practices for Everyday Problems*. New York: Guildford Press, 2010.

Steiner-Adair, Catherine. *The Big Disconnect: Protecting Childhood and Family Relationships in the Digital Age*. New York: Harper, 2013.

Stephen, Joseph. *What Doesn't Kill Us: The New Psychology of Post-traumatic Growth*. New York: Basic Books, 2011.

Stern, Daniel. *The Present Moment in Psychotherapy and Everyday Life*. New York: W. W. Norton, 2004.

Suzuki, Wendy. *Healthy Brain, Happy Life: A Personal Program to Activate Your Brain and Do Everything Better*. New York: HarperCollins, 2016.

Tedeschi, Richard, and Bret Moore. *The Post-traumatic Growth Workbook*. Oakland, CA: New Harbinger Publications, 2016.

Turkle, Sherry. *Alone Together: Why We Expect More from Technology and Less from Each Other*. New York: Basic Books, 2011.

Turkle, Sherry. *Reclaiming Conversation: The Power of Talk in a Digital Age*. New York: Penguin, 2015.

Van der Kolk, Bessel. *The Body Keeps the Score: Brain, Mind, and Body in the Healing of Trauma*. New York: Penguin, 2015.

Walker, Matthew. *Why We Sleep: Unlocking the Power of Sleep and Dreams*. New York: Scribner, 2017.

Willard, Chris. *Raising Resilience: The Wisdom and Science of Happy Families and Thriving Children*. Boulder, CO: Sounds True, 2017.

心理韌性(二版)：重建挫折復原力的132個強效練習大全

Resilience:Powerful Practices for Bouncing Back from Disappointment, Difficulty, and Even Disaster

作　　者　琳達・格拉翰（Linda Graham）
譯　　者　賴孟怡
責任編輯　夏于翔
協力編輯　魏嘉儀
校　　對　魏秋綢
內頁排版　D&D Studio
內頁構成　kaylas
封面美術　兒日

發 行 人　蘇拾平
總 編 輯　蘇拾平
副總編輯　王辰元
資深主編　夏于翔
主　　編　李明瑾
業　　務　王綬晨、邱紹溢
行　　銷　曾曉玲
出　　版　日出出版
　　　　　地址：10544台北市松山區復興北路333號11樓之4
　　　　　電話：02-2718-2001 傳真：02-2718-1258
　　　　　網址：www.sunrisepress.com.tw
　　　　　E-mail 信箱：sunrisepress@andbooks.com.tw
發　　行　大雁文化事業股份有限公司
　　　　　地址：10544台北市松山區復興北路333號11樓之4
　　　　　電話：02-2718-2001　傳真：02-2718-1258
　　　　　讀者服務信箱：andbooks@andbooks.com.tw
　　　　　劃撥帳號:19983379　戶名：大雁文化事業股份有限公司

印　　刷　中原造像股份有限公司
二版一刷　2022年12月
定　　價　550元
I S B N　978-626-7044-94-0

國家圖書館出版品預行編目(CIP)資料

心理韌性：重建挫折復原力的132個強效練習大全 / 琳達・格拉翰(Linda Graham)著；賴孟怡譯. -- 二版. -- 臺北市：日出出版：大雁文化發行, 2022.12　336面;17*23公分
譯自：Resilience: powerful practices for bouncing back from disappointment, difficulty, and even disaster

ISBN 978-626-7044-94-0(平裝)

1. 調適 2. 挫折 3. 自我肯定

178.2　　111019287